中国棉花产业发展研究报告
（2023 年）

主　编　周万怀　张若宇
副主编　胡春雷　李　浩　张雪东
　　　　李庆旭　何狂飙　陈建国

中国商业出版社

图书在版编目(CIP)数据

中国棉花产业发展研究报告.2023年 / 周万怀,张若宇主编. —— 北京 : 中国商业出版社,2023.12

ISBN 978—7—5208—2784—3

Ⅰ.①中… Ⅱ.①周… ②张… Ⅲ.①棉花—产业发展—研究报告—中国—2023 Ⅳ.①F326.12

中国国家版本馆 CIP 数据核字(2023)第 238814 号

责任编辑:李 飞

(策划编辑:蔡 凯)

中国商业出版社出版发行

(www.zgsycb.com 100053 北京广安门内报国寺 1 号)

总编室:010—63180647 编辑室:010—83114579

发行部:010—83120835/8286

新华书店经销

北京九州迅驰传媒文化有限公司印刷

＊

787 毫米×1092 毫米 16 开 15.25 印张 260 千字

2023 年 12 月第 1 版 2023 年 12 月第 1 次印刷

定价:76.00 元

＊ ＊ ＊ ＊

中国棉花产业发展研究报告(2023 年) 编委会

前　言

棉花既是重要的纺织原材料，又是重要的战略物资，被广泛用于纺织、医疗和军事等领域，棉花还与上游的农机制造、农资生产等产业紧密关联。在当前国际政治与经济环境下，国外一些势力基于捏造的谎言试图以新疆棉花为突破口，打击国内棉花产业、纺织业以及相关产业链。在此背景下，持续深入研究我国棉花产业的发展状况不仅具有重大的经济和社会效益，还具有重要的战略意义。

《中国棉花产业发展研究报告（2023年）》由5章组成，分别为棉花种植与生产、棉花消费与贸易、中国棉花综合质量指数构建与验证研究报告、棉花加工与产业研究动态。棉花种植与生产部分基于多项官方权威数据分析了国内外棉花种植面积、产量等变化趋势；棉花消费与贸易部分主要基于世界粮农组织、国家统计局、农业农村部等权威数据分析了棉花进出口贸易概况、价格走势、仓储和消费情况；中国棉花综合质量指数构建与验证研究报告提出从经济价值角度构建棉花综合质量指数，并使用2017—2022年度公检数据进行回溯验证；棉花加工部分从棉花加工机械、棉花打包机、棉花清理机、棉花调湿通风除尘成套设备、棉籽深加工、机采棉品质快速检测和质量追溯系统以及棉花包装材料等方面分别叙述；产业研究动态部分详细列举了2020—2022年国内在棉花领域的科研投入和产出情况，具体从科研项目、论文发表和专利授权三个方面分析了当前国内棉花相关科学研究整体状况及水平和存在的问题，为相关职能部门和机构提供借鉴和参考。

本报告撰写过程中得到了中国棉麻流通经济研究会、中国棉花协会棉花工业分会、全国棉花加工标准化技术委员会、中华全国供销合作总社郑州棉麻工程技术设计研究所、中华棉花集团有限公司、北京智棉科技有限公司、山东天鹅股份有限公司、石河子大学、邯郸润棉机械制造有限公司、南通棉花机械有限公司、南通御丰塑钢包装有限公司和新疆晨光生物科技集团有限公司等部门的大力支持，在此一并表示感谢！

安徽财经大学　周万怀

2023 年 8 月

序

安徽财经大学是一所覆盖经济学、管理学、法学、文学、理学、工学、艺术学等七大学科门类，面向全国招生和就业的多科性高等财经院校，是我国首批具有学士学位授予权、第三批具有硕士学位授予权的高校。学校现有13个学院（部），拥有3个省级高峰学科、8个省级重点学科。在2021年软科发布的"中国最好学科排名"榜单中，学校应用经济学、工商管理、统计学三个学科进入前20%。

合作经济研究体现了安徽财经大学的学科特色、研究传统和文化积淀。改革开放后，学校在全国最早设立了合作经济系，开设了合作经济专业，招收本、专科全日制合作经济专业学生，2013年在全国首招合作经济专业硕士研究生，创办了《合作经济》杂志（后更名为《中国供销合作经济》，现更名为《中国合作经济》）；2011年为凸显合作经济理论研究和学科发展特色，开始筹建中国合作经济博物馆，2012年正式对外开放。首次公开出版的《中国合作经济发展研究报告（2013年）》，得到了农业部、中华全国供销合作总社领导的批示与肯定。此后每年出版的《中国合作经济发展研究报告》《中国供销合作经济发展研究报告》《中国棉花产业发展研究报告》，皆受到相关部门和社会各界的高度评价。

当前我国经济社会发展进入新时代。党的二十大报告指出，以中国式现代化全面推进中华民族伟大复兴，中国式现代化是全体人民共同富裕的现代化。合作经济组织是满足人们共同的经济、社会和文化需要的联合体，充分体现了人们追求共同富裕的美好向往。目前，我国农民专业合作社注册登记数量可观，已达220多万家；供销合作社持续深化综合改革，不断提升为农服务水平；农村信用社积极推进转型发展，实施普惠金融。未来，合作经济组织如何提质增效，在实现共同富裕的中国式现代化中发挥更大作用是值得研究的课题。因此，以习近平新时代中国特色社会主义思想为指导，研究中国特色合作经济理论与实践，推动中国特色合作经济事业发展，意义重大。

近年来，安徽财经大学围绕做好社会服务这一重要课题，遵循服务地方经济社会发展与服务我国合作经济事业发展两大主旨，从搭建平台、优化机制、创新模式等方面进行了积极尝试。此次出版的《中国合作经济发展研究报告（2023年）》《中国供销合作经济发展研究报告（2023年）》《中国棉花产业发展研究报告（2023年）》是我们与相关单位紧密合作，共同组织策划，由学校中国合作社研究院面向合作单位组建的以教授与博士为主体的协同创新研究团队，经过一年左右深入调查研究所形成的研究成果。

由于系统深入跟踪研究我国合作经济发展这一课题涉及方方面面，对我们来说，具有很大的挑战性，加之时间紧、任务重，不足之处在所难免，敬请领导、专家和合作经济工作者批评指正。

丁忠明
2023年8月

目　录

目　录

目　录

第1章　棉花种植与生产

1.1　国内棉花种植与产量

1.1.1　近几年国内棉花种植面积分布概况

　　源自国家统计局的数据显示，2016—2023年我国棉花播种面积整体状况如图1－1所示。可见，2016—2018年我国棉花播种面积整体呈上升趋势，于2018年播种面积达到近年播种面积的峰值，较2016年上升4.88%。2019年起开始小幅回落，到2023年棉花播种面积由2018年的高峰3354.41千公顷下降至2760千公顷①，下降幅度为17.72%。

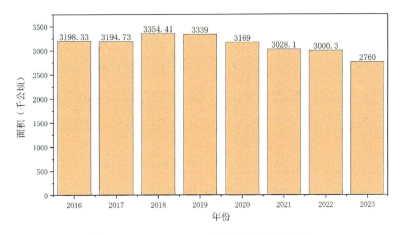

图1－1　2016—2023年我国棉花播种面积

　　表1－1列举了2017—2022年全国各省份棉花播种面积情况。可以看出2017

---

　　①　1公顷＝10000平方米。

年全国共有 19 个省份（包含自治区和直辖市）种植棉花，其中播种面积在 100 千公顷以上的省份 4 个，分别为新疆维吾尔自治区、河北省、山东省、湖北省；2020年全国种植棉花的省份减少至 15 个、缩减 21.05％；2022 年，随着四川省退出棉花种植，全国植棉省份缩减至 13 个；截至目前，全国棉花播种面积在 100 千公顷的省份中，除新疆棉花播种面积维持在较为稳定的水平外，其他植棉大省棉花种植面积相较于 2017 年缩减了 42.38％。

表 1 - 1　2017—2022 年全国各省份棉花播种面积概况

序号	省份	年度播种面积（千公顷）					
		2017 年	2018 年	2019 年	2020 年	2021 年	2022 年
1	新疆维吾尔自治区	2217.470	2491.300	2540.500	2501.900	2506.100	2496.690
2	河北省	220.600	210.390	203.890	189.200	139.800	116.100
3	山东省	174.670	183.270	169.280	142.900	110.200	113.300
4	湖北省	204.800	159.260	162.830	129.700	120.700	115.800
5	安徽省	88.130	86.300	60.300	51.200	34.400	30.300
6	湖南省	95.670	63.900	63.000	59.500	60.200	64.600
7	江西省	69.000	46.690	42.700	35.000	11.000	19.700
8	河南省	40.000	36.680	33.800	16.200	11.500	10.900
9	甘肃省	15.220	19.400	21.530	19.330	16.200	20.300
10	江苏省	21.000	16.600	11.600	8.400	5.800	4.200
11	天津市	20.670	17.100	14.110	8.800	3.700	2.500
12	陕西省	8.470	6.920	5.460	0.000	0.000	0.000
13	浙江省	4.530	5.710	5.620	4.800	4.000	3.400
14	四川省	4.400	4.030	2.850	2.300	2.100	0.000
15	山西省	2.870	2.580	2.260	1.100	0.000	0.000
16	广西壮族自治区	1.270	1.210	1.110	1.100	1.100	1.000
17	贵州省	1.400	0.650	0.440	0.000	0.000	0.000
18	上海市	0.400	0.090	0.060	0.000	0.000	0.000
19	内蒙古自治区	0.000	0.080	0.070	0.000	0.000	0.000
20	福建省	0.100	0.090	0.050	0.000	0.000	0.000

续表

序号	省份	年度播种面积（千公顷）					
		2017 年	2018 年	2019 年	2020 年	2021 年	2022 年
21	广东省	0.000	0.000	0.000	0.000	0.000	0.000
22	云南省	0.000	0.020	0.010	0.000	0.000	0.000
23	辽宁省	0.000	0.010	0.010	0.000	0.000	0.000
24	北京市	0.000	0.000	0.010	0.010	0.000	0.000
25	重庆市	0.000	0.000	0.000	0.000	0.000	0.000
26	宁夏回族自治区	0.000	0.000	0.000	0.000	0.000	0.000
27	西藏自治区	0.000	0.000	0.000	0.000	0.000	0.000
28	海南省	0.000	0.000	0.000	0.000	0.000	0.000
29	黑龙江省	0.000	0.000	0.000	0.000	0.000	0.000
30	吉林省	0.000	0.000	0.000	0.000	0.000	0.000
31	青海省	0.000	0.000	0.000	0.000	0.000	0.000
32	台湾省	—	—	—	—	—	—
33	香港特别行政区	—	—	—	—	—	—
34	澳门特别行政区	—	—	—	—	—	—

1. 各省份棉花播种面积变化趋势

图 1—2 展示了 2016—2022 年全国各省份棉花播种面积变化趋势。结合表 1—1 中的数据可以发现，除新疆外，其他省份棉花种植规模均呈缩减趋势。如河北省植棉面积从 2017 年的 220.6 千公顷下降至 2022 年的 116.1 千公顷，总降幅为 47.37%，年均降幅为 12.05%；山东省植棉面积从 2017 年的 174.67 千公顷下降至 2022 年的 113.3 千公顷，总降幅为 35.13%，年均降幅为 8.3%；湖北省植棉面积从 2017 年的 204.8 千公顷下降至 2022 年的 115.8 千公顷，总降幅为 43.46%，年均降幅为 10.78%；安徽省植棉面积从 2017 年的 88.13 千公顷下降至 2022 年的 30.3 千公顷，总降幅为 65.62%，年均降幅为 19.23%。其他省份的棉花种植规模也出现与以上 4 个省份类似的下降趋势，此处不再一一赘述。

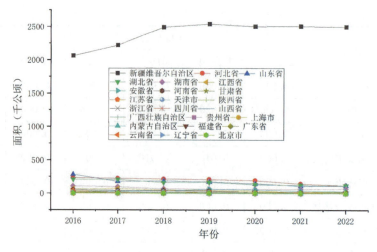

图1-2　2016—2022年全国各省份棉花播种面积变化趋势

2. 规模以上种植省份占比变化趋势

按播种面积对各个省份进行排名，对排前5位的省份各自独立分析，余下省份归为"其他类"，占比情况如图1-3和表1-2所示。可以看出，排名第1位的新疆产区植棉面积占比在2017—2022年逐年上升，结合1.1.1节中的数据可知，2017—2022年新疆植棉面积基本稳定，然而在此期间，其他省份植棉面积却在不断缩减，故而新疆植棉面积占比得以快速提升；相反，排名第2～5位的省份以及其他棉花产区的植棉面积在2017—2022年逐年缩减。由表1-2可以看出，新疆棉花播种面积占比由2017年的69.50%上升至2022年的83.13%。总体而言，排名前5位的主产省份的棉花播种面积占比由2017年的991.06%上升至2022年的97.79%，棉花生产更加趋于集中。

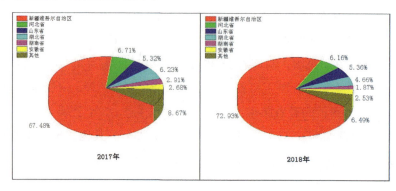

图1-3　2017—2022年全国棉花播种面积占比

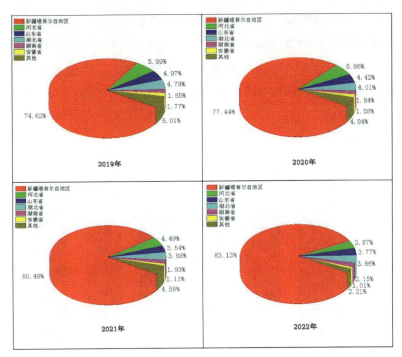

图 1－3　2017—2022 年全国棉花播种面积占比（续图）

表 1－2　2017—2022 年全国各省份棉花播种面积占比

年份	年度种植面积占比（%）					
	新疆维吾尔自治区	河北省	山东省	湖北省	安徽省	其他
2017	69.50	6.91	5.47	6.42	2.76	8.93
2018	74.32	6.28	5.47	4.75	2.57	6.62
2019	76.03	6.10	5.07	4.87	1.80	6.13
2020	78.89	5.97	4.51	4.09	1.61	4.94
2021	82.81	4.61	3.64	3.96	1.13	3.82
2022	83.13	3.87	3.77	3.86	1.01	2.21

1.1.2　近几年国内棉花产量分布概况

源自国家统计局的数据显示，2017—2022 年我国皮棉产量整体状况如图 1－4

所示。与1.1.1节中的图1-1所展示的棉花播种面积相似，2018年以前，我国皮棉产量随棉花播种面积的增加而呈上升趋势，2018年皮棉产量随播种面积达到峰值而达到最高位。从2019年开始，随着植棉面积的回落，产量停止了持续上涨的势头，但由于品种改良、种植技术的改进等提高了单产，使总产量依然稳定在590万吨左右。

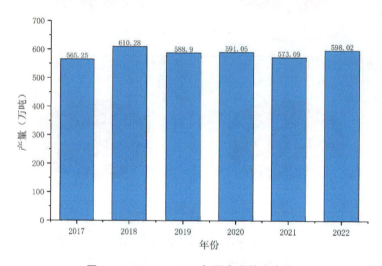

图1-4　2017—2022年国内皮棉总产量

表1-3列举了2017—2022年全国各省/直辖市/自治区皮棉产量详情。可见2017年全国共有18个省/直辖市/自治区有皮棉产出数据，相较表1-1中所列的棉花种植省份减少了1个，其原因可能是产量过低或未在本地加工。2017年产量超过10万吨的省/直辖市/自治区共有6个，分别是新疆维吾尔自治区、河北省、山东省、湖北省、湖南省和江西省，产量为1万～10万吨的省/直辖市/自治区也有6个，分别是安徽省、河南省、甘肃省、江苏省、天津市和陕西省；2017年，新疆维吾尔自治区、河北省、江西省、甘肃省和天津市5个省/直辖市/自治区的皮棉产量有所上涨，其他各地皮棉产量随种植规模的缩减而降低；2018年除新疆维吾尔自治区、山东省、安徽省和甘肃省外，其他各省市的皮棉产量进一步随着种植规模的缩减而降低，皮棉产量过10万吨的省份有新疆维吾尔自治区、河北省、山东省、湖北省，皮棉产量为1万～10万吨的省份有湖南省、江西省、安徽省、河南省、甘肃省、江苏省、天津市，其中湖南省和江西省皮棉产量降至10万吨以下，陕西省皮棉产量从万吨以上降至1万吨以下；2019—2022年，全国植棉面积连续

下滑，至 2021 年年产量过 10 万吨的省/直辖市/自治区仅剩 4 个，产量为 1 万～10
万吨的省/市/自治区也降为 5 个。

表 1-3　2017—2022 年全国各省份皮棉产量概况

序号	省份	年产量（万吨）					
		2017 年	2018 年	2019 年	2020 年	2021 年	2022 年
1	新疆维吾尔自治区	456.657	511.090	500.200	516.100	512.852	539.100
2	河北省	24.038	23.927	22.740	20.900	15.967	13.900
3	山东省	20.720	21.703	19.603	18.300	14.025	14.500
4	湖北省	18.364	14.931	14.361	10.800	10.888	10.300
5	湖南省	10.950	8.569	8.184	7.400	8.049	8.200
6	江西省	10.465	7.212	6.572	5.300	1.718	2.200
7	安徽省	8.554	8.851	5.554	4.100	2.912	2.600
8	河南省	4.359	3.790	2.712	1.800	1.397	1.400
9	甘肃省	3.159	3.530	3.266	3.000	3.056	4.000
10	江苏省	2.573	2.060	1.566	1.100	0.788	0.600
11	天津市	2.481	1.826	1.813	1.000	0.396	0.300
12	陕西省	1.159	0.990	0.763	0.100	0.000	0.000
13	浙江省	0.643	0.812	0.814	0.700	0.557	0.500
14	四川省	0.428	0.399	0.278	0.200	0.203	0.000
15	山西省	0.401	0.361	0.296	0.200	0.094	0.000
16	广西壮族自治区	0.149	0.129	0.115	0.100	0.112	0.100
17	贵州省	0.112	0.065	0.041	0.000	0.000	0.000
18	上海市	0.041	0.010	0.008	0.000	0.000	0.000
19	内蒙古自治区	0.000	0.011	0.011	0.000	0.000	0.000
20	福建省	0.000	0.007	0.004	0.000	0.000	0.000
21	辽宁省	0.000	0.002	0.002	0.000	0.000	0.000
22	云南省	0.000	0.001	0.000	0.000	0.000	0.000
23	北京市	0.000	0.001	0.001	0.000	0.000	0.000
24	广东省	0.000	0.000	0.000	0.000	0.000	0.000

续表

序号	省份	年产量（万吨）					
		2017 年	2018 年	2019 年	2020 年	2021 年	2022 年
25	海南省	0.000	0.000	0.000	0.000	0.000	0.000
26	黑龙江省	0.000	0.000	0.000	0.000	0.000	0.000
27	吉林省	0.000	0.000	0.000	0.000	0.000	0.000
28	宁夏回族自治区	0.000	0.000	0.000	0.000	0.000	0.000
29	青海省	0.000	0.000	0.000	0.000	0.000	0.000
30	西藏自治区	0.000	0.000	0.000	0.000	0.000	0.000
31	重庆市	0.000	0.000	0.000	0.000	0.000	0.000
32	台湾省	—	—	—	—	—	
33	香港特别行政区	—	—	—	—	—	
34	澳门特别行政区	—	—	—	—	—	

1. 2017—2022 年各省皮棉产量变化趋势

图 1—5 展示了 2017—2022 年全国各省份皮棉产量变化趋势。结合表 1—3 中的数据可以发现，除新疆和甘肃外其他各省的皮棉均呈下降的趋势。如位居第 2 位的河北省皮棉产量从 2017 年的 24.038 万吨下降至 2022 年的 13.900 万吨，总降幅为 42.18%，年均降幅为 10.38%；位居第 3 位的山东省皮棉产量从 2017 年的 20.720 万吨下降至 2022 年的 14.500 万吨，总降幅为 30.02%，年均降幅为 6.9%；位居第 4 位的湖北省皮棉产量从 2017 年的 18.364 万吨下降至 2022 年的 10.300 万吨，总降幅为 43.91%，年均降幅为 10.93%；位居第 5 位的湖南省皮棉产量从 2017 年的 10.950 万吨下降至 2022 年的 8.200 万吨，总降幅为 25.12%，年均降幅为 5.62%。其他省份的皮棉产量也均出现不同程度的下降趋势，此处不再一一赘述。

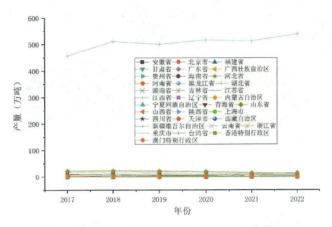

图 1-5　2017—2022 年全国各省份皮棉产量概况

2. 2017—2022 年各省皮棉产量占比变化趋势

图 1-6 和表 1-4 详细展示了 2017—2022 年各省/直辖市/自治区皮棉产量占比情况。将位居前 5 位的省份独立分析，其他省份归类为"其他"。由图 1-6 可以看出，排名第 1 位的新疆皮棉产量占比在 2017—2022 年逐年上升，而其他省/市/自治区皮棉产量占比快速下降。由表 1-4 可以看出，新疆皮棉产量占比由 2017 年的 80.79% 上升至 2022 年的 90.15%，河北省皮棉产量占比由 2017 年的 4.25% 下降至 2022 年的 2.32%，山东省皮棉产量占比由 2017 年的 3.67% 下降至 2022 年的 2.42%，湖北省皮棉产量占比由 2017 年的 3.25% 下降至 2022 年的 1.72%，湖南省皮棉产量占比由 2017 年的 1.94% 下降至 2022 年的 1.37%，其他省份皮棉产量占比从 2017 年的 6.11% 下降至 2022 年的 2.01%。总体而言，排名前 5 位的主产省份的皮棉产量占比由 2017 年的 93.89% 上升至 2022 年的 97.99%。产量相对于种植面积更加趋向于集中。

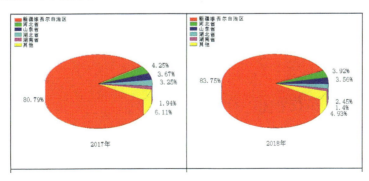

图 1-6　2017—2022 年全国各省皮棉产量占比

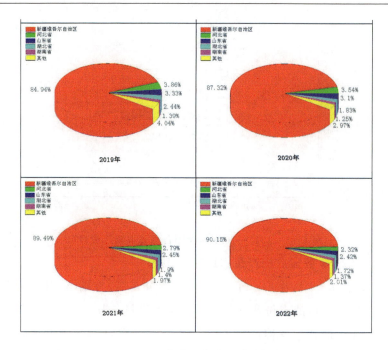

图 1-6　2017—2022 年全国各省皮棉产量占比（续图）

表 1-4　2017—2022 年全国各省皮棉产量占比

年份	年度种植面积占比（%）					
	新疆维吾尔自治区	河北省	山东省	湖北省	湖南省	其他
2017 年	80.79	4.25	3.67	3.25	1.94	6.11
2018 年	83.75	3.92	3.56	2.45	1.40	4.93
2019 年	84.94	3.86	3.33	2.44	1.39	4.04
2020 年	87.32	3.54	3.10	1.83	1.25	2.98
2021 年	89.49	2.79	2.45	1.90	1.40	1.97
2022 年	90.15	2.32	2.42	1.72	1.37	2.01

1.2　国际棉花种植与产量

1.2.1　全球棉花种植面积分布概况

据世界粮农组织统计数据显示，2017—2021 年全球主要棉花种植和生产国家有86个，详细数据见表1-5。其中，亚洲为最大棉花种植和生产基地，2017—2021年均植棉超1800千公顷，其他依次为非洲主要产棉国36个，2017—2021年平均植棉约337千公顷，北美洲主要产棉国11个，2017—2021年均植棉约344千公顷，南美洲主要产棉国7个，2017—2021年均植棉约147千公顷，大洋洲主要产棉国1个，2017—2021年均植棉约35千公顷，欧洲主要产棉国4个，2017—2021年均植棉约22千公顷。

表1-5 2017—2021年全球棉花播种面积概况

序号	国别	年度种植面积（千公顷）				
		2017年	2018年	2019年	2020年	2021年
1	印度	12430.00	12350.00	15028.8	19929	18555
2	中国	4845.00	3354.41	3450.00	4800	4650
3	美国	4492.22	4130.19	4699.46	4987.5	6235.5
4	巴基斯坦	2700.28	2372.97	2517.28	3300	3000
5	巴西	927.99	1150.01	1627.16	2055	2400
6	乌兹别克斯坦	1201.18	1108.25	1050.63	1590	1590
7	马里	703.65	698.18	738.19	247.5	1080
8	贝宁	530.15	600.00	670.00	922.5	960
9	布基纳法索	844.90	473.38	590.99	834	892.5
10	土库曼斯坦	540.00	535.00	535.00	817.5	825
11	土耳其	501.48	518.63	477.81	525	675
12	坦桑尼亚	340.00	400.00	420.00	247.5	360
13	科特迪瓦	360.00	370.00	410.00	667.5	705
14	阿根廷	253.31	319.29	332.90	609	720
15	澳大利亚	518.59	485.10	303.48	412.5	952.5
16	尼日利亚	326.40	309.77	365.68	405	405
17	喀麦隆	185.00	240.00	250.00	337.5	345
18	墨西哥	211.92	240.58	207.25	217.5	231
19	苏丹	173.00	191.94	196.98	300	300
20	塔吉克斯坦	173.98	185.82	185.67	240	255

序号	国别	年度种植面积（千公顷）				
		2017 年	2018 年	2019 年	2020 年	2021 年
21	多哥	172.27	179.60	180.59	150	105
22	缅甸	183.90	192.87	168.30	237	238.5
23	津巴布韦	76.50	129.45	141.60	360	367.5
24	埃塞俄比亚	90.00	140.00	65.00	123	123
25	乍得	120.00	120.00	240.00	351	487.5
26	玻利维亚	126.00	126.00	133.76	3	6
27	哈萨克斯坦	135.48	132.59	131.21	189	165
28	莫桑比克	114.07	127.30	130.00	187.5	187.5
29	阿塞拜疆	135.93	132.51	100.11	150	150
30	埃及	91.00	141.00	100.54	97.5	127.5
31	乌干达	96.00	80.00	90.00	150	150
32	赞比亚	105.35	106.88	88.75	60	60
33	马拉维	41.10	44.18	80.00	120	120
34	刚果（金）	68.41	68.25	70.32	45	45
35	阿富汗	1.85	39.50	49.37	85.5	85.5
36	几内亚	46.34	47.21	44.06	19.5	19.5
37	叙利亚	22.85	39.92	52.13	37.5	37.5
38	中非共和国	41.82	43.04	38.91	51	51
39	伊朗	52.13	44.81	54.58	148.5	150
40	南非	17.84	37.00	43.00	24	27
41	吉尔吉斯斯坦	20.56	23.05	24.42	27	27
42	孟加拉国	33.72	37.46	23.93	66	67.5
43	泰国	19.16	23.31	20.00	1.5	1.5
44	也门	11.14	6.67	21.64	6	15
45	秘鲁	8.16	20.78	18.87	9	19.5
46	朝鲜	19.54	19.56	19.85	28.5	28.5

序号	国别	年度种植面积（千公顷）				
		2017 年	2018 年	2019 年	2020 年	2021 年
47	哥伦比亚	10.97	11.96	18.33	13.5	12
48	巴拉圭	10.00	9.49	18.00	18	28.5
49	索马里	17.59	17.67	17.81	18	18
50	马达加斯加	16.76	17.04	13.56	30	30
51	塞内加尔	20.93	21.74	16.51	27	27
52	肯尼亚	20.72	13.43	13.78	15	15
53	加纳	13.83	13.49	15.00	22.5	22.5
54	尼日尔	6.84	7.72	12.33	7.5	7.5
55	以色列	6.85	6.46	8.62	4.5	4.5
56	几内亚比绍	5.23	5.38	4.90	19.5	19.5
57	印度尼西亚	3.60	5.16	4.21	3	1.5
58	委内瑞拉	7.80	4.62	2.16	22.5	22.5
59	安哥拉	3.00	3.00	2.93	4.5	4.5
60	厄瓜多尔	2.51	2.52	3.08	4.5	4.5
61	布隆迪	2.62	3.03	2.40	—	—
62	尼加拉瓜	2.00	2.00	2.00	6	0
63	老挝	1.85	2.08	1.91	—	—
64	洪都拉斯	1.82	1.87	1.84	3	0
65	海地	1.74	1.67	1.97	10.5	10.5
66	突尼斯	1.30	1.37	2.91	3	0
67	埃斯瓦蒂尼	1.37	1.40	2.64	—	—
68	冈比亚	1.19	1.26	1.54	—	—
69	哥斯达黎加	0.87	0.87	0.87	1.5	0
70	菲律宾	0.01	0.64	0.00	1.5	1.5
71	阿尔巴尼亚	0.74	0.74	0.75	1.5	1.5
72	安提瓜	0.60	0.60	0.60	—	—

序号	国别	年度种植面积（千公顷）				
		2017 年	2018 年	2019 年	2020 年	2021 年
73	危地马拉	0.53	0.53	0.96	3	3
74	博茨瓦纳	0.50	0.50	0.51	——	——
75	阿尔及利亚	0.26	0.26	0.28	0	0
76	柬埔寨	0.18	0.18	0.18	0	0
77	越南	0.64	0.63	0.17	1.5	1.5
78	格林纳达	0.16	0.16	0.16	——	——
79	摩洛哥	0.14	0.16	0.11	1.5	1.5
80	尼泊尔	0.13	0.14	0.13	——	——
81	萨尔瓦多	0.04	0.09	0.02	1.5	0
82	伊拉克	27.18	0.97	12.1	15	16.5
83	圣基茨					
84	保加利亚	4.49	4.81	3.46	3	3
85	希腊	246.38	260.18	291.71	414	393
86	西班牙	60.81	62.98	66.15	93	87

图 1-7 展示了 2017—2021 年的全球棉花播种总面积。可以看出，全球棉花播种面积始终保持在 20000 千公顷以上，且呈稳中有升的趋势，2020 年和 2021 年两年全球植棉面积均超过 30000 千公顷。

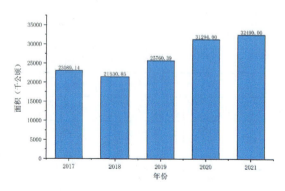

图 1-7　2017—2021 年全球棉花总体播种面积及趋势

第 1 章　棉花种植与生产

1. 洲际棉花播种分布概况

按洲际划分近五年全球棉花种植面积如图 1－8 所示。可以看出，全球七大洲除南极洲外其他各洲均涉及棉花种植和生产。各洲的棉花播种面积却相去甚远，播种面积最大的为亚洲，播种面积最小的为大洋洲。

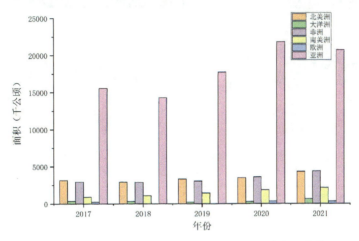

图 1－8　2017—2021 年全球棉花种植面积（按洲际分类）

各洲 2017—2021 年各洲际具体棉花播种面积见表 1－6。可见，亚洲的棉花播种面积始终位居全球首位，超过其他各洲播种面积的总和，占全球植棉总面积的 67.13%。

表 1－6　2017—2021 年各洲际棉花播种面积

年份	洲际棉花播种面积（千公顷）					
	北美洲	大洋洲	非洲	南美洲	欧洲	亚洲
2017	3144.85	345.73	2942.14	894.27	219.14	15543.00
2018	2923.26	323.40	2902.28	1092.21	0.49	14289.20
2019	3336.59	202.32	3049.11	1429.26	0.41	17742.70
2020	3482.00	275.00	3574.00	1828.00	341.00	21794.00
2021	4321.00	635.00	4379.00	2141.00	323.00	20691.00
平均	3441.54	356.29	3369.31	1476.95	176.81	18011.98

2. 主要产棉国棉花播种面积概况

就播种面积而言，2017—2021 年全球排前 10 名的植棉国依次为印度、美国、中国、巴基斯坦、巴西、乌兹别克斯坦、布基纳法索、马里、贝宁和土库曼斯坦。图 1－9 展示了这 10 个国家棉花种植规模在全球占比情况。可见，印度植棉面积连续多年占比均超过 30%，尤其是 2020 年的占比更是达到了 42.46%。

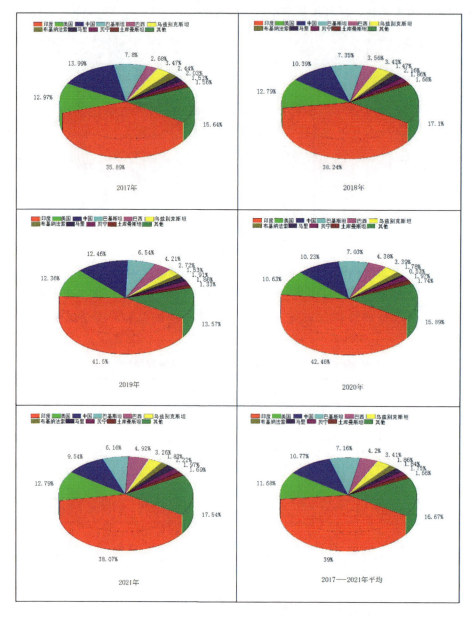

图 1－9　2017—2021 年全球棉花种植面积前 10 名占比

表 1－7 展示了排前 10 名的国家棉花种植面积在全球棉花种植面积中的占比情况。可以看出，在全球 80 多个棉花种植和生产国家中，排前 10 名的国家棉花播种面积占比均保持在 80％以上，尤其是 2019 年的占比更是高达 84.14％，为其他 70 多个国家种植棉花总面积的 5.31 倍。由此可见，全球棉花种植和棉花供给集中程度非常高。

表 1－7　2017—2021 年全球棉花种植面积前 10 名占比

组别	年度种植面积占比（％）				
	2017 年	2018 年	2019 年	2020 年	2021 年
前 10 名总和	84.33	82.06	84.14	83.73	83.33
其他总和	15.67	17.94	15.86	16.27	16.67

1.2.2　全球籽棉产量分布概况

同样来自世界粮农组织统计数据显示，2017—2021 年全球棉花生产的籽棉产量详细数据见表 1－8。可以看出，以数量而言，种植棉花国家最多的为非洲，从事棉花生产的国家共有 32 个；其次为亚洲，有 29 个国家从事棉花生产活动；按产量而言，亚洲棉花产量最高（2021 年最新产量 4700 余万吨）、北美洲次之（2021 年最新产量 1200 余万吨）、南美洲第三（2021 年最新产量 680 余万吨），其他洲际产量合计约 600 万吨。

表 1－8　2017—2021 年全球籽棉产量概况

序号	国别	年度籽棉产量（万吨）				
		2017 年	2018 年	2019 年	2020 年	2021 年
1	中国	1713.030	1849.333	1784.606	1855.990	1736.636
2	印度	1742.500	1465.700	1855.800	1773.105	1720.400
3	美国	1200.000	1107.661	1281.906	973.728	1124.655
4	巴西	384.287	495.613	689.334	707.014	571.231
5	巴基斯坦	585.503	482.844	448.023	345.433	409.611
6	乌兹别克斯坦	285.393	228.556	269.170	306.400	337.292
7	土耳其	245.000	257.000	220.000	177.365	225.000
8	澳大利亚	215.096	245.000	161.140	37.287	122.877

序号	国别	年度籽棉产量（万吨）				
		2017 年	2018 年	2019 年	2020 年	2021 年
9	墨西哥	100.910	116.260	91.698	67.471	81.296
10	阿根廷	61.616	81.369	87.272	104.604	104.033
11	贝宁	59.799	75.800	71.471	72.800	76.627
12	布基纳法索	84.434	48.217	72.423	78.293	75.504
13	马里	72.861	65.656	71.073	14.720	73.100
14	土库曼斯坦	69.090	61.820	58.200	63.636	109.600
15	塔吉克斯坦	38.651	30.034	40.301	40.137	53.100
16	科特迪瓦	32.800	36.518	46.898	49.044	49.025
17	哈萨克斯坦	33.049	34.362	34.436	32.658	29.038
18	乍得	10.000	4.000	18.182	14.545	17.388
19	喀麦隆	29.100	31.100	47.000	44.581	39.868
20	埃及	30.000	48.900	28.196	21.500	19.000
21	阿塞拜疆	20.753	23.359	14.206	33.679	28.704
22	缅甸	36.949	33.674	28.940	30.895	24.135
23	坦桑尼亚	16.471	26.939	26.450	30.170	12.284
24	尼日利亚	29.047	26.186	28.123	28.203	27.371
25	苏丹	10.400	16.000	28.224	32.055	35.204
26	埃塞俄比亚	13.000	14.000	15.400	18.800	17.000
27	叙利亚	7.000	12.000	11.467	9.752	6.648
28	玻利维亚	11.700	11.700	11.833	12.387	0.299
29	多哥	11.716	13.727	11.658	10.250	10.787
30	津巴布韦	7.326	10.589	10.000	9.339	19.230
31	伊朗	14.597	11.346	14.280	14.537	11.991
32	乌干达	11.900	8.730	12.000	12.777	14.070
33	孟加拉国	11.900	13.000	8.100	7.334	6.700
34	南非	4.195	10.174	12.877	11.807	6.675

序号	国别	年度籽棉产量（万吨）				
		2017 年	2018 年	2019 年	2020 年	2021 年
35	阿富汗	3.677	5.745	7.312	7.406	7.289
36	赞比亚	8.929	8.822	7.251	4.144	3.186
37	哥伦比亚	2.339	3.039	6.016	0.801	2.895
38	秘鲁	2.333	4.420	5.641	1.927	1.734
39	吉尔吉斯斯坦	6.535	7.472	8.022	7.277	6.690
40	莫桑比克	5.215	6.314	10.084	8.945	7.774
41	马拉维	2.955	2.401	1.953	1.953	6.670
42	几内亚	4.347	4.361	4.357	4.369	4.362
43	朝鲜	3.872	3.894	3.940	3.966	3.970
44	刚果（金）	2.860	2.853	2.933	2.933	2.944
45	巴拉圭	1.400	1.899	0.000	2.904	2.980
46	也门	1.187	0.692	2.264	1.026	1.093
47	以色列	3.100	2.330	2.180	1.487	1.024
48	中非共和国	2.028	2.074	1.744	1.568	2.400
49	塞内加尔	2.000	1.512	1.651	2.016	2.205
50	马达加斯加	1.564	1.582	1.439	1.451	1.447
51	加纳	1.308	1.283	2.800	2.800	2.800
52	尼日尔	0.665	0.750	1.210	0.961	0.560
53	索马里	0.708	0.710	0.713	0.716	0.723
54	泰国	0.693	0.693	0.320	0.319	0.321
55	肯尼亚	1.450	0.592	0.608	0.617	0.900
56	老挝	0.650	0.660	0.585	0.544	0.530
57	几内亚比绍	0.557	0.562	0.521	0.522	0.523
58	安哥拉	0.550	0.550	0.539	0.538	0.546
59	尼加拉瓜	0.495	0.489	0.479	0.485	0.697
60	洪都拉斯	0.331	0.340	0.331	0.328	0.331

续表

序号	国别	年度籽棉产量（万吨）				
		2017 年	2018 年	2019 年	2020 年	2021 年
61	厄瓜多尔	0.331	0.331	0.402	0.400	0.399
62	委内瑞拉	0.899	0.381	0.302	0.240	0.490
63	布隆迪	0.184	0.207	0.175	0.168	0.154
64	危地马拉	0.152	0.152	0.266	0.263	0.261
65	博茨瓦纳	0.100	0.100	0.097	0.090	0.085
66	埃斯瓦蒂尼	0.089	0.089	0.000	—	—
67	海地	0.088	0.085	0.096	0.096	0.096
68	菲律宾	0.001	0.060	0.001	0.001	0.008
69	阿尔巴尼亚	0.082	0.082	0.083	0.082	0.066
70	突尼斯	0.070	0.069	0.195	0.195	0.194
71	哥斯达黎加	0.063	0.062	0.000	0.000	0.068
72	冈比亚	0.042	0.044	0.054	0.054	0.054
73	摩洛哥	0.035	0.035	0.022	0.022	0.022
74	印度尼西亚	0.033	0.035	0.031	0.030	0.012
75	柬埔寨	0.024	0.024	0.024	0.024	0.024
76	萨尔瓦多	0.011	0.011	0.004	0.016	0.015
77	尼泊尔	0.013	0.012	0.013	0.013	0.014
78	安提瓜	0.011	0.011	0.011	0.011	0.011
79	越南	0.036	0.033	0.009	0.007	0.028
80	阿尔及利亚	0.008	0.008	0.008	0.008	0.008
81	格林纳达	0.005	0.005	0.005	0.005	0.005
82	伊拉克	0.009	0.004	0.326	0.369	0.000
83	圣基茨	0.000	0.000	0.000	0.000	0.000
84	保加利亚	0.438	0.000	0.310	—	—
85	希腊	80.893	0.000	90.075	—	—
86	西班牙	19.850	0.000	21.002	—	—

图 1-10 展示了 2017—2021 年的全球籽棉总产量。可以看出，全球籽棉产量于 2019 年达到峰值，其产量并未随着种植面积进一步提升。尤其是 2021 年，籽棉产量较 2020 年出现较大幅度下降，降幅约为 11.86%。

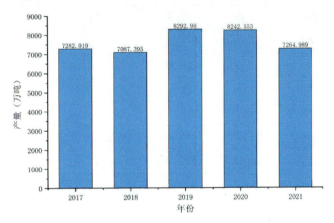

图 1-10 2017—2021 年全球籽棉总产量

1. 洲际籽棉产量分布概况

按洲际划分 2017—2021 年全球籽棉产量情况如图 1-11 所示。可以看出，与种植棉花规模相似，亚洲籽棉产量位居首位，远超其他各洲籽棉产量。北美洲与大洋洲的籽棉产量在 2017—2019 年基本相当，然而 2019 年以后，大洋洲棉花种植快速萎缩，产量急剧下降。也可以看出，2021 年全球籽棉产量均有较大幅度降低，尤其以亚洲籽棉产量下降最为明显。

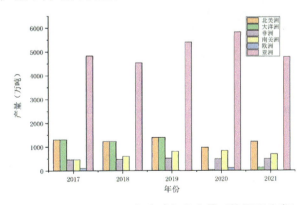

图 1-11 2017—2021 年全球籽棉产量（按洲际分类）

2017—2021 年各洲际具体籽棉产量见表 1-9。可见，与棉花播种面积相似，亚洲籽棉产量始终位居全球首位，且远超其他各洲籽棉总产量，平均籽棉产量超全球籽棉总产量的 66.33％。

表 1－9　2017—2021 年各洲际籽棉产量

年份	洲际籽棉产量（万吨）					
	北美洲	大洋洲	非洲	南美洲	欧洲	亚洲
2017	1200.000	215.096	477.478	464.978	101.263	4823.204
2018	1113.269	245.000	496.943	598.851	107.539	4525.793
2019	1281.906	161.140	538.499	803.499	111.469	5396.467
2020	973.728	37.287	483.072	830.276	111.492	5806.698
2021	1209.176	122.877	482.705	682.322	0.066	4767.843
平均	1155.6158	156.28	495.7394	675.9852	86.3658	5064.001

2. 主要产棉国的籽棉产量概况

就籽棉产量而言，2017—2021 年全球排前 10 名的国家分别是中国、印度、美国、巴西、巴基斯坦、乌兹别克斯坦、土耳其、澳大利亚、阿根廷和墨西哥。具体籽棉产量详情见表 1－8 中序号为 1～10 的记录条目。图 1－12 展示了排名前 10 的国家籽棉产量在全球籽棉产量中的占比情况。

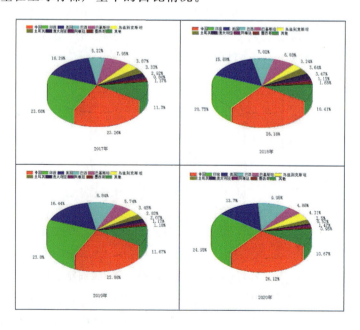

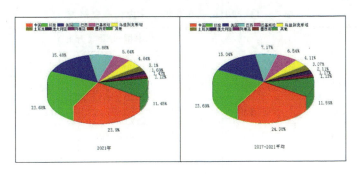

图 1 - 12　2017—2021 年全球籽棉产量前 10 名占比

表 1—10 展示了排前 10 名的国家 2017—2021 年籽棉产量在全球籽棉产量中的占比情况。与表 1—5 对比可以发现，籽棉产量相对于棉花播种面积更加趋向于集中化，排名前 10 名的种植棉花国家占比接近 90%，其他 70 多个产棉国的籽棉总产量仅占约 10%，相差约 10 倍，集中趋势相较于种植面积更加凸显。

表 1 - 10　2017—2021 年全球籽棉产量前 10 名占比

组别	年度籽棉产量占比（%）				
	2017 年	2018 年	2019 年	2020 年	2021 年
前 10 名总和	88.70	89.59	89.24	90.86	88.55
其他总和	11.30	10.41	10.76	9.14	11.45

1.2.3　全球皮棉产量分布概况

表 1—11 列举了 2016—2020 年全球皮棉产量详细数据（由于棉花年度限制及数据更新滞后性，当前世界粮农组织 FAOSTAT 数据中心的全球皮棉产量数据仅更新到 2020 年）。由此可见，全球共有 6 个洲生产棉花。其中，产量最高的为亚洲，有 26 个主要产棉国，年产皮棉约 1540 万吨；南美洲产量位居第二，有 9 个主要产棉国，年产量约 338 万吨；北美洲产量位居第三，有 10 个主要产棉国，年产量约 320 万吨；非洲的产棉国最多，有 36 个国家从事棉花生产，年产皮棉 170 万吨；欧洲主要产棉国有 4 个，近五年平均皮棉年产量约 36 万吨；大洋洲有 1 个主要产棉国，近五年平均年产皮棉 53 万余吨。

表 1-11 2016—2020 年全球皮棉产量概况

序号	国别	年度皮棉产量（万吨）				
		2016年	2017年	2018年	2019年	2020年
1	中国	534.300	565.300	610.280	588.900	591.050
2	印度	554.200	557.685	476.714	603.347	613.105
3	美国	373.831	455.534	400.395	433.544	318.041
4	巴西	142.028	149.872	193.289	268.840	275.735
5	巴基斯坦	181.504	203.191	167.729	155.605	120.155
6	土耳其	75.600	88.200	97.660	81.400	65.625
7	澳大利亚	55.090	77.449	95.040	41.434	11.475
8	乌兹别克斯坦	97.650	94.180	75.670	76.922	82.840
9	墨西哥	16.600	22.788	40.000	36.800	22.900
10	阿根廷	29.000	26.000	30.000	30.791	36.705
11	希腊	27.800	30.400	31.400	63.554	30.000
12	马里	35.264	29.859	27.576	29.516	6.182
13	贝宁	12.180	16.440	20.500	30.000	26.087
14	土库曼斯坦	19.800	22.800	20.400	15.830	16.819
15	苏丹	5.950	17.272	18.734	14.994	12.001
16	布基纳法索	28.500	30.771	17.570	24.742	24.091
17	坦桑尼亚	8.429	7.003	11.697	18.380	11.589
18	哈萨克斯坦	9.461	10.900	11.300	11.400	10.800
19	喀麦隆	10.200	10.600	10.000	14.000	14.700
20	缅甸	13.000	11.000	9.700	8.323	7.543
21	尼日利亚	9.600	9.900	9.400	4.103	9.530
22	塔吉克斯坦	8.200	11.000	8.600	11.490	9.955
23	埃及	3.840	7.868	8.000	7.300	5.900
24	西班牙	5.520	6.618	6.482	7.007	7.064
25	阿塞拜疆	1.708	3.789	6.104	6.167	7.157
26	科特迪瓦	12.000	7.000	5.000	21.150	25.000

序号	国别	年度皮棉产量（万吨）				
		2016 年	2017 年	2018 年	2019 年	2020 年
27	伊朗	5.158	4.912	4.879	3.956	2.826
28	孟加拉国	2.200	4.292	4.784	2.773	3.200
29	多哥	3.945	4.600	4.560	5.850	4.149
30	叙利亚	4.060	3.300	4.100	3.048	3.048
31	埃塞俄比亚	4.200	3.900	3.500	3.500	6.100
32	玻利维亚	3.160	3.160	3.160	3.564	0.283
33	乌干达	2.830	3.930	2.880	3.400	4.400
34	南非	1.009	1.552	2.880	2.400	2.685
35	吉尔吉斯斯坦	1.720	2.157	2.466	1.915	2.402
36	赞比亚	3.690	2.940	2.290	3.737	1.400
37	莫桑比克	1.300	1.000	1.800	3.350	2.272
38	几内亚	1.575	1.556	1.562	1.563	1.560
39	秘鲁	1.500	0.800	1.500	2.000	0.620
40	阿富汗	1.947	1.213	1.303	2.413	2.444
41	津巴布韦	1.090	1.350	1.290	4.536	4.710
42	朝鲜	1.200	1.100	1.200	1.305	1.287
43	哥伦比亚	2.860	0.889	1.155	2.286	0.725
44	伊拉克	1.170	0.970	1.108	0.113	0.001
45	乍得	9.000	2.500	1.000	7.076	5.051
46	以色列	1.400	1.210	0.920	0.850	0.577
47	中非共和国	1.200	1.000	0.900	0.808	0.893
48	马拉维	0.990	0.900	0.780	1.112	1.235
49	刚果（金）	0.700	0.700	0.700	0.839	0.880
50	塞内加尔	0.720	0.703	0.700	0.632	0.600
51	也门	0.410	1.187	0.692	1.639	0.340
52	巴拉圭	0.430	0.420	0.580	0.942	0.890

序号	国别	年度皮棉产量（万吨）				
		2016 年	2017 年	2018 年	2019 年	2020 年
53	加纳	0.520	0.480	0.470	0.440	0.610
54	马达加斯加	0.440	0.450	0.435	0.537	0.401
55	尼日尔	0.208	0.208	0.432	0.200	0.195
56	老挝	0.253	0.224	0.237	0.244	0.215
57	索马里	0.200	0.200	0.200	0.198	0.199
58	肯尼亚	0.515	0.386	0.193	0.445	0.200
59	几内亚比绍	0.165	0.162	0.163	0.153	0.160
60	委内瑞拉	0.170	0.300	0.130	0.106	0.222
61	厄瓜多尔	0.120	0.120	0.120	0.113	0.137
62	洪都拉斯	0.095	0.099	0.102	0.092	0.089
63	安哥拉	0.088	0.091	0.100	0.004	0.161
64	布隆迪	0.085	0.078	0.087	0.037	0.039
65	尼加拉瓜	0.082	0.082	0.081	0.082	0.220
66	保加利亚	0.140	0.145	0.079	0.101	0.082
67	危地马拉	0.073	0.074	0.074	0.034	0.090
68	泰国	0.080	0.080	0.070	0.101	0.101
69	突尼斯	0.064	0.064	0.063	0.022	0.064
70	斯威士兰	0.036	0.039	0.039	0.162	0.054
71	博茨瓦纳	0.030	0.030	0.030	0.029	0.027
72	阿尔巴尼亚	0.027	0.027	0.027	0.021	0.025
73	海地	0.028	0.026	0.025	0.027	0.029
74	哥斯达黎加	0.020	0.020	0.020	0.024	0.024
75	冈比亚	0.015	0.016	0.016	0.015	0.018
76	印度尼西亚	0.028	0.016	0.013	0.010	0.005
77	越南	0.023	0.013	0.011	0.003	0.002
78	摩洛哥	0.007	0.007	0.007	0.011	0.007

续表

序号	国别	年度皮棉产量（万吨）				
		2016 年	2017 年	2018 年	2019 年	2020 年
79	柬埔寨	0.007	0.007	0.007	0.008	0.008
80	尼泊尔	0.004	0.004	0.004	0.005	0.005
81	安提瓜	0.003	0.003	0.003	0.001	0.002
82	阿尔及利亚	0.003	0.003	0.003	0.003	0.003
83	格林纳达	0.002	0.002	0.002	0.002	0.002
84	萨尔瓦多	0.001	0.002	0.002	0.007	0.006
85	菲律宾	0.000	0.000	0.001	0.001	0.004
86	圣基茨	0.000	0.000	0.000	0.000	0.000

图 1—13 展示了 2016—2020 年的全球皮棉总产量。可以看出，与 1.2.1 节和 1.2.2 节中棉花播种面积与籽棉总产量相似，近五年全球皮棉产量呈稳中有升的趋势，随着 2019 年棉花播种面积达到近五年的最高峰，2019 年的皮棉产量与籽棉产量一样也达到近五年之最，较 2016 年增长 14.96％，2020 年全球皮棉产量相较于 2019 年减少 140 余万吨，降幅为 5.64％。

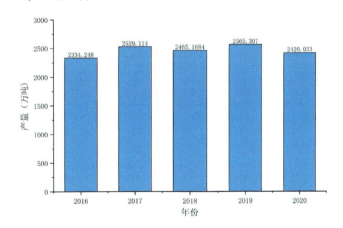

图 1－13　2016—2020 世界皮棉总产量

1. 洲际皮棉产量分布概况

按洲际划分 2016—2020 年全球皮棉产量情况如图 1—14 所示。可以看出，与

中国棉花产业发展研究报告（2023年）

1.2.1节和1.2.2节中的棉花种植面积和籽棉产量相似，亚洲皮棉产量同样高居首位；与1.2.2节中所述的北美洲和大洋洲的籽棉产量基本相当，形成鲜明对比的是，北美洲的皮棉产量远高于大洋洲的皮棉产量，两者相差近5.7倍；尽管非洲在棉花播种面积上超过南美洲，但其产量却低于南美洲。一定程度上反映了科技力量在单产中的作用。

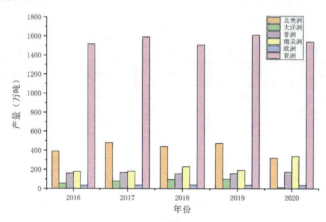

图1-14　2016—2020年全球皮棉产量（按洲际分类）

2016—2020年各洲际具体皮棉产量见表1-12。结合1.2.1节和1.2.2节的相关数据可见，与棉花播种面积和籽棉产量相似，亚洲皮棉产量始终位居全球首位，且远超其他各洲的产量，平均皮棉产量占全球皮棉总产量的63.36%，足见亚洲在全球棉花生产与种植方面的地位牢不可破。

表1-12　2016—2020年各洲际皮棉产量

年份	洲际皮棉产量（万吨）					
	北美洲	大洋洲	非洲	南美洲	欧洲	亚洲
2016	390.734	55.090	160.587	177.768	33.487	1516.582
2017	478.629	77.449	165.557	180.761	37.190	1589.528
2018	440.703	95.040	155.555	228.434	37.988	1507.449
2019	472.871	97.648	156.361	191.206	36.406	1610.816
2020	318.5011	11.4751	173.1527	338.2181	37.1702	1541.5111
平均	420.288	37.340	162.245	223.277	36.448	1553.177

2. 主要产棉国的皮棉产量概况

2015—2020 年全球皮棉产量排前 10 名的国家分别是中国、印度、美国、巴西、巴基斯坦、土耳其、澳大利亚、乌兹别克斯坦、希腊和阿根廷。图 1-15 展示了排名前 10 位的国家皮棉产量在全球占比情况。可以看出，尽管印度在棉花种植面积方面稳居全球首位，但其皮棉产量相较我国却不占明显优势，如 2017 年、2018 年皮棉产量落后于我国。尽管我国在棉花播种面积上远低于印度，但由于棉花单产较高，在皮棉总产量方面却与印度基本持平。

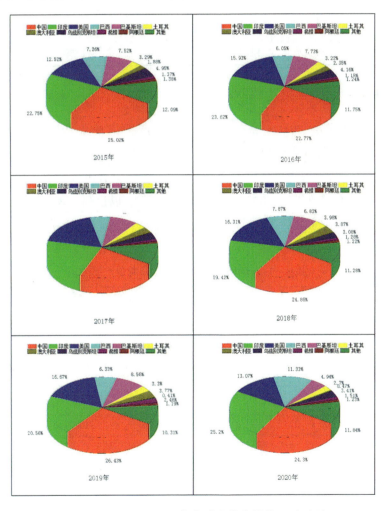

图 1-15　2015—2020 年全球皮棉产量前 10 名占比

表1-13展示了排前10名的国家2016—2020年皮棉产量在全球皮棉总产量中的占比情况。与表1-10对比可以发现，皮棉产量与籽棉产量相似，相对于棉花播种面积更加趋向于集中化，排前10名的国家皮棉产量占比均保持在88.00％以上，其他70多个产棉国的皮棉产量不足12％。

表1-13 2016—2020年全球皮棉产量前10名占比

组别	年度皮棉产量占比（％）				
	2016年	2017年	2018年	2019年	2020年
前10名总和	88.24	88.58	88.71	88.43	88.16
其他总和	11.76	11.42	11.29	11.57	11.84

1.2.4 全球棉花单产概况

表1-14列举了2016—2020年全球主要产棉国的单产情况。可见，中国2016—2020年平均棉花产量以5561.955千克/公顷（合370.797千克/亩[①]）位居榜首。2016—2020年平均单产超过300千克/亩的国家有澳大利亚、土耳其、墨西哥和中国，平均单产在200～300千克/亩的有巴西、以色列、孟加拉国、埃及、老挝、希腊、西班牙、叙利亚和吉尔吉斯斯坦，单产在100～200千克/亩的国家有南非等20个国家，其他产棉国的平均单产在100千克/亩以下。

表1-14 2016—2020年全球棉花单产概况

序号	国别	年度单产（千克/公顷）					
		2016年	2017年	2018年	2019年	2020年	平均
1	中国	4747.800	3535.700	5513.100	6812.900	7200.274	5561.955
2	澳大利亚	5415.700	4147.700	5050.500	5309.700	5335.400	5051.800
3	土耳其	5048.100	4885.600	4955.300	4604.400	4937.500	4886.180
4	墨西哥	4674.700	4761.800	4832.500	4424.600	4686.000	4675.920
5	巴西	3477.400	4141.100	4309.600	4236.400	4329.300	4098.760
6	孟加拉国	3460.000	3528.900	3470.600	3383.700	3398.500	3448.340
7	以色列	4292.600	4525.500	3609.000	2527.800	1921.600	3375.300

① 1亩＝666.67平方米

序号	国别	年度单产（千克/公顷）					
		2016 年	2017 年	2018 年	2019 年	2020 年	平均
8	吉尔吉斯斯坦	3141.500	3178.800	3242.300	3284.900	3343.600	3238.220
9	老挝	3167.400	3523.000	3180.700	3067.100	3175.100	3222.660
10	埃及	3090.900	3296.700	3468.100	2804.400	3307.700	3193.560
11	叙利亚	3169.000	3063.100	3006.100	—	—	3079.400
12	希腊	3000.000	3109.100	3109.100	3087.800	—	3076.500
13	西班牙	2723.100	3151.700	3151.700	3175.000	—	3050.375
14	南非	3874.700	2351.000	2749.800	2994.700	2745.800	2943.200
15	危地马拉	2817.800	2853.700	2882.600	2786.400	2787.700	2825.640
16	美国	2623.000	2671.300	2681.900	2727.800	2765.200	2693.840
17	秘鲁	2506.100	2860.100	2127.300	2988.800	2731.000	2642.660
18	哈萨克斯坦	2615.900	2439.500	2591.600	2624.600	2593.300	2572.980
19	伊朗	2282.000	2800.100	2531.900	2616.400	2590.600	2564.200
20	乌兹别克斯坦	2338.900	2375.900	2062.300	2562.000	2896.600	2447.140
21	尼加拉瓜	2450.000	2475.000	2445.000	2396.000	2427.000	2438.600
22	阿根廷	1786.600	2432.400	2548.500	2621.600	2529.400	2383.700
23	阿塞拜疆	1761.000	1526.700	1762.800	2949.500	3360.300	2272.060
24	哥伦比亚	3850.400	2132.000	714.300	3282.000	929.300	2181.600
25	摩洛哥	2090.300	2122.000	2135.000	2084.900	2075.500	2101.540
26	朝鲜	1970.300	1982.100	1991.200	1984.700	1992.600	1984.180
27	塔吉克斯坦	1751.400	2221.600	1616.300	2170.500	2025.000	1956.960
28	巴基斯坦	2104.200	2168.300	2034.800	1779.800	1661.600	1949.740
29	博茨瓦纳	2000.000	2000.000	2000.000	1917.000	1589.100	1901.220
30	缅甸	2169.000	2009.100	1746.000	1719.500	1716.400	1872.000
31	埃塞俄比亚	1916.700	1444.400	1000.000	2369.200	2350.000	1816.060
32	洪都拉斯	1776.200	1822.600	1823.100	1802.300	1799.500	1804.740
33	巴拉圭	1180.000	1400.000	2000.000	1500.000	2461.000	1708.200

序号	国别	年度单产（千克/公顷）					
		2016年	2017年	2018年	2019年	2020年	平均
34	萨尔瓦多	1450.000	1208.800	1222.200	1909.100	1848.800	1527.780
35	安哥拉	1833.300	1833.300	1833.300	1838.700	177.900	1503.300
36	喀麦隆	1308.000	1573.000	481.800	1880.000	1783.200	1405.200
37	印度	1598.200	1401.900	1186.800	1234.800	1378.300	1360.000
38	柬埔寨	1326.100	1322.400	1295.800	1316.900	1318.700	1315.980
39	厄瓜多尔	1334.200	1315.700	1312.000	1306.300	1309.000	1315.440
40	加纳	935.900	945.300	950.900	1866.700	1866.700	1313.100
41	阿富汗	1154.500	1154.700	1454.600	1481.000	1305.300	1310.020
42	乌干达	1158.100	1239.600	1091.300	1333.300	1359.200	1236.300
43	苏丹	1639.500	601.200	833.600	1432.800	1585.700	1218.560
44	委内瑞拉	1315.200	1153.100	826.200	1400.300	1223.100	1183.580
45	土库曼斯坦	1090.900	1279.400	1155.500	1087.900	1189.500	1160.640
46	贝宁	1077.000	1128.000	1263.300	1066.700	1174.200	1141.840
47	阿尔巴尼亚	1108.100	1108.100	1108.100	1107.700	1120.100	1110.420
48	菲律宾	1250.000	1111.100	935.700	1166.700	1000.000	1092.700
49	几内亚比绍	1113.200	1066.200	1043.900	1062.400	1067.000	1070.540
50	布基纳法索	1198.200	999.300	681.400	1225.400	1209.600	1062.780
51	也门	1065.700	1065.400	1038.100	1046.000	1025.400	1048.120
52	科特迪瓦	898.600	911.100	911.100	1143.900	1114.600	995.860
53	塞内加尔	1200.000	955.500	695.700	1000.000	1115.000	993.240
54	马达加斯加	929.600	933.100	928.800	1061.300	1091.000	988.760
55	尼日尔	983.100	972.600	971.400	981.300	980.400	977.760
56	尼泊尔	1032.000	888.100	960.300	984.300	1000.000	972.940
57	马里	988.200	1035.500	940.400	962.800	893.000	963.980
58	几内亚	955.800	938.000	923.900	988.900	995.100	960.340
59	埃斯瓦蒂尼	653.400	648.900	635.800	—	1867.100	951.300

序号	国别	年度单产（千克/公顷）					
		2016 年	2017 年	2018 年	2019 年	2020 年	平均
60	保加利亚	946.800	912.200	1018.600	895.400	—	943.250
61	玻利维亚	928.600	928.600	928.600	884.500	880.500	910.160
62	泰国	438.300	361.500	297.100	1600.000	1596.000	858.580
63	布隆迪	680.200	701.700	1316.900	730.400	771.300	840.100
64	乍得	1111.100	833.300	833.300	757.600	661.200	839.300
65	哥斯达黎加	714.100	721.700	987.000	—	—	807.600
66	尼日利亚	763.100	889.900	845.300	769.000	754.800	804.420
67	赞比亚	863.400	847.600	825.400	817.000	607.800	792.240
68	津巴布韦	323.500	957.700	818.000	706.200	810.600	723.200
69	多哥	869.700	680.100	764.300	645.500	648.100	721.540
70	伊拉克	1238.100	396.300	1370.400	267.900	204.800	695.500
71	越南	1009.400	571.700	544.600	529.100	666.700	664.300
72	突尼斯	591.700	537.800	499.600	670.400	663.800	592.660
73	坦桑尼亚	467.000	484.400	673.500	629.800	603.400	571.620
74	莫桑比克	432.300	457.100	496.000	775.700	662.600	564.740
75	肯尼亚	550.500	699.900	441.000	441.000	440.900	514.660
76	海地	498.300	504.900	512.300	488.600	488.100	498.440
77	中非共和国	487.700	484.800	333.300	448.300	440.100	438.840
78	马拉维	400.600	718.900	543.400	244.100	244.100	430.220
79	刚果（金）	421.400	418.000	418.000	417.000	417.100	418.300
80	索马里	403.100	402.300	402.100	400.400	400.100	401.600
81	冈比亚	357.200	354.400	351.500	352.600	351.500	353.440
82	格林纳达	321.000	329.200	335.400	324.800	331.200	328.320
83	阿尔及利亚	307.700	307.700	307.700	285.700	273.900	296.540
84	圣基茨	250.000	250.000	250.000	250.000	250.000	250.000
85	安提瓜	175.000	175.000	175.000	174.100	—	174.775
86	印度尼西亚	202.600	92.300	68.400	73.900	103.200	108.080

1. 洲际皮棉产量分布概况

表1－15按洲际列举了各洲2016—2020棉花单产概况。由于大洋洲仅澳大利亚一个主要产棉国，因此澳大利亚的棉花单产即为大洋洲的棉花单产，以5051.84千克/公顷（合336.79千克/亩）位居各洲之首，非洲单产最低。

表1－15　2016—2020年各洲际棉花单产概况

年份	洲际棉花单产（千克/公顷）					
	北美洲	大洋洲	非洲	南美洲	欧洲	亚洲
2016	2620.60	5415.70	963.10	2827.10	2912.10	2328.30
2017	2671.30	4147.70	1017.50	3451.20	3080.60	2091
2018	2695.40	5050.50	1042.60	3655.60	3076.50	2142.50
2019	2727.80	5309.70	1063.80	3729.80	3078.70	2256
2020	2765.20	5335.40	1070.70	3740.30	3078.30	2764.70
平均	2696.06	5051.84	1031.54	3480.80	3045.24	2316.50

2. 主要产棉国的单产概况

表1－16列举了籽棉产量排前10名的产棉国的棉花单产概况。

表1－16　2016—2020年各国棉花单产概况

国别	年度单产（千克/公顷）						位次
	2016年	2017年	2018年	2019年	2020年	平均	
中国	4747.80	3535.70	5513.10	6812.90	7200.28	5937.28	1
印度	1598.20	1401.90	1186.80	1234.80	1378.30	1360.00	37
美国	2623.00	2671.30	2681.90	2727.80	2765.20	2693.84	16
巴西	3477.40	4141.10	4309.60	4236.40	4329.30	4098.76	5
巴基斯坦	2104.20	2168.30	2034.80	1779.80	1661.60	1949.74	28
乌兹别克斯坦	2338.90	2375.90	2062.30	2562.00	2896.60	2447.14	20
土耳其	5048.10	4885.60	4955.30	4604.40	4937.50	4886.18	3
澳大利亚	5415.70	4147.70	5050.50	5309.70	5335.40	5051.80	2
墨西哥	4674.70	4761.80	4832.50	4424.60	4686.00	4675.92	4
阿根廷	1786.60	2432.40	2548.50	2621.60	2529.40	2383.70	22

1.3　棉花品种

为了更好地解决新疆棉花品种多乱杂问题，提高原棉品质一致性，提升自治区棉花质量，自治区棉花协会综合各地州棉花品种品质、产量、抗性、适应性和适宜机采等条件，通过公正科学筛选比对，提出推荐意见，推荐相同生态区域种植一个主栽品种、两个辅助品种，即"一主两辅"棉花品种，其中主栽品种为 14 个（表1－17 序号 1～11）。相较而言，自治区推荐主栽品种数量则多达 35 个（表 1－17序号 12～22）。

表 1－17　2023 年新疆部分棉区推荐主栽品种

序号	推荐产区	推荐主栽品种	搭配
1	兵团第一师	塔河 2 号	新陆中 82 号、源棉新 13305 号
2	兵团第二师	新陆中 38 号	新陆中 55 号、金垦 1565
3	兵团第三师	塔河 2 号	新陆中 61 号、惠远 720
4	兵团第四师	中棉 113 号	—
5	兵团第五师	H33－1－4	新陆早 78 号
6	兵团第六师	中棉 113	惠远 720、新陆早 80 号
7	兵团第七师	Z1112、K07－12	金科 20
8	兵团第八师	惠远 720、新陆早 84 号、新陆早 80 号	金垦 1775、中棉 113
9	兵团第十师	新陆早 84 号	—
10	兵团第十二师	中棉 113	—
11	兵团第十三师	塔河 2 号	—
12	伊犁	新陆早 84 号、创棉 508 号	
13	塔城	新陆早 76 号、新陆早 79 号、新陆早 83 号、新陆早 78 号、新陆早 84 号、创棉 508 号	
14	克拉玛依市	新陆早 42 号、新陆早 76 号	
15	博州	新陆早 54 号、金垦 1402 号、新陆早 63 号	
16	昌吉州	中棉 113 号、新农棉 1 号、新陆早 82 号、新陆早 57 号、新陆早 67 号、新陆早 84 号、新陆早 78 号	
17	吐鲁番地区	新陆中 88 号、新陆中 87 号	
18	哈密地区	新陆中 67 号、新陆中 55 号	

续表

序号	推荐产区	推荐主栽品种	搭配
19	巴州	新陆中69号、新陆中71号、新陆中73号、新陆中78号、新陆早61号、新陆中67号	
20	阿克苏地区	新陆中84号、新陆中80号、J206—5、新陆中40号、新陆中75号、新陆中79号、塔河2号、中棉113号、新陆中87号	
21	喀什地区	新陆中80号、J206—5、新陆中75号、塔河2号、新陆中66号、新陆中81号、新陆中62号、新陆中87号、新陆中67号	
22	克州	兆丰28号、新陆中87号、新陆中67号	

表1－18列举了2017—2023年通过审定的棉花新品种，累计新增棉花新品种286个，依次为2017年33个、2018年52个、2019年23个、2020年66个、2021年25个、2022年59个、2023年28个（数据更新到2023年3月）。

表1－18　2017—2023年通过审定的棉花新品种

序号	年份	名称	品种权人
1	2017	湘杂棉19号	湖南省棉花研究所
2	2017	鲁HB标杂—5	山东棉花研究中心
3	2017	SJ48A	中国农业科学院棉花研究所
4	2017	日辉棉6号	安徽日辉生物科技有限公司
5	2017	苏远棉3号	江苏省农业科学院
6	2017	新陆早54号	新疆金宏祥高科农业股份有限公司
7	2017	GA01	中国农业科学院生物技术研究所
8	2017	GR26	中国农业科学院生物技术研究所
9	2017	南农4626	南京农业大学
10	2017	伊陆早6号	新疆华天种业有限公司
11	2017	日辉棉6号	安徽日辉生物科技有限公司
12	2017	鑫秋3号	山东鑫秋种业科技有限公司
13	2017	伊陆早6号	新疆华天种业有限公司
14	2017	SJ48A	中国农业科学院棉花研究所
15	2017	ZBA1	中国农业科学院棉花研究所

序号	年份	名称	品种权人
16	2017	绿亿航天 1 号	安徽绿亿种业有限公司
17	2017	GA01	中国农业科学院生物技术研究所
18	2017	豫 068	河南省农业科学院
19	2017	新陆早 54 号	新疆金宏祥高科农业股份有限公司
20	2017	鲁 H498	山东棉花研究中心
21	2017	GR26	中国农业科学院生物技术研究所
22	2017	湘杂棉 23 号	湖南省棉花科学研究所
23	2017	XQ701	山东鑫秋种业科技有限公司
24	2017	苏远棉 3 号	江苏省农业科学院
25	2017	sGK 中 3017	中国农业科学院棉花研究所
26	2017	鲁 54	山东棉花研究中心
27	2017	农大 KZ05	河北农业大学
28	2017	新陆中 60 号	新疆生产建设兵团农业建设第一师农业科学研究所
29	2017	华惠 2 号	湖北惠民农业科技有限公司
30	2017	新海 38 号	李琴
31	2017	新陆中 62 号	张朝晖
32	2017	南农 309	南京农业大学
33	2017	新彩棉 25 号	中国彩棉（集团）股份有限公司
34	2018	湘杂棉 21 号	湖南省棉花科学研究所
35	2018	南农 4878	南京农业大学
36	2018	徐棉 21 号	江苏徐淮地区徐州农业科学研究所
37	2018	圣农 6H119	山东圣丰种业科技有限公司
38	2018	鑫秋 106	山东鑫秋种业科技有限公司
39	2018	新陆早 58 号	新疆生产建设兵团第七师农业科学研究所
40	2018	南农 215	南京农业大学
41	2018	南农 329	南京农业大学
42	2018	南农 319	南京农业大学

续表

序号	年份	名称	品种权人
43	2018	南农 881	南京农业大学
44	2018	盐早 120	江苏沿海地区农业科学研究所
45	2018	锦 K0279	南京木锦基因工程有限公司
46	2018	A210A	中国农业科学院棉花研究所
47	2018	南农 4878	南京农业大学
48	2018	日辉棉 3 号	安徽绿亿种业有限公司
49	2018	圣农 6H119	山东圣丰种业科技有限公司
50	2018	南农 329	南京农业大学
51	2018	通丰 114	南通大学
52	2018	华惠 4 号	湖北惠民农业科技有限公司
53	2018	851A	中国农业科学院棉花研究所
54	2018	中 9106	中国农业科学院棉花研究所
55	2018	南农 215	南京农业大学
56	2018	锦 K0209	南京木锦基因工程有限公司
57	2018	富杂棉 3 号	安徽省创富种业有限公司
58	2018	邯无 216	邯郸市农业科学院
59	2018	邯 8266	邯郸市农业科学院
60	2018	中棉所 100	中国农业科学院棉花研究所
61	2018	辽棉 25 号	辽宁省经济作物研究所
62	2018	湘杂棉 21 号	湖南省棉花科学研究所
63	2018	鑫秋 106	山东鑫秋种业科技有限公司
64	2018	中夏杂 06	中国农业科学院棉花研究所
65	2018	湘杂棉 21 号	湖南省棉花科学研究所
66	2018	圣农 6H119	山东圣丰种业科技有限公司
67	2018	鑫秋 106	山东鑫秋种业科技有限公司
68	2018	锦 K0219	南京木锦基因工程有限公司
69	2018	日辉棉 3 号	安徽绿亿种业有限公司

续表

序号	年份	名称	品种权人
70	2018	山农 SF06	山东圣丰种业科技有限公司
71	2018	中棉所 76	中国农业科学院棉花研究所
72	2018	鲁 7619	山东棉花研究中心
73	2018	盐棉 216	江苏沿海地区农业科学研究所
74	2018	农大棉 10 号	河北农业大学
75	2018	鄂棉 ZY6	湖北省农业科学院经济作物研究所
76	2018	冀丰 1982	河北省农林科学院粮油作物研究所
77	2018	百棉 5 号	河南科技学院
78	2018	皖 D404	安徽省农业科学院棉花研究所
79	2018	邯 258	邯郸市农业科学院
80	2018	欣杂 16	河间市国欣农村技术服务总会
81	2018	欣杂 15	河间市国欣农村技术服务总会
82	2018	欣试 71143	河间市国欣农村技术服务总会
83	2018	辽棉 31	辽宁省经济作物研究所
84	2018	周棉 8 号	周口市农业科学院
85	2018	子鼎 9 号	山西省农业科学院棉花研究所
86	2019	邯 818	邯郸市农业科学院
87	2019	中棉所 110	中国农业科学院棉花研究所
88	2019	中棉所 3018	中国农业科学院棉花研究所
89	2019	冀棉 315	河北省农林科学院棉花研究所
90	2019	鲁 8H29	山东棉花研究中心
91	2019	邯 218	邯郸市农业科学院
92	2019	衡优 12	河北省农林科学院旱作农业研究所
93	2019	豫棉 50	河南省农业科学院经济作物研究所
94	2019	中棉所 99	中国农业科学院棉花研究所
95	2019	邯 6203	邯郸市农业科学院
96	2019	百棉 985	河南科技学院

序号	年份	名称	品种权人
97	2019	鲁棉 241	山东棉花研究中心
98	2019	鲁 H424	山东棉花研究中心
99	2019	苏棉 29	江苏沿海地区农业科学研究所
100	2019	苏杂 208	江苏省农业科学院
101	2019	泗棉 6821	江苏省泗棉种业有限责任公司
102	2019	通科棉 1 号	南通科技职业学院
103	2019	EZ9	湖北省农业科学院经济作物研究所
104	2019	邯 M263	邯郸市农业科学院
105	2019	邯 6305	邯郸市农业科学院
106	2019	邯 6382	邯郸市农业科学院
107	2019	鲁杂 311	山东棉花研究中心
108	2019	ZHM19	湖南省棉花科学研究所
109	2020	鲁棉 691	山东棉花研究中心
110	2020	鲁杂 2138	山东棉花研究中心
111	2020	K2725	新疆合信科技发展有限公司
112	2020	聊棉 15 号	聊城市农业科学研究院
113	2020	金垦杂 1062	新疆农垦科学院棉花研究所
114	2020	鲁棉 1141	山东棉花研究中心
115	2020	运 B259	山西省农业科学院棉花研究所
116	2020	鲁棉 1127	山东棉花研究中心
117	2020	湘 K27	湖南省棉花科学研究所
118	2020	中棉 9101	中国农业科学院棉花研究所
119	2020	湘 K645	湖南省棉花科学研究所
120	2020	中棉所 96A	中国农业科学院棉花研究所
121	2020	鲁棉 1131	山东棉花研究中心
122	2020	冀 172	河北省农林科学院棉花研究所
123	2020	邯棉 5019	邯郸市农业科学院

续表

序号	年份	名称	品种权人
124	2020	湘 K26	湖南省棉花科学研究所
125	2020	中棉所 96B	中国农业科学院棉花研究所
126	2020	中棉 9934	中国农业科学院棉花研究所
127	2020	湘 K645	湖南省棉花科学研究所
128	2020	金垦杂 1062	新疆农垦科学院棉花研究所
129	2020	金垦 1565	新疆农垦科学院棉花研究所
130	2020	冀 968	河北省农林科学院棉花研究所
131	2020	冀 172	河北省农林科学院棉花研究所
132	2020	鲁棉 691	山东棉花研究中心
133	2020	中棉 9421	中国农业科学院棉花研究所
134	2020	金垦 1442	新疆农垦科学院
135	2020	邯棉 5019	邯郸市农业科学院
136	2020	金垦 1402	新疆农垦科学院棉花研究所
137	2020	冀杂 287	河北省农林科学院棉花研究所
138	2020	湘 X1251	湖南省棉花科学研究所
139	2020	新陆早 72 号	新疆惠远种业股份有限公司
140	2020	瑞杂 818	济南鑫瑞种业科技有限公司
141	2020	瑞棉 1 号	济南鑫瑞种业科技有限公司
142	2020	新陆早 68 号	新疆农垦科学院
143	2020	创棉 50 号	创世纪种业有限公司
144	2020	华惠 116	创世纪种业有限公司
145	2020	新陆早 66 号	奎屯万氏棉花种业有限责任公司
146	2020	GB819	中国农业科学院棉花研究所
147	2020	新陆早 72 号	新疆惠远种业股份有限公司
148	2020	新陆中 73 号	新疆农业科学院经济作物研究所
149	2020	新陆中 76 号	新疆农业科学院经济作物研究所
150	2020	新陆中 77 号	新疆农业科学院经济作物研究所

中国棉花产业发展研究报告（2023 年）

序号	年份	名称	品种权人
151	2020	新陆早 70 号	新疆石河子农业科学研究院
152	2020	冀石 265	石家庄市农林科学研究院
153	2020	湘 X1251	湖南省棉花科学研究所
154	2020	聊棉 6 号	聊城市农业科学研究院
155	2020	通睿 1 号	南通大学
156	2020	中 MB11167	中国农业科学院棉花研究所
157	2020	冀农大 23 号	河北农业大学
158	2020	冀农大棉 25 号	河北农业大学
159	2020	源棉 1 号	新疆农业科学院经济作物研究所
160	2020	瑞杂 818	济南鑫瑞种业科技有限公司
161	2020	瑞棉 1 号	济南鑫瑞种业科技有限公司
162	2020	瑞杂 817	济南鑫瑞种业科技有限公司
163	2020	源棉 34 号	新疆农业科学院经济作物研究所
164	2020	创棉 45 号	创世纪种业有限公司
165	2020	GB819	中国农业科学院棉花研究所
166	2020	德棉 10 号	德州市农业科学研究院
167	2020	鲁棉 2632	山东棉花研究中心
168	2020	源棉新 13305	新疆农业科学院经济作物研究所
169	2020	欣试 518	新疆农业科学院经济作物研究所
170	2020	九棉 27	九圣禾种业股份有限公司
171	2020	德棉 16 号	德州市农业科学研究院
172	2020	华 M2	湖北华之夏种子有限责任公司
173	2020	邯棉 6101	邯郸市农业科学院
174	2020	鲁棉 2387	山东棉花研究中心
175	2021	新 78	新疆农业科学院经济作物研究所
176	2021	鲁棉 258	山东棉花研究中心
177	2021	新石 K24	石河子农业科学研究院

续表

序号	年份	名称	品种权人
178	2021	鲁棉 1161	山东棉花研究中心
179	2021	创棉 512	创世纪种业有限公司
180	2021	新海 59 号	新疆巴音郭楞蒙古自治州农业科学研究院
181	2021	ZD2040	湖北省农业科学院经济作物研究所
182	2021	冀杂 269	河北省农林科学院棉花研究所
183	2021	创棉 508	创世纪种业有限公司
184	2021	H39012	新疆巴音郭楞蒙古自治州农业科学研究院
185	2021	中棉 9213	中国农业科学院棉花研究所
186	2021	中棉所 99001	中国农业科学院棉花研究所
187	2021	中棉 9213	中国农业科学院棉花研究所
188	2021	鲁棉 258	山东棉花研究中心
189	2021	湘 XH50	湖南省棉花科学研究所
190	2021	冀棉 126	河北省农林科学院棉花研究所
191	2021	鲁棉 696	山东棉花研究中心
192	2021	冀棉 803	河北省农林科学院棉花研究所
193	2021	H163	新疆巴音郭楞蒙古自治州农业科学研究院
194	2021	中棉 612	中棉种业科技股份有限公司
195	2021	太优棉 1 号	太仓市农业技术推广中心
196	2021	金垦 1441	新疆农垦科学院
197	2021	创 1010	创世纪种业有限公司
198	2021	中杂棉 108	中棉种业科技股份有限公司
199	2021	冀棉 521	河北省农林科学院棉花研究所
200	2022	新陆早 57 号	新疆农业科学院经济作物研究所
201	2022	sGK 中 35	中国农业科学院棉花研究所
202	2022	冀农大棉 24 号	河北农业大学
203	2022	新陆中 78 号	新疆农业科学院经济作物研究所
204	2022	玉君 6 号	山东省博兴县金种子有限公司

序号	年份	名称	品种权人
205	2022	豫棉 54	河南省农业科学院经济作物研究所
206	2022	中 1618	中国农业科学院棉花研究所
207	2022	百棉 9 号	河南科技学院
208	2022	新陆中 80 号	新疆农业科学院经济作物研究所
209	2022	新陆中 83 号	新疆农业科学院经济作物研究所
210	2022	新陆中 84 号	新疆农业科学院经济作物研究所
211	2022	皖棉研 1318	安徽省农业科学院棉花研究所
212	2022	邯棉 10 号	邯郸市农业科学院
213	2022	银兴棉 28	山东银兴种业股份有限公司
214	2022	邯 R4087	邯郸市农业科学院
215	2022	中棉所 94A213	中国农业科学院棉花研究所
216	2022	中棉所 94A361	中国农业科学院棉花研究所
217	2022	陇棉 16 号	甘肃省农业科学院作物研究所
218	2022	辽棉 34	辽宁省经济作物研究所
219	2022	辽棉 35	辽宁省经济作物研究所
220	2022	辽棉 37	辽宁省经济作物研究所
221	2022	Z1112	新疆生产建设兵团第七师农业科学研究所
222	2022	荆棉 93	荆州农业科学院
223	2022	冀农大 29 号	河北农业大学
224	2022	衡棉 338	河北省农林科学院旱作农业研究所
225	2022	衡棉 568	河北省农林科学院旱作农业研究所
226	2022	衡棉 121	河北省农林科学院旱作农业研究所
227	2022	新科棉 6 号	河南省新乡市农业科学院
228	2022	棕 234	中国彩棉（集团）股份有限公司
229	2022	棕 1342	中国彩棉（集团）股份有限公司
230	2022	棕 1192	中国彩棉（集团）股份有限公司
231	2022	棕 1496	中国彩棉（集团）股份有限公司

续表

序号	年份	名称	品种权人
232	2022	MH335223	中国农业科学院棉花研究所
233	2022	冀丰 1458	河北省农林科学院粮油作物研究所
234	2022	鲁棉 522	山东棉花研究中心
235	2022	鲁棉 424	山东棉花研究中心
236	2022	鲁棉 411	山东棉花研究中心
237	2022	鲁棉 1157	山东棉花研究中心
238	2022	新石 K25	中国农业科学院棉花研究所
239	2022	彩长 6006	中国彩棉（集团）股份有限公司
240	2022	棕 2395	中国彩棉（集团）股份有限公司
241	2022	棕 2478	中国彩棉（集团）股份有限公司
242	2022	彩长 6115	中国彩棉（集团）股份有限公司
243	2022	新海 60 号	新疆农业科学院经济作物研究所
244	2022	新农棉 2 号	新疆农业科学院经济作物研究所
245	2022	鲁棉 378	山东棉花研究中心
246	2022	中棉所 115	中国农业科学院棉花研究所
247	2022	CRIZ140204	中国农业科学院棉花研究所
248	2022	CRIZ140201	中国农业科学院棉花研究所
249	2022	中棉所 109	中国农业科学院棉花研究所
250	2022	百棉 15	河南科技学院
251	2022	新石 K28	中国农业科学院棉花研究所
252	2022	湘 X1067	湖南省棉花科学研究所
253	2022	新石 K26	中国农业科学院棉花研究所
254	2022	邯棉 3022	邯郸市农业科学院
255	2022	邯棉 3008	邯郸市农业科学院
256	2022	邯棉 1091	邯郸市农业科学院
257	2022	泗棉 686	宿迁市农业科学研究院
258	2022	金农 969	石家庄市农林科学研究院

续表

序号	年份	名称	品种权人
259	2023	国欣棉 25	河间市国欣农村技术服务总会
260	2023	国欣棉 18 号	河间市国欣农村技术服务总会
261	2023	中生棉 2 号	中国农业科学院生物技术研究所
262	2023	湘 X1107	湖南省棉花科学研究所
263	2023	鲁棉 1165	山东棉花研究中心
264	2023	鲁杂 1168	山东棉花研究中心
265	2023	鲁杂 1167	山东棉花研究中心
266	2023	国欣棉 26	河间市国欣农村技术服务总会
267	2023	国欣棉 27	河间市国欣农村技术服务总会
268	2023	中棉所 9708	中国农业科学院棉花研究所
269	2023	中棉所 9711	中国农业科学院棉花研究所
270	2023	中棉所 9713	中国农业科学院棉花研究所
271	2023	CRIZ140206	中国农业科学院棉花研究所
272	2023	新棉 144	新疆农业大学
273	2023	中棉所 9705	中国农业科学院棉花研究所
274	2023	湘 K18	湖南省棉花科学研究所
275	2023	湘 S013	湖南省棉花科学研究所
276	2023	新农大棉 4 号	新疆农业大学
277	2023	中 6913	中国农业科学院棉花研究所
278	2023	中棉所 100902	中国农业科学院棉花研究所
279	2023	GB821	中国农业科学院棉花研究所
280	2023	Z1146	新疆生产建设兵团第七师农业科学研究所
281	2023	衡棉 1670	河北省农林科学院旱作农业研究所
282	2023	鲁棉 238	山东棉花研究中心
283	2023	湘 K28	湖南省棉花科学研究所
284	2023	中棉 001	中国农业科学院棉花研究所
285	2023	中棉 259	新疆中棉种业有限公司

序号	年份	名称	品种权人
286	2023	中棉 218	新疆中棉种业有限公司

资料来源：中华人名共和国农业农村部①②③④。

1.4　小结

本章主要由安徽财经大学周万怀老师撰写，李庆旭、李浩老师负责协助数据收集和分析。文中所采用的数据均来自世界粮农组织（Food and Agriculture Organization of the United Nations，FAO）、中华人民共和国国家统计局（National Bureau of Statistics of the People's Repulic of China，NBSPRC）以及中华人民共和国农业农村部（Ministry of Agriculture and Rural Affairs of the People's Republic of China，MARAPRC）等官方权威数据。由于棉花年度的特殊性，截止到撰写时部分数据仅更新到 2020 年，特此说明。在此，对本章中的数据来源单位，对内容起到帮助的引文作者以及相关单位表示衷心的谢意！

---

① 中华人民共和国农业部公告第 2547 号．中华人民共和国农业部［EB/OL］．http://www.zys.moa.gov.cn/gzdt/201707/t20170712_6313563.htm，2017−6−29．

② 中华人民共和国农业农村部公告第 65 号．中华人民共和国农业农村部［EB/OL］．http://www.moa.gov.cn/nybgb/2018/201810/201812/t20181218_6165104.htm，2018−10−20．

③ 中华人民共和国农业农村部公告第 224 号．中华人民共和国农业农村部［EB/OL］．http://www.zys.moa.gov.cn/gsgg/201911/t20191104_6331055.htm，2019−10−31．

④ 中华人民共和国农业农村部公告第 360 号．中华人民共和国农业农村部［EB/OL］．http://www.zzj.moa.gov.cn/gsgg/202012/t20201202_6357482.htm，2020−11−26．

第 2 章　棉花消费与贸易

2.1　棉花进出口贸易

棉花是重要的国际贸易商品，全球参与棉花进出口的国家超过 150 个。在 20 世纪 80 年代初，棉花贸易量约占世界棉花产量的 30%，随后逐渐上升，到 21 世纪初，棉花贸易量占到世界棉花产量的近 40%。

2.1.1　全球棉花供应和分配状况

从全球棉花的供应和分配如表 2－1 的变化来看，全球棉花的生产和消费基本保持增长的态势，但棉花产量在年度间的波动较大，而消费则基本呈增长趋势。棉花的库存起到了调节年度之间供需平衡的重要作用。

表 2－1　全球棉花供应和分配状况

年度	产量（万吨）	进口量（万吨）	出口量（万吨）	消费量（万吨）	期末库存（万吨）	库存消费比（%）
2011/2012	2770.41	988.97	1002.16	2266.21	1568.38	69
2012/2013	2697.63	1037.02	1009.37	2356.28	1944.84	83
2013/2014	2620.51	902.16	896.96	2392.49	2176.07	91
2014/2015	2595.64	794.26	788.68	2445.50	2325.95	95
2015/2016	2093.70	777.71	760.92	2465.12	1965.57	80
2016/2017	2322.62	824.61	829.36	2531.42	1747.54	69
2017/2018	2698.91	904.67	907.71	2675.35	1765.66	66
2018/2019	2581.82	923.91	904.69	2622.97	1742.82	66
2019/2020	2643.13	886.99	897.72	2238.64	2137.14	95

续表

年度	产量 （万吨）	进口量 （万吨）	出口量 （万吨）	消费量 （万吨）	期末库存 （万吨）	库存消 费比（%）
2020/2021	2447.70	1053.61	1046.10	2591.22	1998.32	77
2021/2022	2546.11	971.92	983.40	2649.51	1805.91	68
2022/2023	2568.39	808.06	817.73	2386.43	2045.50	86
2023/2024	2543.91	946.84	947.32	2531.11	2057.82	81

注：（1）此处采用的是棉花年度，从当年的 8 月 1 日算到第二年的 7 月 31 日。
（2）库存消费比＝期末库存/消费量。（3）2023/2024 年度为预测值。

资料来源：美国农业部① https：//www.usda.gov/

全球棉花库存在 20 世纪 70 年代和 80 年代前半期，基本稳定在 500 万吨左右，随后一直到 90 年代中期稳定在 1000 万吨以内；20 世纪 90 年代中期以来，全球棉花的库存上升到 1000 万吨以上，库存消费比在 50% 左右，相对处于较高的水平。2011 年以后全球棉花库存大幅度上升，2011/2012 年度的期末库存达到 1568.38 万吨，到 2014/2015 年上升到 2325.95 万吨，之后呈回落趋势，到 2018/2019 年度下降到 1742.82 万吨，2019/2020 年度又大幅上升至 2137.14 万吨，之后两年又小幅度回落，2021/2022 年度回落至 1805.91 万吨。近两年又出现小幅上升，2023/2024 年度的期末库存达到 2057.82 万吨。近年来的库存消费比达到非常高的水平，几乎都超过 50%，个别年度高达 95%，接近于 100%。全球棉花库存近年来大幅度提高的主要原因是，中国 2011—2014 年实行棉花临时收储政策，以远远高于国际棉花价格的收储价格，对国内生产的棉花进行收储。

2.1.2 全球棉花的贸易规模

从美国农业部的统计数据可以看出，20 世纪 60 年代以来全球棉花的贸易基本呈递增趋势，近 50 年来，棉花的出口量增加了一倍多。2000/2001 年度全球棉花出口 569.48 万吨，到 2012/2013 年度增至 1009.37 万吨，随后开始下降，到 2015/2016 年度达到最低值，为 760.92 万吨，之后又逐年回升，到 2020/2021 年度为 1046.10 万吨，近三年，全球棉花的出口量略有下降，2023/2024 年度接近 950 万吨。详情如图 2—1 所示。

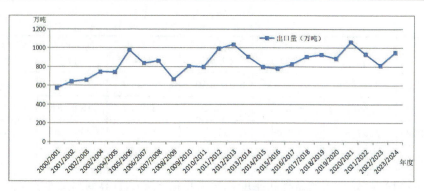

注：2023/2024年度为预测值。

图2-1 2000年以来世界棉花出口总量

（资料来源：美国农业部）

2.1.3 主要国家的棉花贸易

对于一个具体国家来说，消费（C）－生产（Q）＝进口（M）－出口（E），等号左边表示国内供需关系，右边表示棉花贸易。当C>Q时表现为过量需求，反之表现为过量供给。M>E时为净进口；反之为净出口。

表2-2列出了棉花进出口位居前列的国家的基本情况。根据美国农业部2023/2024年度的数据，在棉花进口方面，世界前七大进口国分别为中国、孟加拉国、越南、土耳其、巴基斯坦、印度尼西亚、印度；在棉花出口方面，世界前七大棉花出口国分别为美国、巴西、澳大利亚、印度、贝宁、希腊、马里。

表2-2 主要国家的棉花进出口情况

国家	棉花进口量（万吨）				
	2019/2020年度	2020/2021年度	2021/2022年度	2022/2023年度	2023/2024年度
中国	155.40	280.00	170.70	138.30	212.30
孟加拉国	163.30	180.70	178.50	143.70	174.20
越南	141.10	158.70	144.40	140.40	152.40
土耳其	101.70	116.00	120.30	88.20	93.60
巴基斯坦	87.10	117.60	98.00	93.60	91.40
印度尼西亚	54.70	50.20	56.10	34.80	52.30
印度	49.90	18.40	21.80	38.10	32.70

国家	棉花进口量（万吨）				
	2019/2020 年度	2020/2021 年度	2021/2022 年度	2022/2023 年度	2023/2024 年度
其他	129.90	135.80	138.20	130.90	138.00
总计	883.10	1057.40	928.00	808.00	946.90
	棉花出口量（万吨）				
美国	337.70	356.00	315.30	280.90	299.40
巴西	194.60	239.80	168.20	141.50	212.30
澳大利亚	29.60	34.40	77.90	143.70	126.30
印度	69.70	134.80	81.50	27.20	47.90
贝宁	21.10	34.20	30.50	23.90	29.40
希腊	31.90	35.50	31.10	27.80	27.80
马里	25.60	13.10	28.30	16.30	25.00
其他	185.30	216.30	200.30	156.40	179.30
总计	895.50	1064.10	933.10	817.70	947.40

注：此处采用的是棉花年度，从当年的 8 月 1 日算起到次年的 7 月 31 日。

资料来源：美国农业部。

2.1.4　我国棉花贸易

中华人民共和国成立以来，我国的棉花产业快速发展，在国际上的地位逐渐提高，逐渐成为数一数二的棉花生产大国。自从加入 WTO 后，我国的棉花产业发展发生了巨大的变化，不仅是棉花生产大国，同时也是棉花消费大国。从目前的情况来看，我国的棉花供应和需求之间存在较大的缺口，本土的棉花产量已经难以满足市场需求，逐渐成为世界上最大的棉花进口国，虽然也有部分棉花出口，但占比非常小。

1. 棉花进口

根据国家统计局统计数据，2004 年以来中国棉花进口量及金额详情如图 2—2 所示。可以看出，从 2004 年，我国棉花进口开始快速增长，到 2006 年进口量达到 364 万吨，进口额为 48.7 亿美元；随后，由于受到 2008 年国际金融危机的影响，棉花进口量出现短期下调，2009 年触底为 153 万吨，进口额为 21.1 亿美元；从

2010年开始棉花进口量出现较大增加，2012年达到最大量，为513万吨，进口金额为118亿美元；随后又出现一定的回落，到2016年又开始回升，2021年进口量为216万吨，进口金额为41.1亿美元。

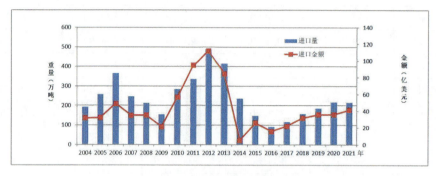

图2-2　中国棉花进口量及金额

（数据来源：国家统计局）

2. 棉花出口

长期以来，我国一直居于世界最大棉花消费国的地位，加入WTO以后，虽然中国每年也有部分棉花出口，但出口量远远低于进口量。国家统计局的数据资料显示（见图2-3），2004—2019年，我国的棉花出口量呈波动性缓慢增长，到2019年出现了较大幅度的增长，年出口量超过5万吨，但2020年出现了大幅度下降，为0.95万吨；2021年略有增长，为1.13万吨。

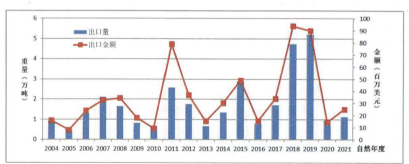

图2-3　中国棉花出口数量及金额

（2004—2019年数据来源：国家统计局；

2020/2021年数据来源：联合国粮食及农业组织①）

---

①　https：//www.fao.org/.

2.1.5　影响我国棉花进口的主要因素

影响我国棉花是否需要进口的因素主要有国内的棉花生产能力、生产量和安全成本以及供需缺口，而具体如何进口则与国家的棉花贸易政策密切相关。

1. 棉花生产能力的提高受到资源的约束

我国棉花的生产能力主要受耕地和水资源、资本、劳动、技术等要素的投入能力影响。首先，中国国土辽阔，但人多地少，耕地后备资源严重不足。同样，中国的水资源总量丰富，但人均占有量较低，而且分布不均且季节性强，非常不利于棉花生产能力的提高。其次，就农业生产技术而言，虽然我国对于棉花生产在技术方面的投入力度不断加大，但同美国等发达国家相比，技术仍然落后，生产的棉花质量低，难以满足对高品质棉花的需求。

2. 棉花生产成本较高

我国自 1999 年以后，棉花产业在国际市场上的比较优势已经基本丧失，棉花产业处于劣势地位，其主要原因是生产成本居高不下。我国的棉花生产成本与美国相比，始终较高并且差距较大。由于美国已实现了棉花生产全程机械化，而中国仍处于半机械化时代，劳动力投入较大，从而使生产成本居高不下。

3. 刚性需求不断增加

中国是棉纺织品生产和消费大国。棉花是重要的纺织原料，根据美国农业部的数据，2023/2024 年度中国的棉花消费达到 805.6 万吨。中国消费者生活水平和可支配收入的提高、人口的增长以及城镇化的不断推进，都在一定程度上提高了国内市场对纺织品的需求。

4. 棉花品质差异大

随着国民可支配收入和消费水平的提高，国内市场对高端棉纺织品的需要日益增长，推动了对高品质棉花需求的增长。而本土棉花生产在种植、运输和加工等各个环节都存在一定程度的问题，在国际市场上的竞争力不足。近年来，尤其是国产棉花的整体质量有所下降，主要体现为一致性较差、短绒率高、马克隆值高以及三丝多等问题。

5. 政策性因素的影响

由于国内市场对棉花的需求比较大，棉花被列为战略资源加以保护。自从加入世界贸易组织以来，针对棉花进口我国采取了关税配额措施进行调控。从 2005 年开始，我国对棉花配额外的进口棉实施滑准税政策，其目标是调节棉花的进口价格，减少国际市场价格波动带来的影响，从而稳定国内市场的棉花价格。为了稳定棉花生产及市场价格、保护国内棉农的经济利益、保证市场供应等，我国 2011—2013 年连续 3 年实行了棉花临时收储制度。从 2014 年开始，我国又对新疆地区实行了棉花目标价格补贴政策。2017 年，国家发改委提出自 2017 年起在新疆深化棉花目标价格改革，对打造新疆优质棉花生产基地，稳定棉农种棉积极性，提升国内棉花产业竞争力，促进棉纺织产业健康发展起到了积极的推动作用。我国的棉花去库存政策是从 2014 年开始的，其标志是 2014 年储备棉轮出政策的出台，在棉花种植面积下降、产量下滑、进口配额不增发的情况下，我国棉花去库存政策的实施效果显著。除了以上政策的影响外，我国在三省一区实施的玉米临时收储政策也对我国棉花的进口产生了间接影响。

2.2　棉花价格

2.2.1　国际棉花价格变动

全球棉花价格的变动受多种因素的影响，包括世界棉花产量、消费量、经济景气程度、气候状况、战争、化纤的价格等，而且棉花的品种以及品质也会影响棉花的价格。各个国家（如中国、美国等）实施的补贴政策也会对棉花价格产生一定的影响。

国际棉花价格指数可以反映国际棉花综合报价水平。如图 2—4 所示，为国际棉花价格变动情况。可以看出，2005 年以来国际棉花价格波动幅度较大。年度价格由 2005 年的 54.24 美分/磅上涨到 2008 年的 71.32 美分/磅，2009 年出现了一定幅度的下降，为 62.87 美分/磅，随后又出现了大幅度的上升，2011 年达到了最高位，为 154.4 美分/磅，而后几年又呈下降趋势，2015 年降到 70.39 美分/磅，随后又小幅度呈上升变化，2018 年达到 91.41 美分/磅，2019 年和 2020 年呈小幅下降趋势，之后又大幅度上升，2022 年上升到 146.99 美分/磅，2023 年又出现了一定幅度的下降，降到 95.68 美分/磅。

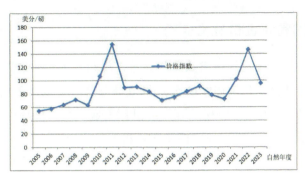

图 2－4　国际棉花价格指数年度变动

（数据来源：Cotlook）

2.2.2　中国棉花价格变动

根据中国棉花协会统计数据（见图 2－5），2013 年以来，中国棉花价格变动较大，整体呈下降趋势，到 2015 年，CCIndex2129B、CCIndex3128B、CCIndex2227B 分别降到 13895 元/吨、13235 元/吨和 12166 元/吨；随后又出现一定幅度的上升，到 2018 年分别为 16487 元/吨、15879 元/吨和 14817 元/吨；从 2019 年开始又出现下降趋势，到 2020 年分别为 13250 元/吨、12929 元/吨和 12078 元/吨；2021 年又出现一定幅度的上升，到 2022 年，分别达到 19220 元/吨、18803 元/吨和 17265 元/吨；2023 年又出现一定幅度的下降，分别为 16411 元/吨、16138 元/吨、14755 元/吨。中国棉花价格的变动一方面受到供求关系变化的影响，另一方面也受到国际棉花价格变动和国家的补贴政策的影响。对比图 2－5 可以看出，国内棉花价格变动和 2013 年以后国际棉花价格变动十分相近。

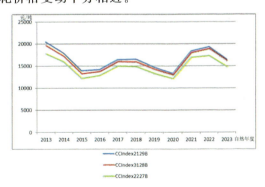

图 2－5　中国棉花价格指数（新标准）年度变动

（数据来源：中国棉花协会）

2.2.3　中国棉花进口价格变动

这里使用中国进口棉花价格指数来代表进口棉花价格变动趋势。中国进口棉花价格指数是中国棉花价格指数体系的重要组成部分之一，该指数由中国棉花协会、全国棉花交易市场、英国 Cotlook 公司三方共同发起，可以反映进口棉花到中国的综合报价水平。图 2—6 为中国进口棉花价格指数年度变动情况。

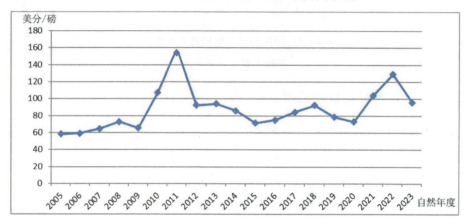

图 2—6　中国进口棉花价格指数年度变动

（数据来源：中国棉花协会）

可以看出，2005 年以来中国进口棉花价格与国际棉花价格变动趋势相近（见图 2—4），价格波动幅度较大，年度价格由 2005 年的 58.08 美分/磅上涨到 2008 年的 72.63 美分/磅；2009 年出现了一定幅度的下降，为 65.41 美分/磅，随后又出现了大幅度的上升，2011 年达到了最高位，为 159.21 美分/磅；之后几年又呈下降趋势，2015 年降到 71.27 美分/磅，随后 5 年又小幅度呈波动上升变化，从 2020 年起又呈大幅度上升趋势，到 2022 年上升到 147.28 美分/磅，然而，2023 年又出现了一定幅度的下降，降到 95.74 美分/磅。

全球棉花价格的变动受多种因素的影响，但影响棉花价格的主要因素仍然是供求关系的变化。由于中国棉花产量在国际棉花市场中有着举足轻重的地位，"中国因素"也成为影响国际棉花价格走势的重要因素，中国棉花的生产及进口量对世界棉花价格变动影响较大。

2.3　棉花仓储

2.3.1　全球棉花库存的变化

当前全球棉花期末库存排在前七的国家分别为中国、巴西、印度、澳大利亚、美国、土耳其和巴基斯坦（见表 2－3）。

表 2－3　近五年来主要国家的棉花期末库存情况

国家	期末库存（千吨、棉花年度）				
	2019/2020	2020/2021	2021/2022	2022/2023	2023/2024
中国	791.30	822.90	839.60	848.90	841.30
巴西	313.60	242.10	257.70	345.10	349.90
印度	341.50	259.90	187.20	252.50	259.00
澳大利亚	26.10	54.60	108.00	94.50	89.90
美国	157.90	68.60	81.60	70.80	82.70
土耳其	60.20	59.00	60.20	78.50	65.40
巴基斯坦	69.70	47.40	41.90	32.70	46.80
其他	384.00	325.00	297.00	322.60	322.80
总计	2144.30	1879.50	1873.20	2045.60	2057.80

注：2023/2024 年度为预测值。

数据来源：美国农业部。

根据美国农业部统计数据，全球棉花库存在 20 世纪 70 年代和 80 年代前半期，基本稳定在 500 万吨左右，而从 80 年代中期开始快速上升，达到 1000 万吨，随后一直到 90 年代中期基本稳定在 1000 万吨以内；1998 年以后，棉花库存开始超过 1000 万吨，其中 2011—2014 年棉花库存增长较快，2011 年棉花库存为 1569 万吨。2011 年之前大部分年份棉花生产量小于消费量，2011 年之后棉花产量超过消费量，多出 503 万吨。尽管随后这种差距在逐渐缩小，但 2014/2015 年度仍然多出 152 万吨，这推高了全球棉花库存的最高水平，达到了 2324 万吨。随后全球棉花库存出现一定幅度的波动性降低，2023/2024 年度全球库存约为 2057.8 万吨（见图 2－7）。

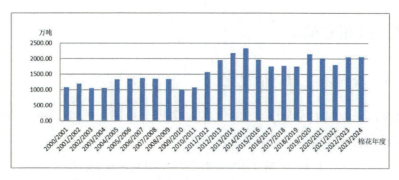

注：2023/2024 年度为预测值。

图 2-7　全球棉花期末库存变化

（数据来源：美国农业部）

2.3.2　中国棉花库存变化

我国棉花期末库存变化情况如图 2-8 所示。2010 年之前，我国的棉花期末库存基本稳定在 400 万吨左右，从 2011 年开始我国棉花期末库存大幅度上升，到 2014 年达到 1446 万吨，处于最高水平，这是因为我国从 2011 年开始实行了棉花临时收储政策，以远远高于国际价格的棉花收储价格，对国内生产的棉花进行收储，使库存量大幅增加。2014 年之后，我国棉花期末库存量开始出现一定幅度的下降，到 2017 年降到 999 万吨。因为我国从 2014 年开始取消了棉花临时收储政策，并实行了一系列去库存策略。由此也引起了全球棉花库存的大幅降低，2018—2023 年，基本维持在 800 万吨左右。

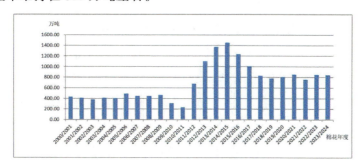

注：2023/2024 年度为预测值。

图 2-8　中国棉花期末库存变化

（数据来源：美国农业部）

2.4 棉花消费

2.4.1 全球棉花消费的变化

自 20 世纪 40 年代以来，全球的棉花消费以平均 2% 的速度增长，其中 50 年代和 80 年代棉花消费增长速度较快，50 年代的消费增长率达到 4.6%，80 年代的消费增长率也达到 3%。发展中国家是棉花消费增长较快的地区。根据香港廉正公署（ICAC）的数据，1981—1999 年，发展中国家的棉花消费占到全球棉花消费的 78%，而 2000 年以后则超过了 80%，2010 年以后达到 94%。表 2—4 为全球主要棉花消费国的棉花消费量。可以看出，棉花消费向发展中国家转移，主要是因为纺织业属于劳动密集型产业，纺织业中劳动力成本占到产品成本的 1/6，发展中国家的劳动力成本低，竞争力强于发达国家纺织品产业。

表 2－4 全球主要国家棉花的消费量

国家	棉花消费量（万吨、棉花年度）				
	2019/2020	2020/2021	2021/2022	2022/2023	2023/2024
中国	740.30	892.70	734.80	794.70	805.60
印度	446.30	566.10	544.30	511.70	533.40
巴基斯坦	206.80	237.30	233.00	187.20	217.70
孟加拉国	152.40	185.10	185.10	156.80	174.20
土耳其	143.70	167.60	189.40	158.90	172.00
越南	143.70	158.90	145.90	140.40	152.40
巴西	58.80	67.50	71.80	69.70	71.80
其他	377.40	409.20	421.30	370.50	408.20
全球	2269.40	2684.40	2525.60	2389.90	2535.30

注：2023/2024 年度为预测值。

数据来源：美国农业部。

美国农业部的数据表明，中国、印度、巴基斯坦这些国家既是棉花生产大国，同时也是棉花消费大国，20 世纪 80 年代后这三个国家的消费超过全球棉花消费的 50%。2023/2024 年度这三个国家占比高达 60.8%，其中，中国棉花消费量约占全球的 31.8%，印度和巴基斯坦棉花消费量分别约占全球的 20.6% 和 8.4%。另外，孟加拉国的消费量占到全球的 6.7%，土耳其和越南的消费量分别约占全球 6.6% 和 5.9%，详情见图 2-9。

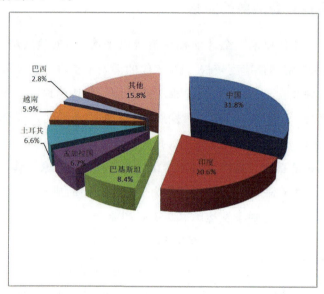

图 2-9 2023/2024 年度主要国家棉花消费量与全球棉花消费量占比

（数据来源：美国农业部）

2.4.2 中国棉花的消费情况

中国不仅是棉花生产大国，同时也是棉花消费大国。根据美国农业部统计数据，中国棉花消费量出现较大波动，具体如图 2-10 所示。从图 2-10 中可以看出，从 2000 年开始一直到 2007 年，我国棉花消费量呈持续增长态势，从 494.78 万吨上升到 1055.96 万吨，平均增长率达到 11.45%。但从 2004 年开始到 2008 年，棉花消费增长率开始逐渐下降，2008 年为 −11.86%，2008 年受全球经济衰退的影响，棉花消费量出现了下滑，与 2007 年相比，减少了约 125 万吨。2009 年，我国棉花消费量急速上升到 1088.62 万吨，达到历年的最高纪录，2010—2013 年棉花消费量为负增长态势，年增长率分别为 −8%、−17.39%、−5.26% 和 −4.17%。此后 4 年，棉花消费量均呈平缓上升趋势，增长率均为正值。但是 2018 年又出现了一定幅度的下降，2019 年继续下降，增长率达到 −16.46%。2020 年棉花消费量上升到 870.9 万吨，年增长率达到 21.21%。2022 年棉花消费量又下降到 827.40 万吨，

2023 年消费量为 805.60 万吨，这两年的增长率分别为－0.27％和－2.63％。

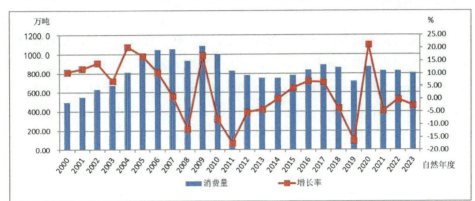

图 2－10　中国棉花消费量和棉花消费增长率变化

（数据来源：美国农业部）

　　长期以来，中国一直是世界上最大的棉花消费国，并且在加入世界贸易组织以后，有了飞跃性的发展。在此期间，中国的棉花消费量占世界棉花消费总量的比重一直在 25％以上，远高于美国、印度、巴基斯坦和巴西等棉花生产大国。中国的棉花消费需求主要由纺织工业用棉、军需民用絮棉及其损耗和其他用棉三部分组成，其中纺织工业用棉是中国主要的棉花消费需求。20 世纪 90 年代，棉花的消费基本趋于稳定，一般在 400 万吨徘徊，加入世界贸易组织以后，中国的纺织服装工业迅速发展，纺织用棉量大幅度增加，进一步刺激了中国棉花的消费需求，近 10 年来，棉花的年消费量稳定中略有波动，基本保持在 800 万吨左右。

2.4.3　影响棉花消费的主要因素

　　一般来讲，当棉花价格上升以及棉花贸易低迷的时期，棉花的消费也将保持在较低的水平，而当全球经济处于上升期时，也会刺激棉花消费量的增加。自 2008 年以来，全球经济增长乏力，不确定性因素增加，同时由于棉花价格大起大落，再加上印度等棉花出口大国对棉花出口进行限制，全球棉花的消费虽然在复苏，但速度缓慢。根据 OECD－FAO 的预测，棉花消费的未来增长速度将略低于近年的 1.9％的平均增长速度。美国农业部预测，虽然全球棉花消费增长缓慢增加，但增长比较有限。美国农业部预测棉花消费的主要参考指标包括全球经济增长前景、棉花价格、纺织品服装的含棉量等，这些都是影响棉花消费的主要因素。

2.5 小结

本章主要由安徽财经大学李浩老师撰写，周万怀、张雪东负责协助数据收集和分析，刘从九和徐守东老师负责审查。文中所采用的数据均来自联合国粮食及农业组织（Food and Agriculture Organization of the United Nations，FAO）、中华人民共和国国家统计局（National Bureau of Statistics of the People's Republic of China，NBSPRC）、中华人民共和国农业农村部（Ministry of Agriculture and Rural Affairs of the People's Republic of China，MARAPRC）、中国棉花协会（China Cotton Association，CCA）以及美国农业部（United States Department of Agriculture，USDA）等官方权威数据。由于棉花年度的特殊性，截至撰写时部分数据仅更新到2021年，特此说明。在此，对本章中的数据来源单位、对内容起到帮助的引文作者以及相关单位表示衷心的谢意！

第3章 中国棉花综合质量指数构建
与验证研究报告

3.1 任务及方案

构建中国棉花质量指数模型，并对近五年棉花公检数据进行回溯验证。根据中国棉花质量指数课题研究工作的安排，结合前期相关研究基础，进一步针对中国棉花质量指数开展研究，最终初步构建棉花综合质量指数（Comprehensive Cotton Quality Index，CCQI）模型，并用近五年的棉花公检数据验证。

3.2 实验数据来源

实验数据来源为中国纤维质量监测中心提供的 2017—2021 年公检数据。总体为 5 年 60 个月的检验记录，分别存放在 1964 个独立文件中，每个文件数据记录条数约 60000 条，合计 113880774 条检验记录。这些记录分别来自新疆、山东、河北、湖北、安徽、湖南、河南、江苏、江西、天津和甘肃 11 个省份 55 个实验室，分布范围广，涵盖了我国西北内陆、黄河流域以及长江流域的棉花主产区，数据代表性、覆盖性和代表性好。数据记录内容包括颜色级、Rd、＋b、强度、长度、整齐度、马克隆值、马克隆值级别、异性纤维、轧工质量 10 项品质指标。

3.3 CCQI 构建

本研究主要从流通贸易过程中棉花的经济价值着手，构建与棉花经济价值相关联的 CCQI。将分别根据专家打分法、锯齿加工细绒棉质量差价表（以下简称差价表）对各项计价指标赋权，并构建 CCQI。

3.3.1 基于专家打分赋权的 CCQI 构建

根据棉花贸易计价规则可知，棉花经济价值由基础价值和计价指标增补或扣减的额度共同决定。由差价表可知，有 7 项指标影响棉花经济价值，假设第 i 项指标对 CCQI 的贡献度为 $CCQI_i$，将 7 项指标对 CCQI 的贡献度依次累加即可得到 CCQI，如式（3-1）所示。

$$CCQI = \sum_{i=1}^{n} CCQI_i \tag{3-1}$$

$CCQI_i$ 可由式（3-2）表示。其中，EV_0 为棉花基础经济价值，本研究中选用棉花目标价格为基础经济价值，故 $EV_0 = 18600$ 恒定不变。EV_i 为指标 i 对棉花经济价值的实际贡献，根据特定样本的品质指标 i 在差价表中对应的档次确定。EV_{i-max} 为指标 i 对棉花经济价值的最大贡献，为品质指标 i 的最优等级对应的棉花价格调增幅度。

$$CCQI_i = \frac{EV_0 + EV_i}{EV_0 + EV_{i-max}} \times S_i \tag{3-2}$$

假设对 7 项计价指标中的第 i（$i \in [1, 7]$）项指标的专家打分为 S_{ij}（$j \in [1, n]$，n 为参与打分的专家人数），则第 i 项指标权 S_i 可表示为公式（3-3）。需要指出的是，7 项计价指标权重之和为 1，单项指标权重理论取值范围为 $[0, 1]$，实际权重根据有效专家打分的平均值确定。

$$S_i = \frac{\sum_{j=1}^{n} S_{ij}}{n} \tag{3-3}$$

根据相关需求，设计了调查问卷，向行业内约 30 位专家学者征询意见，收回调查问卷 27 份，其中有效调查问卷 25 份。相关专家涉及育种、加工、贸易、检验以及棉纺等多个环节和阶段，从业年限 15 年以上人员占比为 92%，从业年限超过 10 年以上人员占比为 100%，从而确保了打分权重的权威性和代表性。具体原始打分情况如表 3-1 所示。

表 3 - 1　专家打分记录

序号	从业情况		专家打分						
	行业	年限	颜色级	长度（mm）	断裂比强度	马克隆值	长度整齐度	轧工质量	异性纤维含量（g/t）
1	加工	15 年以上	0.15	0.20	0.15	0.10	0.20	0.10	0.10
2	加工	15 年以上	0.10	0.20	0.20	0.20	0.10	0.10	0.10
3	加工	15 年以上	0.15	0.25	0.15	0.15	0.10	0.10	0.10
4	检验	15 年以上	0.20	0.20	0.20	0.10	0.10	0.10	0.10
5	检验	15 年以上	0.20	0.20	0.10	0.20	0.10	0.10	0.10
6	检验	15 年以上	0.10	0.20	0.20	0.20	0.10	0.10	0.10
7	检验	15 年以上	0.20	0.20	0.10	0.20	0.10	0.10	0.10
8	检验	15 年以上	0.20	0.20	0.10	0.20	0.10	0.00	0.20
9	检验	15 年以上	0.20	0.20	0.20	0.10	0.10	0.00	0.20
10	检验	15 年以上	0.30	0.20	0.20	0.20	0.10	0.05	0.05
11	检验	15 年以上	0.10	0.20	0.20	0.20	0.10	0.10	0.10
12	检验	15 年以上	0.10	0.30	0.30	0.20	0.00	0.10	0.00
13	检验	15 年以上	0.10	0.20	0.20	0.20	0.10	0.10	0.10
14	检验	15 年以上	0.10	0.20	0.20	0.20	0.20	0.10	0.10
15	检验	10 年以上	0.10	0.30	0.30	0.20	0.10	0.00	0.00
16	检验	10 年以上	0.05	0.25	0.25	0.05	0.20	0.10	0.10
17	检验	10 年以上	0.12	0.16	0.16	0.12	0.16	0.12	0.17
18	贸易	15 年以上	0.10	0.14	0.10	0.16	0.18	0.12	0.20
19	贸易	15 年以上	0.14	0.21	0.18	0.19	0.16	0.12	0.00
20	贸易	15 年以上	0.00	0.20	0.20	0.20	0.20	0.10	0.10
21	贸易	15 年以上	0.10	0.19	0.17	0.13	0.17	0.10	0.15
22	棉纺	15 年以上	0.20	0.20	0.10	0.20	0.10	0.10	0.10
23	棉纺	15 年以上	0.18	0.15	0.15	0.11	0.11	0.12	0.18
24	育种	15 年以上	0.10	0.20	0.20	0.20	0.10	0.10	0.10
25	育种	15 年以上	0.10	0.20	0.20	0.20	0.10	0.10	0.10

结合表3-1和图3-1可以看出，专家打分结果相对较为分散，这不仅体现在不同细分行业之间的专家打分差异较大，即使同一细分行业内部的不同专家打分结果同样相去甚远。这在一定程度上反映出行业对棉花综合质量的认知远未达成共识，即使同一细分行业的专家学者对棉花细分指标在CCQI中的占比也有着各自的理解。

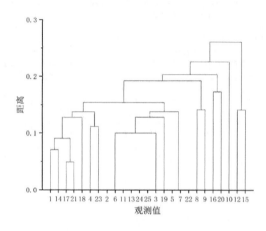

图3-1　专家打分聚类谱系图

表3-2和图3-2以不同形式展示了以细分行业为分组依据，对专家打分进行分组统计所得结果可以看出，针对不同的指标，各细分行业打分差异也有所不同。其中，专家对颜色级权重的分歧最大，专家打分最高权重为0.3000、最低权重为0.0000。这也是业内专家学者争论的焦点之一，部分专家学者认为颜色级对纺织性能无任何影响，其占比应大幅降低甚至归零；另一部分学者认为，颜色级综合反映棉纤维的多种品质，是不可或缺的指标。对长度和轧工质量占比的观点最为统一，大部分专家对长度赋予了较大的权重，对轧工质量赋予了较小的权重。

表3-2　专家打分基本统计量

指标	指标权重			
	最小权重	最大权重	平均权重	方差
颜色级	0.0000	0.3000	0.1356	0.06266
长度（mm）	0.1400	0.3000	0.2060	0.03651
长度整齐度	0.1000	0.3000	0.1804	0.05526
马克隆值	0.1000	0.2000	0.1604	0.04869

续表

指标	指标权重			
	最小权重	最大权重	平均权重	方差
断裂比强度	0.0000	0.2000	0.1232	0.04793
轧工质量	0.0000	0.1200	0.0892	0.03605
异性纤维含量（g/t）	0.0000	0.2000	0.1052	0.05605

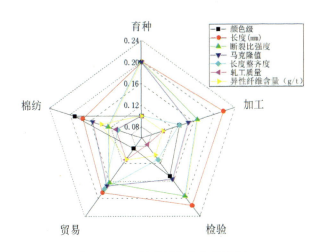

图 3 - 2　不同领域专家打分概况

　　根据表 3—1 中的专家打分结果，分别计算各项指标对 CCQI 的贡献度及其取值范围，结果如表 3—3 和图 3—3 所示。可以看出，在该方法体系下 CCQI 的合计范围是［0.9245，1］，即最低等级 CCQI＝0.9245，最高等级 CCQI＝1，两者之间的差值仅有 0.0755，高质量棉花和低质量棉花的 CCQI 在数值上的区分度较小。

表 3 - 3　CCQI 理论取值范围（专家打分法赋权）

指标	取值范围			
	最小值	最大值	权重	范围
颜色级	0.8545	1	0.1356	［0.1159，0.1356］
长度（mm）	0.8795	1	0.2060	［0.1812，0.2060］
长度整齐度	0.9600	1	0.1804	［0.1732，0.1804］
马克隆值	0.9393	1	0.1604	［0.1507，0.1604］

续表

指标	取值范围			
	最小值	最大值	权重	范围
断裂比强度	0.9549	1	0.1232	[0.1176，0.1232]
轧工质量	0.9786	1	0.0892	[0.0873，0.0892]
异性纤维含量（g/t）	0.9372	1	0.1052	[0.0986，0.1052]
合计范围				[0.9245，1]

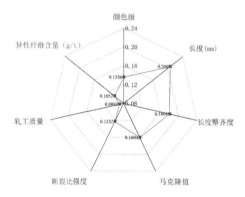

图 3－3　各指标在 CCQI 中的比重（专家打分法）

3.3.2　基于差价表赋权的 CCQI 构建

差价表中的 7 项计价指标不仅影响棉花的经济价值，还分别从不同的角度体现棉花的应用价值。因此，基于差价表赋予它们对棉花经济价值调节的范围和幅度对相应指标赋权，并在此基础上建立 CCQI，既能体现棉花的经济价值，也能够间接反映棉花的应用价值，必然具有较好的普适性和科学性。

假设第 i（$i \in [1，7]$）项指标对棉花经济价值的影响范围为 $[EV_{i-\min}，EV_{i-\max}]$，其中 $EV_{i-\min}$ 为指标 i 为最低等级时的调减额度、$EV_{i-\max}$ 为指标 i 为最高等级时的调增额度，ΔEV_i 为最高调增额度和最低调减额度的差值，如式（3—4）所示。

$$\Delta EV_i = \Delta EV_{i-\max} - \Delta EV_{i-\min} \qquad (3-4)$$

将 7 项计价指标所对应的 ΔEV_i 依次累加得到全体品质指标对棉花经济价值的

总体调整和调减幅度 $\sum_{i=1}^{n} \Delta EV_i$，并以各项指标对应的 ΔEV_i 在 $\sum_{i=1}^{n} \Delta EV_i$ 中的占比对指标赋予相应权重，即如式（3—5）所示。

$$S_i = \frac{\Delta EV_i}{\sum_{i=1}^{n} \Delta EV_i} \qquad (3-5)$$

最新差价表如表3—4所示。将相关数据代入式（3—4）和式（3—5）可依次计算得出颜色级、长度、马克隆值、断裂比强度（mm）、长度整齐度、轧工质量和异性纤维含量（g/t）7项计价指标对棉花的经济价值的调增和调减的范围 $[EV_{i-\min}, EV_{i-\max}]$ 分别是 $[-2450, 300]$ 元/吨、$[-1450, 900]$ 元/吨、$[-600, 150]$ 元/吨、$[-800, 350]$ 元/吨、$[-600, 250]$ 元/吨、$[-300, 100]$ 元/吨和 $[-700, 500]$ 元/吨，与之相对应的调增和调减的额度差 ΔEV_i 分别为2750元/吨、2350元/吨、750元/吨、1150元/吨、850元/吨、400元/吨和1200元/吨。7项指标对棉花的经济价值的合计调增和调减的范围为 $[-6900, 2550]$ 元/吨，合计调增和调减的幅度为9450元/吨。

表3-4　中国锯齿加工细绒棉质量差价表

颜色级								长度（mm）		马克隆值			断裂比强度			长度整齐度			轧工质量			异性纤维含量（g/t）		
	白棉		淡点污棉		淡黄染棉		黄染棉																		
级别	代号	差价	代号	差价	代号	差价	代号	差价	长度	差价	分级	分档	差价	分档	代号	差价	分档	代号	差价	分档	代号	差价	分档	代号	差价
一	11	300	12	-200	13	-700	14	-1300	32	900	A级	A	150	很强	S1	350	很高	U1	250	好	P1	100	无	N	500
二	21	150	22	-450	23	-1100	24	-2450	31	600	B级	B1	0	强	S2	150	高	U2	150						
三	31	0	32	-800	33	-1650			30	400		B2	0	中等	S3	0	中等	U3	0	中	P2	0	低	L	0
									29	200															
四	41	-250							28	0	C级	C1	-600	差	S4	-250	低	U4	-200				中	M	-400
									27	-250															
五	51	-550							26	-850		C2	-100	很差	S5	-800	很低	U5	-600	差	P3	-300	高	H	-700
									25	-1450															

进一步将上述中间结果代入式（3—2），依次计算颜色级、长度、马克隆值、断裂比强度、长度整齐度、轧工质量和异性纤维含量7项指标在综合质量指数中的权重，结果如表3—5所示。

表3-5　根据差价表赋予的指标权重

序号	指标名称	调整/调减范围	调整/调减幅度	指标权重
1	颜色级	[-2450，300]	2750	0.2910
2	长度（mm）	[-1450，900]	2350	0.2487
3	长度整齐度	[-600，150]	750	0.0794
4	马克隆值	[-800，350]	1150	0.1217
5	断裂比强度	[-600，250]	850	0.0899
6	轧工质量	[-300，100]	400	0.0423
7	异性纤维含量（g/t）	[-700，500]	1200	0.1270
合计		[-6900，2550]	9450	1.0000

根据式（3-2）计算各个单项指标对 CCQI 的贡献度及其理论取值范围。可以看出，在该方法体系下 CCQI 的范围是 [0.8558，1]，即最低等级的 CCQI＝0.8558，最高等级的 CCQI＝1，两者之间的差值仅有 0.1442，是专家打分法的1.861 倍，提高了高质量棉花和低质量棉花 CCQI 在数值上的区分度（见表3-6和图3-4）。

表3-6　CCQI 理论取值范围（质量差价表赋权）

指标	取值范围			
	最小值	最大值	权重	范围
颜色级	0.8015	1	0.2910	[0.2332，0.2910]
长度（mm）	0.8511	1	0.2487	[0.2117，0.2487]
长度整齐度	0.8933	1	0.0794	[0.0714，0.0794]
马克隆值	0.8834	1	0.1217	[0.1075，0.1217]
断裂比强度	0.8933	1	0.0899	[0.0808，0.0899]
轧工质量	0.9082	1	0.0423	[0.0384，0.0423]
异性纤维含量（g/t）	0.8883	1	0.1270	[0.1128，0.1270]
合计范围				[0.8558，1]

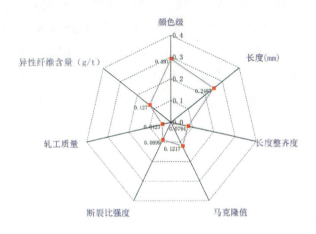

图 3 - 4　各指标在 CCQI 中的比重（差价表赋权法）

3.3.3　基于差价表直接构建 CCQI

与 3.3.1 和 3.3.2 节所述方法不同的是，基于差价表直接构建 CCQI 无须对指标赋权。假设第 i（$i \in$ [1，7]）项指标对棉花经济价值的影响范围为 [$EV_{i-\min}$，$EV_{i-\max}$]，其中 $EV_{i-\min}$ 为指标 i 为最低等级时的调减额度、$EV_{i-\max}$ 为指标 i 为最高等级时的调增额度，ΔEV_i 为最高调增额度和最低调减额度的差值。若假设最高等级棉花的经济价值 $EV_{\max}$，则有：

$$EV_{\max} = EV_0 + \sum_{i=1}^{n} EV_{i-\max} \tag{3-6}$$

另假设某特定样本 k 的经济价值为 EV_k，则有：

$$EV_k = EV_0 + \sum_{i=1}^{n} EV_{ki} \tag{3-7}$$

将 $EV_{\max}$ 作为比较基准，则样本 k 的 CCQI 为：

$$CCQI_k = \frac{EV_k}{EV_{\max}} = \frac{EV_0 + \sum_{i=1}^{n} EV_{ki}}{EV_0 + \sum_{i=1}^{n} EV_{i-\max}} \tag{3-8}$$

如 3.3.2 节所述，7 项计价指标对棉花的经济价值的调增和调减的范围 [$EV_{i-\min}$，$EV_{i-\max}$] 分别是 [−2450，300] 元/吨、[−1450，900] 元/吨、[−600，150] 元/吨、[−800，350] 元/吨、[−600，250] 元/吨、[−300，

100］元/吨和［-700，500］元/吨。显然，$EV_{max}=18600+300+900+150+350+250+100+500=21150$ 固定不变，最小经济价值 $EV_{min}=18600-2450-1450-600-800-600-300-700=11700$。因此，样本 k 的经济价值区间为 ［11700，21150］，CCQI 取值范围为 ［0.5532，1］。即最低等级的 CCQI=0.5532，最高等级的 CCQI=1，两者之间的差值为 0.4468，是专家打分法的 5.9179倍、差价表赋权法的 3.0985 倍，高低等级棉花的 CCQI 区别进一步放大，有利于高等级和低等级棉花之间的区分。

3.3.4 基于 CRITIC 赋权法的 CCQI 构建

CRITIC 法是 Diakoulaki 提出的一种客观赋权方法，其主要思路是利用指标的对比强度和冲突性来衡量指标权系数。对比强度是指同一指标在各决策方案（目标）间取值的差异性大小，用标准差来度量。冲突性以指标间的相关性为基础，若指标间有较强的正相关性，它们之间的冲突性就较低。

$$S_i = \frac{\sigma_j \sum_{j=1}^{n}(1-r_{ij})}{\sum_{i=1}^{n}(\sigma_j \sum_{j=1}^{n}(1-r_{ij}))} \qquad (3-9)$$

式中，S_i 是第 i 项指标的权重，σ_j 是第 j 项指标的标准差，r_{ij} 是第 i 项指标与第 j 项指标的相关系数。利用局部非等价数据进行指标相关性分析，结果如表 3-7 所示。其中，由于所有样本异性纤维均为"L"，经量化后均为同一数值，故而与其他指标间的相关系数均为 0，权重直接确定为 0。

表 3-7　指标间相关系数

	颜色级	长度（mm）	长度整齐度	断裂比强度	轧工质量	马克隆值
颜色级	1.0000	0.1377	0.1726	0.1006	0.1404	0.0710
长度（mm）	0.1377	1.0000	0.7316	0.8315	-0.5136	-0.1381
长度整齐度	0.1726	0.7316	1.0000	0.6349	-0.3986	0.1205
断裂比强度	0.1006	0.8315	0.6349	1.0000	-0.4228	-0.0365
轧工质量	0.1404	-0.5136	-0.3986	-0.4228	1.0000	0.1203
马克隆值	0.0710	-0.1381	0.1205	-0.0365	0.1203	1.0000

依次计算各项指标标准差，并将表 3-7 中的相关性数据与标准差数据代入式

（3－9），求得各项指标权重如表 3－8 所示。

表 3-8　CRITIC 赋权法的指标权重

序号	指标名称	标准差	指标权重
1	颜色级	0.159536	0.1639
2	长度（mm）	0.125358	0.1162
3	长度整齐度	0.087792	0.0770
4	马克隆值	0.109624	0.1251
5	断裂比强度	0.101287	0.0925
6	轧工质量	0.298442	0.4253
7	异性纤维含量（g/t）	0.00000	0.0000

将权重代入公式（2），并结合表 3－7 可求得 7 项指标对 CCQI 的贡献度范围以及 CCQI 的取值范围如表 3－9 所示。

表 3-9　CCQI 理论取值范围（CRITIC 赋权法）

指标	取值范围			
	最小值	最大值	权重	范围
颜色级	0.8015	1	0.1639	[0.1314, 0.1639]
长度（mm）	0.8511	1	0.1162	[0.0989, 0.1162]
长度整齐度	0.8933	1	0.0770	[0.0688, 0.0770]
马克隆值	0.8834	1	0.1251	[0.1105, 0.1251]
断裂比强度	0.8933	1	0.0925	[0.0826, 0.0925]
轧工质量	0.9082	1	0.4253	[0.3863, 0.4253]
异性纤维含量（g/t）	0.8883	1	0.0000	[0.0000, 0.0000]
合计范围				[0.8785, 1]

3.3.5　基于回归法的 CCQI 构建

首先，依次对原始数据中的定性数据量化、根据表 3－7 对相应变量离散化以及标准化变换，分别得到 DT1（量化、未离散化数据集），DT2（量化、离散化数据集），DT3（量化、未离散化、标准化数据集）和 DT4（量化、离散化、标准化数据集）。依次分析四个数据集中自变量相关性以膨胀系数，结果如表3—10～表3—14所示。由相关系数可以看出，DT1与DT3中自变量相关性相同，其中断裂比强度与长度值之间的相关性高于0.8，可能存在共线性问题；而DT2与DT4中自变量相关性相同，任意两个自变量之间的相关系数均低于0.8，存在共线性的可能性极小。由膨胀系数可以看出，DT1和DT2中不存在共线性问题（异性纤维除外），而DT3和DT4中多个自变量之间存在中等或强共线性问题；由于所有样本的异性纤维含量均相同，故可将其排除在建模变量之外。根据以上分析结果，应选择DT2（量化、离散化数据集）作进一步回归分析。

表 3—10 DT1 相关性分析结果

	颜色级	长度（mm）	长度整齐度	断裂比强度	轧工质量	异性纤维含量（g/t）	马克隆值
颜色级	1.0000	0.1378	0.1726	0.1006	0.1404	——	0.0710
长度（mm）	0.1378	1.0000	0.7314	0.8315	0.5136		−0.1381
长度整齐度	0.1726	0.7314	1.0000	0.6349	−0.3986		0.1205
断裂比强度	0.1006	0.8315	0.6349	1.0000	−0.4229		−0.0365
轧工质量	0.1404	−0.5136	−0.3986	−0.4229	1.0000		0.1203
异性纤维含量（g/t）	——						
马克隆值	0.0710	−0.1381	0.1205	−0.0365	0.0885		1.0000

表 3—11 DT2 相关性分析结果

	颜色级	长度（mm）	长度整齐度	断裂比强度	轧工质量	异性纤维含量（g/t）	马克隆值
颜色级	1.0000	0.1816	0.1646	0.1087	0.1404	Nan	0.0410
长度（mm）	0.1816	1.0000	0.6370	0.5401	0.4092	Nan	−0.1260
长度整齐度	0.1646	0.6370	1.0000	0.4303	−0.3589	Nan	0.1124
断裂比强度	0.1087	0.5401	0.4303	1.0000	−0.2115	Nan	−0.0270
轧工质量	0.1404	−0.4092	−0.3589	−0.2115	1.0000	Nan	0.0885
异性纤维含量（g/t）	Nan	Nan	Nan	Nan	Nan	Nan	Nan
马克隆值	0.0410	−0.1260	0.1124	−0.0270	0.0885	Nan	1.0000

表 3 - 12　DT3 相关性分析结果

	颜色级	长度（mm）	长度整齐度	断裂比强度	轧工质量	异性纤维含量（g/t）	马克隆值
颜色级	1.0000	0.1378	0.1726	0.1006	0.1404	Nan	0.0710
长度（mm）	0.1378	1.0000	0.7314	0.8315	0.5136	Nan	−0.1381
长度整齐度	0.1726	0.7314	1.0000	0.6349	−0.3986	Nan	0.1205
断裂比强度	0.1006	0.8315	0.6349	1.0000	−0.4229	Nan	−0.0365
轧工质量	0.1404	−0.5136	−0.3986	−0.4229	1.0000	Nan	0.1203
异性纤维含量（g/t）	Nan	Nan	Nan	Nan	Nan	Nan	Nan
马克隆值	0.0710	−0.1381	0.1205	−0.0365	0.0885	Nan	1.0000

表 3 - 13　DT4 相关性分析结果

	颜色级	长度（mm）	长度整齐度	断裂比强度	轧工质量	异性纤维含量（g/t）	马克隆值
颜色级	1.0000	0.1816	0.1646	0.1087	0.1404	Nan	0.0410
长度（mm）	0.1816	1.0000	0.6370	0.5401	0.4092	Nan	−0.1260
长度整齐度	0.1646	0.6370	1.0000	0.4303	−0.3589	Nan	0.1124
断裂比强度	0.1087	0.5401	0.4303	1.0000	−0.2115	Nan	−0.0270
轧工质量	0.1404	−0.4092	−0.3589	−0.2115	1.0000	Nan	0.0885
异性纤维含量（g/t）	Nan	Nan	Nan	Nan	Nan	Nan	Nan
马克隆值	0.0410	−0.1260	0.1124	−0.0270	0.0885	Nan	1.0000

表 3 - 14　膨胀系数分析结果

品质指标	数据集			
	DT1	DT2	DT3	DT4
颜色级	1.12	1.11	29.15	27.78
长度（mm）	5.59	6.04	41.8	25.95
长度整齐度	2.77	2.24	123.14	23.29
马克隆值	1.17	1.11	35.98	6
断裂比强度	3.49	2.56	44.88	14.4

品质指标	数据集			
	DT1	DT2	DT3	DT4
轧工质量	1.63	1.66	6.8	7
异性纤维含量（g/t）	2650.8	2053.01	Nan	Nan

由于样本数量众多，样本数据分布十分稳定。因此，校正集与验证集划分采用随机划分的方法，比例设置为 7：3，即 70% 的样本用于建模、30% 的样本用于模型检验。为避免随机划分样本导致变量/主属性系数的偶然性，对样本进行了 10 次随机化划分和建模，结果如表 3－15 所示。可以看出，对于 MLR、PCR 和 PLSR 三种模型不同轮次之间的差距十分细微。在 MLR 回归中，6 项自变量（异性纤维被排除）系数范围分别为 [0.031，0.032]、[247.578，248.103]、[53.042，53.223]、[83.590，83.871]、[1.313，1.318] 和 [31.280，33.054]，变异系数分别为 0.01524、0.00069、0.00118、0.00101、0.0013、0.01663；在 PCR 回归中，6 项自变量（异性纤维被排除）系数范围分别为 [－0.0327，－0.0324]、[－1.673，－1.661]、[－179.282，－179.065]、[－34.368，－33.727]、[186.199，186.60] 和 [－65.365，－64.214]，变异系数分别为 －0.00282、－0.00225、－0.00042、－0.00622、0.000819、－0.0059；在 PLSR 回归中，6 项自变量（异性纤维被排除）系数范围分别为 [59.961，60.491]、[300.409，300.988]、[158.213，158.955]、[248.218，248.799]、[107.632，108.219] 和 [5.586，6.108]，变异系数分别为 0.002975、0.000552、0.001324、0.000731、0.00152、－0.030093。可以看出，三种模型的不同轮次回归模型稳定性均十分优异。

表 3－15　回归模型自变量或主属性系数

算法	轮次	自变量/主属性						
		X1	X2	X3	X4	X5	X6	X7
MLR	1	0.031	247.935	53.081	83.627	1.315	0.000	31.872
	2	0.032	247.753	53.209	83.758	1.318	0.000	31.952
	3	0.032	247.578	53.223	83.871	1.315	0.000	32.368
	4	0.032	247.749	53.150	83.696	1.315	0.000	32.314

续表

算法	轮次	自变量/主属性						
		X1	X2	X3	X4	X5	X6	X7
MLR	5	0.032	247.629	53.140	83.793	1.313	0.000	33.054
	6	0.031	247.612	53.055	83.674	1.313	0.000	31.280
	7	0.031	248.103	53.059	83.590	1.316	0.000	32.003
	8	0.032	247.764	53.111	83.708	1.316	0.000	31.806
	9	0.032	247.825	53.107	83.644	1.316	0.000	31.408
	10	0.032	247.977	53.042	83.755	1.318	0.000	31.456
PCR	1	−0.324	−1.661	−179.209	−33.837	186.545	0.000	−64.510
	2	−0.327	−1.662	−179.092	−33.852	186.304	0.000	−65.111
	3	−0.327	−1.673	−179.065	−34.026	186.579	0.000	−64.890
	4	−0.327	−1.666	−179.102	−34.236	186.276	0.000	−65.323
	5	−0.326	−1.669	−179.255	−33.967	186.295	0.000	−65.017
	6	−0.326	−1.665	−179.208	−33.999	186.275	0.000	−65.075
	7	−0.326	−1.670	−179.105	−34.368	186.497	0.000	−64.946
	8	−0.326	−1.669	−179.218	−33.727	186.605	0.000	−64.214
	9	−0.327	−1.669	−179.197	−33.794	186.199	0.000	−65.365
	10	−0.326	−1.669	−179.282	−34.211	186.521	0.000	−64.441
PLSR	1	60.491	300.409	158.724	248.341	107.907	0.000	5.763
	2	60.079	300.931	158.898	248.620	108.219	0.000	5.957
	3	59.961	300.811	158.752	248.218	107.935	0.000	6.108
	4	60.229	300.616	158.637	248.377	107.697	0.000	5.938
	5	60.420	300.722	158.619	248.799	107.942	0.000	5.789
	6	60.247	300.838	158.213	248.400	107.632	0.000	5.685
	7	60.105	300.833	158.955	248.279	107.943	0.000	5.676
	8	60.121	300.988	158.796	248.336	108.037	0.000	5.586
	9	60.435	300.676	158.583	248.228	107.858	0.000	5.833
	10	60.381	300.735	158.838	248.461	107.855	0.000	6.083

基于验证集样本，分析三种模型预测值与检测值之间的相关性，结果如表 3－16 所示。显然，预测值与检测值之间的相关性较好，且在不同轮次建立的模型、不同校正集和验证集的情况下，模型十分稳定。其中，MLR 和 PCR 回归模型中，验证集样本预测值与检测值之间的相关系数均值为 0.9455，略高于 PLSR 回归模型的 0.9385。相较于 PCR 和 PLSR 回归，MLR 回归模型中自变量未经主成分变换过程，自变量含义明确，模型易于理解。

表 3－16　回归模型预测值与检测值相关系数

轮次	回归算法		
	MLR	PCR	PLSR
1	0.9455	0.9455	0.9385
2	0.9455	0.9455	0.9385
3	0.9455	0.9455	0.9386
4	0.9456	0.9456	0.9386
5	0.9455	0.9455	0.9385
6	0.9455	0.9455	0.9386
7	0.9455	0.9455	0.9385
8	0.9455	0.9455	0.9386
9	0.9455	0.9455	0.9385
10	0.9455	0.9455	0.9385

由回归模型中的系数向变量权重转换结果如表 3－17 所示。假设 CF_i 为第 i 个变量或主因素的系数，对 n 个变量或主因素的系数 CF_i 求和，记为 SUM_{CF}，进一步计算各变量或主因素系数 CF_i 对 SUM_{CF} 的比值，记为 CF_i'，再对 n 个变量或主因素的系数占比 CF_i' 的绝对值求和，记为 $SUM_{CF_i'}$，最后计算各个变量或主因素的系数占比 CF_i' 的绝对值与 $SUM_{CF_i'}$ 的比值，记为 W_i，即为变量或主因素的权重。计算过程如公式（3－10）～公式（3－13）所示。

$$SUM_{CF} = \sum_{i=1}^{i=n} CF_i \tag{3－10}$$

$$CF_i' = \frac{CF_i}{SUM_{CF}} \tag{3－11}$$

$$SUM_{CF_i'} = \sum_{i=1}^{n} \left| CF_i' \right| \tag{3－12}$$

$$W_i = \frac{|CF'_i|}{SUM_{CF'_i}} \qquad (3-13)$$

表 3-17　系数转换权重

品质指标	回归算法		
	MLR	PCR	PLSR
颜色级	0.0000	0.0007	0.0683
长度（mm）	0.5929	0.0036	0.3410
长度整齐度	0.1271	0.3841	0.1800
马克隆值	0.0765	0.1391	0.0066
断裂比强度	0.2003	0.0729	0.2817
轧工质量	0.0031	0.3996	0.1224
异性纤维含量（g/t）	0.0000	0.0000	0.0000

　　将权重系数代入式（3-2）分别求得 MLR、PCR 和 PLSR 三种回归法赋权时，CCQI 的取值范围，结果如表 3-18 所示。可以看出，三种建模算法对异性纤维赋权结果均为 0，主要原因在于所有样本的异性纤维含量均为"L"，样本数据涵盖不全、取值单一、样本之间无差异，此时单单基于统计学方法分析即会造成权重为 0；与之类似，样本颜色级多集中于 21 和 31 两个级别，其他级别的样本占比极小，因此颜色级权重占比同样不高。造成以上问题的原因主要在于没有针对研究目标设计取样方案或有针对性地制备相关样本，导致样本在部分品质指标上过于集中。

表 3-18　CCQI 理论取值范围（回归赋权）

指标	取值					
	权重			范围		
	MLR	PCR	PLSR	MLR	PCR	PLSR
颜色级	0.0000	0.0007	0.0683	[0, 0]	[0.0006, 0.0007]	[0.0584, 0.0683]
长度（mm）	0.5929	0.0036	0.3410	[0.5214, 0.5929]	[0.0032, 0.0036]	[0.2999, 0.3410]
长度整齐度	0.1271	0.3841	0.1800	[0.1220, 0.1271]	[0.3687, 0.3841]	[0.1728, 0.1800]
马克隆值	0.0765	0.1391	0.0066	[0.0718, 0.0765]	[0.1307, 0.1391]	[0.0062, 0.0066]
断裂比强度	0.2003	0.0729	0.2817	[0.1913, 0.2003]	[0.0696, 0.0729]	[0.2690, 0.2817]

续表

指标	取值					
	权重			范围		
	MLR	PCR	PLSR	MLR	PCR	PLSR
轧工质量	0.0031	0.3996	0.1224	[0.0030，0.0031]	[0.3911，0.3996]	[0.1198，0.1224]
异性纤维含量（g/t）	0.0000	0.0000	0.0000	[0，0]	[0，0]	[0，0]
合计范围				[0.9095，1]	[0.9639，1]	[0.9261，1]

3.4　结果分析与回溯验证

3.4.1　数据预处理

如 3.2 节所述，原始数据分批存放在 1964 个独立文件中，且总数据记录多达 113880774 条，现有的数据分析工具无法满足数据处理和数学建模的要求。为此，课题组开发了专用数据预处理软件，对原始数据进行读取、文件格式转换、数据预处理以及建模与分析等任务。如图 3-5 所示，为原始数据记录的读取进度展示，随着资源占用越来越多，文件读取速度逐渐减慢，1964 个文件单次读取耗时约 85 分钟。除了耗费较长时间外，数据的读取和运算过程中占用了大量的计算机硬件资源。64GB 主存在读取数据文件时被占用殆尽。数据合并后，以 pkl 格式写出数据记录，数据文件大小为 8.27GB。

图 3-5　原始数据读取示例

根据差价表可知，影响棉花经济价值高低的 7 项品质指标中，颜色级、轧工质量和异性纤维含量 3 项指标为定性指标，颜色级水平数为 13、轧工质量水平数为

3、异性纤维含量水平数为 4，这三项指标共有 $13 \times 3 \times 4 = 156$ 种组合；长度、长度整齐度、强度和马克隆值 4 项指标为定量指标，然而衡量其对棉花经济价值的影响时均采用分级分档的方式，实质上也是按定性指标使用，其中长度级别数量为 8、马克隆值级别数量为 5、断裂比强度水平数量为 5、长度整齐度水平数量为 5，这四项指标共有 $8 \times 5 \times 5 \times 5 = 1000$ 种组合。因此，7 项计价指标水平组合总计 $156 \times 1000 = 156000$ 种，这表明原始样本集中存在大量的等价样本。去除部分重复记录后得到 6201353 条局部样本数据，分布情况如表 3－19～表 3－20 所示，局部样本数据将用于算法的测试与比较，最后再使用 113880774 条全体样本数据对优选的算法进行回溯验证。

表 3－19　按棉区样本分布

序号	棉区	实验室数量	样本量	样本占比/%
1	新疆棉区	21	5345274	86.19
2	黄河流域	17	750218	12.10
3	长江流域	17	105861	1.71
合计		55	6201353	100

表 3－20　按省/直辖市/自治区样本分布

序号	棉区	省/直辖市/自治区	实验室数量	样本量	样本占比/%
1	黄河流域	河北	6	201946	3.26
2	黄河流域	河南	1	337	0.00
3	黄河流域	山东	9	544356	8.78
4	黄河流域	天津	1	3579	0.06
5	新疆棉区	甘肃	1	89418	1.44
6	新疆棉区	新疆	20	5255856	84.75
7	长江流域	安徽	3	21048	0.33
8	长江流域	湖北	8	47248	0.76
9	长江流域	湖南	2	991	0.02
10	长江流域	江苏	3	36540	0.60
11	长江流域	江西	1	34	0.00
合计			55	6201353	100

3.4.2 基于专家打分赋权法的 CCQI

如 3.3.1 节表 3－2 所述，通过专家打分记录，颜色级、长度（mm）、长度整齐度、马克隆值、断裂比强度、轧工质量和异性纤维含量（g/t）7 项指标权重分别为 0.1356、0.2060、0.1804、0.1604、0.1232、0.0892 和 0.1052，即为式（3－2）中的 S_i。根据 2022 年最新政策，棉花目标价格维持在 18600 万元/吨，即式（3－2）中的 $EV_0 = 18600$。进一步结合表 3－6 计算 CCQI，结果如表 3－21 所示。可以看出，各实验室检测数据记录条数从 34 条至 1114805 条不等，其中 100 条以下占比为 3.6%，100~500 条占比为 9.1%，500~1000 条占比为 5.5%，1000 条以上占比为 81.8%，绝大部分实验室检测记录条数较多，样本覆盖范围具有充分的代表性。

表 3－21　基于专家打分赋权法的 CCQI

实验室	最大值	最小值	平均值	中位数	标准差	记录条数
合肥实验室	0.9835	0.9419	0.9719	0.9721	0.0047	45783
安庆实验室	0.9913	0.9305	0.9735	0.9741	0.0066	358781
芜湖实验室	0.9897	0.9534	0.9770	0.9773	0.0042	34259
肃州实验室	0.9919	0.9415	0.9760	0.9781	0.0077	350074
唐山实验室	0.9832	0.9326	0.9672	0.9677	0.0066	35681
沧州实验室	0.9871	0.9310	0.9733	0.9750	0.0068	48718
石家庄实验室	0.9908	0.9305	0.9763	0.9768	0.0056	103378
衡水实验室	0.9725	0.9674	0.9700	0.9700	0.0017	34
邢台实验室	0.9805	0.9528	0.9719	0.9725	0.0035	3446
邯郸实验室	0.9813	0.9316	0.9747	0.9767	0.0070	337
南阳实验室	0.9918	0.9400	0.9755	0.9755	0.0053	163403
仙桃实验室	0.9752	0.9594	0.9663	0.9657	0.0041	332
天门实验室	0.9907	0.9443	0.9745	0.9755	0.0058	73184

续表

实验室	最大值	最小值	平均值	中位数	标准差	记录条数
孝感实验室	0.9918	0.9304	0.9747	0.9756	0.0058	394793
宜昌实验室	0.9908	0.9391	0.9772	0.9780	0.0050	102810
武汉实验室	0.9862	0.9486	0.9733	0.9744	0.0052	13712
潜江实验室	0.9876	0.9310	0.9640	0.9647	0.0096	35237
荆州实验室	0.9895	0.9418	0.9740	0.9744	0.0045	152194
黄冈实验室	0.9815	0.9480	0.9735	0.9740	0.0041	3579
益阳实验室	0.9757	0.9544	0.9683	0.9685	0.0037	94
长沙实验室	0.9919	0.9316	0.9776	0.9788	0.0063	337392
南通实验室	0.9734	0.9520	0.9635	0.9625	0.0042	146
泰州实验室	0.9823	0.9428	0.9678	0.9695	0.0064	17471
盐城实验室	0.9841	0.9437	0.9695	0.9701	0.0061	2101
南昌实验室	0.9897	0.9316	0.9721	0.9732	0.0062	437856
东营实验室	0.9928	0.9253	0.9756	0.9774	0.0077	610523
德州实验室	0.9911	0.9262	0.9763	0.9765	0.0046	97148
济南实验室	0.9839	0.9262	0.9678	0.9692	0.0064	132079
济宁实验室	0.9755	0.9456	0.9699	0.9708	0.0038	514
淄博实验室	0.9853	0.9445	0.9726	0.9726	0.0036	73752
滨州实验室	0.9832	0.9409	0.9695	0.9703	0.0050	32445
潍坊实验室	0.9842	0.9356	0.9638	0.9664	0.0101	11077
聊城实验室	0.9885	0.9262	0.9731	0.9740	0.0048	131639
菏泽实验室	0.9832	0.9445	0.9698	0.9708	0.0046	17528
天津实验室	0.9823	0.9358	0.9676	0.9689	0.0066	60059
乌苏实验室	0.9823	0.9567	0.9723	0.9726	0.0041	10101
乌鲁木齐调剂实验室	0.9733	0.9472	0.9638	0.9625	0.0045	2050
五家渠实验室	0.9768	0.9557	0.9642	0.9644	0.0033	378
克州实验室	0.9799	0.9461	0.9657	0.9650	0.0069	649
克拉玛依实验室	0.9865	0.9397	0.9685	0.9693	0.0052	81609

续表

实验室	最大值	最小值	平均值	中位数	标准差	记录条数
博乐实验室	0.9918	0.9433	0.9763	0.9768	0.0048	242742
吐鲁番实验室	0.9832	0.9363	0.9707	0.9721	0.0062	20324
呼图壁实验室	0.9908	0.9441	0.9788	0.9796	0.0042	89418
哈密实验室	0.9784	0.9437	0.9644	0.9660	0.0072	3245
喀什实验室	0.9823	0.9469	0.9701	0.9710	0.0043	4714
图木舒克实验室	0.9876	0.9527	0.9733	0.9736	0.0042	25814
奎屯实验室	0.9881	0.9371	0.9728	0.9738	0.0054	115766
巴楚实验室	0.9811	0.9409	0.9690	0.9709	0.0065	7072
库尔勒实验室	0.9831	0.9253	0.9660	0.9693	0.0100	25349
库车实验室	0.9813	0.9612	0.9745	0.9753	0.0041	452
石河子实验室	0.9742	0.9458	0.9639	0.9634	0.0048	613
莎车实验室	0.9919	0.9253	0.9798	0.9804	0.0074	1114805
阿克苏实验室	0.9919	0.9410	0.9814	0.9836	0.0066	107765
阿克苏新实验室	0.9907	0.9383	0.9767	0.9773	0.0046	464980
阿拉尔实验室	0.9823	0.9500	0.9678	0.9689	0.0059	1948

对表3-21中的数据进行统计分析，结果如图3-6所示。首先，从标准差角度来看，CCQI的分布范围是［0.0017，0.0101］，以安徽省检验样本综合质量差异最小，样本一致性最好；其次，从平均值和中位数角度来看，CCQI的部分范围分别是［0.9635，0.9814］和［0.9625，0.9836］，以甘肃省和河南省检测样本的综合质量最高，江苏省检测样本综合质量最低；再次，从最小值角度来看，CCQI的分布范围是［0.9253，0.9674］，以江西省检测样本综合质量最低；最后，从最大值角度来看，CCQI的分布范围是［0.9725，0.9928］，以江西省检测样本综合质量最高。

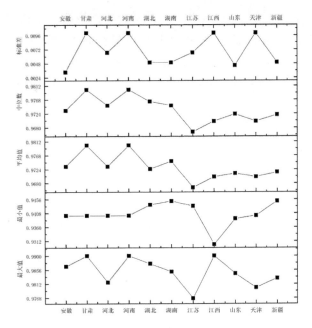

图 3-6　基于专家打分赋权法的 CCQI（以省份为单位统计）

综上，CCQI 最大值在江西省检测样本中、CCQI 最小值在江苏省检测样本中，CCQI 均值前两位在甘肃和河南检测样本中。然而，新疆检测样本数以 2319794 个位居第一，占总样本量的 37.4%，理论上新疆检测样本综合质量分布范围应最广，这与当前数据分析情况不符。此外，根据国内棉花产地分布特点可知，内地检测机构检测的棉花产地可能是本地或新疆，但新疆检测机构检测的棉花产地基本为新疆，这说明以上分析结果与新疆棉质量优于内地棉质量的传统观点不一致。再者，在本方法体系下，CCQI 实际测试样本分布范围为 [0.9253，0.9928]，较理论范围 [0.9245，1] 进一步缩小，上限和下限之间的差值更小，从数值角度难以区分综合质量的高低，不利于对综合质量的把控。

3.4.3　基于差价表赋权的 CCQI

根据 3.3.2 节所述方法，结合表 3-8 计算检测样本的 CCQI，结果如表 3-22 所示。对其进行统计分析，结果如图 3-7 所示。首先，从标准差角度来看，CCQI 的分布范围是 [0.0017，0.0158]，以河北省和江苏省检测样本标准差最低，样本一致性最好；其次，从平均值和中位数角度来看，CCQI 的部分范围分别是

[0.9475，0.9777] 和 [0.9462，0.9805]，以安徽省检测样本的综合质量最高，江苏省检测样本综合质量最低；再次，从最小值角度来看，CCQI 的分布范围是 [0.9047，0.9586]，以天津和江西省检测样本综合质量最低；最后，从最大值角度来看，CCQI 的分布范围是 [0.9634，0.9914]，以江西省检测样本综合质量最高。

表 3-22　基于差价表赋权的 CCQI

实验室	最大值	最小值	平均值	中位数	标准差	记录条数
合肥实验室	0.9801	0.9250	0.9654	0.9654	0.0060	45783
安庆实验室	0.9900	0.9084	0.9670	0.9685	0.0100	358781
芜湖实验室	0.9871	0.9295	0.9730	0.9733	0.0053	34259
肃州实验室	0.9910	0.9154	0.9698	0.9736	0.0114	350074
唐山实验室	0.9790	0.9128	0.9581	0.9592	0.0097	35681
沧州实验室	0.9856	0.9171	0.9680	0.9712	0.0098	48718
石家庄实验室	0.9900	0.9084	0.9712	0.9729	0.0088	103378
衡水实验室	0.9634	0.9586	0.9610	0.9608	0.0017	34
邢台实验室	0.9745	0.9347	0.9629	0.9631	0.0043	3446
邯郸实验室	0.9781	0.9096	0.9678	0.9726	0.0126	337
南阳实验室	0.9900	0.9172	0.9701	0.9704	0.0074	163403
仙桃实验室	0.9696	0.9424	0.9539	0.9578	0.0085	332
天门实验室	0.9868	0.9310	0.9707	0.9720	0.0071	73184
孝感实验室	0.9891	0.9086	0.9685	0.9701	0.0084	394793
宜昌实验室	0.9891	0.9167	0.9744	0.9758	0.0068	102810
武汉实验室	0.9830	0.9328	0.9666	0.9685	0.0074	13712
潜江实验室	0.9847	0.9141	0.9545	0.9572	0.0135	35237
荆州实验室	0.9877	0.9212	0.9712	0.9721	0.0062	152194
黄冈实验室	0.9781	0.9456	0.9676	0.9678	0.0044	3579
益阳实验室	0.9680	0.9354	0.9595	0.9609	0.0055	94
长沙实验室	0.9910	0.9095	0.9724	0.9745	0.0093	337392
南通实验室	0.9657	0.9347	0.9539	0.9532	0.0049	146

续表

实验室	最大值	最小值	平均值	中位数	标准差	记录条数
泰州实验室	0.9788	0.9222	0.9575	0.9602	0.0096	17471
盐城实验室	0.9795	0.9250	0.9600	0.9617	0.0094	2101
南昌实验室	0.9891	0.9124	0.9679	0.9695	0.0084	437856
东营实验室	0.9914	0.9047	0.9718	0.9746	0.0107	610523
德州实验室	0.9903	0.9052	0.9726	0.9731	0.0055	97148
济南实验室	0.9825	0.9052	0.9603	0.9616	0.0095	132079
济宁实验室	0.9683	0.9259	0.9611	0.9622	0.0044	514
淄博实验室	0.9816	0.9257	0.9654	0.9656	0.0050	73752
滨州实验室	0.9813	0.9231	0.9628	0.9641	0.0065	32445
潍坊实验室	0.9827	0.9201	0.9541	0.9608	0.0158	11077
聊城实验室	0.9854	0.9052	0.9651	0.9664	0.0078	131639
菏泽实验室	0.9790	0.9257	0.9622	0.9631	0.0057	17528
天津实验室	0.9801	0.9126	0.9592	0.9615	0.0096	60059
乌苏实验室	0.9781	0.9438	0.9662	0.9656	0.0049	10101
乌鲁木齐调剂实验室	0.9650	0.9271	0.9518	0.9515	0.0079	2050
五家渠实验室	0.9672	0.9363	0.9475	0.9469	0.0057	378
克州实验室	0.9733	0.9269	0.9518	0.9481	0.0111	649
克拉玛依实验室	0.9837	0.9226	0.9612	0.9616	0.0078	81609
博乐实验室	0.9900	0.9199	0.9709	0.9723	0.0073	242742
吐鲁番实验室	0.9790	0.9209	0.9628	0.9654	0.0095	20324
呼图壁实验室	0.9887	0.9206	0.9759	0.9765	0.0043	89418
哈密实验室	0.9733	0.9250	0.9538	0.9580	0.0112	3245
喀什实验室	0.9784	0.9220	0.9612	0.9631	0.0067	4714
图木舒克实验室	0.9848	0.9450	0.9704	0.9705	0.0044	25814
奎屯实验室	0.9871	0.9213	0.9645	0.9661	0.0084	115766
巴楚实验室	0.9767	0.9231	0.9618	0.9647	0.0095	7072
库尔勒实验室	0.9805	0.9047	0.9559	0.9615	0.0157	25349

续表

实验室	最大值	最小值	平均值	中位数	标准差	记录条数
库车实验室	0.9781	0.9531	0.9691	0.9710	0.0052	452
石河子实验室	0.9674	0.9295	0.9487	0.9462	0.0083	613
莎车实验室	0.9910	0.9047	0.9761	0.9774	0.0089	1114805
阿克苏实验室	0.9910	0.9220	0.9776	0.9805	0.0086	107765
阿克苏新实验室	0.9900	0.9204	0.9732	0.9740	0.0056	464980
阿拉尔实验室	0.9784	0.9331	0.9584	0.9599	0.0091	1948

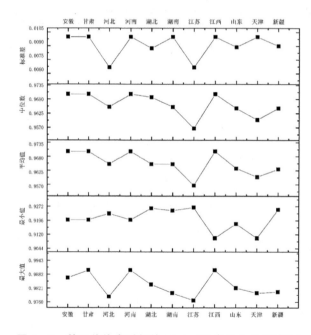

图 3-7 基于差价表赋权的 CCQI（以省份为单位统计）

综上，CCQI 最大值在江西省检测样本中、CCQI 最小值在天津和江西省检测样本中，CCQI 均值以安徽省检测样本最高。与专家打分法分析结果类似，在样本总量中占比最大的新疆既不涵盖上限，也不涵盖下限，且平均质量在 11 个省份中仅排第 9 位，不仅不符合统计学规律，也与新疆棉质量优于内地棉质量的传统观点冲突。再者，在本方法体系下，CCQI 实际测试样本分布范围为 [0.9047，0.9914]，较专家打分法的 [0.9253，0.9928] 有所放大，但差距较小，同样从数值角度难以区分综合质量的高低，不利于对综合质量的把控。

3.4.4　基于差价表直接构建 CCQI

根据 3.3.3 节所述方法计算检测样本的 CCQI，结果如表 3－23 所示。对其进行统计分析，结果如图 3－8 所示。首先，从标准差角度来看，CCQI 的分布范围是 [0.0082，0.0354]，以河北省检测样本标准差最低，样本一致性最好；其次，从平均值和中位数角度来看，CCQI 的部分范围分别是 [0.8117，0.8783] 和 [0.8061，0.8889]，以河南省检测样本的综合质量最高，湖北省检测样本综合质量最低；再次，从最小值角度来看，CCQI 的分布范围是 [0.6738，0.8298]，以新疆检测样本综合质量最低；最后，从最大值角度来看，CCQI 的分布范围是 [0.8582，0.9243]，以甘肃省检测样本综合质量最高、新疆次之。

表 3－23　基于差价表直接构建 CCQI

实验室	最大值	最小值	平均值	中位数	标准差	记录条数
合肥实验室	0.8983	0.7447	0.8413	0.8416	0.0208	45783
安庆实验室	0.9243	0.6832	0.8515	0.8534	0.0253	358781
芜湖实验室	0.9196	0.7589	0.8562	0.8582	0.0198	34259
肃州实验室	0.9243	0.7258	0.8611	0.8629	0.0278	350074
唐山实验室	0.8960	0.7069	0.8312	0.8345	0.0232	35681
沧州实验室	0.9031	0.6738	0.8429	0.8463	0.0267	48718
石家庄实验室	0.9243	0.7069	0.8604	0.8605	0.0206	103378
衡水实验室	0.8582	0.8298	0.8439	0.8428	0.0082	34
邢台实验室	0.8889	0.7636	0.8518	0.8558	0.0162	3446
邯郸实验室	0.8794	0.7092	0.8578	0.8652	0.0137	337
南阳实验室	0.9243	0.7541	0.8559	0.8558	0.0216	163403
仙桃实验室	0.8605	0.7896	0.8407	0.8416	0.0103	332
天门实验室	0.9243	0.7069	0.8445	0.8463	0.0260	73184
孝感实验室	0.9243	0.7021	0.8557	0.8582	0.0230	394793
宜昌实验室	0.9196	0.7021	0.8534	0.8558	0.0217	102810
武汉实验室	0.9031	0.7612	0.8504	0.8511	0.0197	13712

实验室	最大值	最小值	平均值	中位数	标准差	记录条数
潜江实验室	0.9031	0.6738	0.8155	0.8156	0.0354	35237
荆州实验室	0.9125	0.7305	0.8358	0.8392	0.0214	152194
黄冈实验室	0.8889	0.7069	0.8468	0.8487	0.0204	3579
益阳实验室	0.8652	0.7896	0.8342	0.8345	0.0152	94
长沙实验室	0.9243	0.6998	0.8660	0.8676	0.0245	337392
南通实验室	0.8582	0.7565	0.8117	0.8061	0.0200	146
泰州实验室	0.8983	0.7518	0.8373	0.8440	0.0244	17471
盐城实验室	0.8983	0.7518	0.8429	0.8416	0.0197	2101
南昌实验室	0.9196	0.6832	0.8324	0.8345	0.0259	437856
东营实验室	0.9243	0.6738	0.8489	0.8534	0.0300	610523
德州实验室	0.9243	0.6832	0.8503	0.8534	0.0213	97148
济南实验室	0.8960	0.6832	0.8263	0.8298	0.0232	132079
济宁实验室	0.8676	0.7518	0.8423	0.8463	0.0181	514
淄博实验室	0.8983	0.7258	0.8492	0.8487	0.0149	73752
滨州实验室	0.8889	0.6832	0.8328	0.8369	0.0226	32445
潍坊实验室	0.8960	0.7092	0.8143	0.8132	0.0294	11077
聊城实验室	0.9196	0.6832	0.8558	0.8558	0.0152	131639
菏泽实验室	0.8889	0.7470	0.8356	0.8416	0.0211	17528
天津实验室	0.8960	0.7021	0.8281	0.8345	0.0260	60059
乌苏实验室	0.8889	0.7683	0.8421	0.8416	0.0187	10101
乌鲁木齐调剂实验室	0.8629	0.7683	0.8248	0.8298	0.0169	2050
五家渠实验室	0.8794	0.8061	0.8488	0.8487	0.0104	378
克州实验室	0.8842	0.7636	0.8424	0.8463	0.0201	649
克拉玛依实验室	0.8983	0.7069	0.8280	0.8298	0.0202	81609
博乐实验室	0.9243	0.7400	0.8589	0.8605	0.0177	242742
吐鲁番实验室	0.8960	0.7092	0.8416	0.8463	0.0206	20324
呼图壁实验室	0.9196	0.7376	0.8612	0.8652	0.0212	89418

续表

实验室	最大值	最小值	平均值	中位数	标准差	记录条数
哈密实验室	0.8771	0.7305	0.8217	0.8298	0.0231	3245
喀什实验室	0.8889	0.7636	0.8449	0.8487	0.0180	4714
图木舒克实验室	0.9078	0.7305	0.8316	0.8345	0.0216	25814
奎屯实验室	0.9054	0.7116	0.8543	0.8558	0.0191	115766
巴楚实验室	0.8794	0.7258	0.8299	0.8345	0.0228	7072
库尔勒实验室	0.8865	0.6738	0.8279	0.8345	0.0275	25349
库车实验室	0.8889	0.7920	0.8506	0.8534	0.0179	452
石河子实验室	0.8629	0.7565	0.8405	0.8463	0.0149	613
莎车实验室	0.9243	0.6738	0.8684	0.8700	0.0335	1114805
阿克苏实验室	0.9243	0.7210	0.8783	0.8889	0.0270	107765
阿克苏新实验室	0.9243	0.6832	0.8525	0.8534	0.0209	464980
阿拉尔实验室	0.8842	0.7447	0.8332	0.8369	0.0215	1948

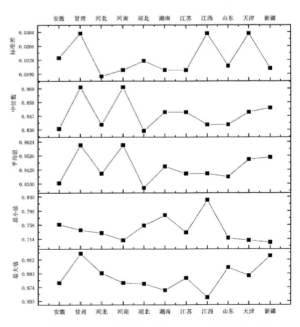

图 3-8　基于差价表直接构建的 CCQI（以省份为单位统计）

综上，与专家打分法和基于差价表赋权法的分析结果明显不同，在样本总量中占比最大的新疆既涵盖了下限，也十分接近上限，且平均质量在 11 个省份中居第 3 位。以上结果不仅较为符合统计学规律，也与新疆棉质量优于内地棉质量的传统观点相吻合。再者，在本方法体系下，CCQI 实际测试样本分布范围为［0.6738，0.9243］，上限与下限的差值为 0.2505，分别是专家打分法和基于差价表赋权法的 3.7111 倍和 2.8893 倍，综合质量的高低在数值差距上明显拉大，显著提升了综合质量的区分与把控。

3.4.5　基于 CRITIC 赋权法的 CCQI

根据 3.3.4 节所述方法，结合表 3-8 计算检测样本的 CCQI，结果如表 3-24 所示。对其进行统计分析，结果如图 3-9 所示。首先，从标准差角度来看，CCQI 的分布范围是［0.0009，0.0072］，以江西省检测样本标准差最低，样本一致性最好；其次，从平均值和中位数角度来看，CCQI 的部分范围分别是［0.9725，0.9886］和［0.9717，0.9892］，以甘肃省检测样本的综合质量最高，湖南省检测样本综合质量最低；再次，从最小值角度来看，CCQI 的分布范围是［0.9458，0.9783］，以河南检测样本综合质量最低；最后，从最大值角度来看，CCQI 的分布范围是［0.9815，0.9965］，以新疆检测样本综合质量最高、甘肃次之。

表 3-24　基于 CRITIC 赋权法的 CCQI

实验室	最大值	最小值	平均值	中位数	标准差	记录条数
合肥实验室	0.9904	0.9542	0.9782	0.9797	0.0054	17471
安庆实验室	0.9849	0.9691	0.9757	0.9783	0.0048	332
芜湖实验室	0.9873	0.9600	0.9761	0.9783	0.0062	3245
肃州实验室	0.9962	0.9527	0.9886	0.9892	0.0031	89418
唐山实验室	0.9917	0.9606	0.9823	0.9827	0.0029	73752
沧州实验室	0.9898	0.9759	0.9845	0.9852	0.0029	452
石家庄实验室	0.9892	0.9579	0.9805	0.9817	0.0053	7072
衡水实验室	0.9927	0.9534	0.9792	0.9799	0.0052	81609
邢台实验室	0.9919	0.9638	0.9828	0.9840	0.0042	13712
邯郸实验室	0.9911	0.9408	0.9763	0.9797	0.0097	25349
南阳实验室	0.9898	0.9458	0.9841	0.9867	0.0072	337
仙桃实验室	0.9897	0.9598	0.9766	0.9771	0.0064	1948

续表

实验室	最大值	最小值	平均值	中位数	标准差	记录条数
天门实验室	0.9898	0.9541	0.9797	0.9806	0.0041	4714
孝感实验室	0.9818	0.9620	0.9748	0.9753	0.0043	2050
宜昌实验室	0.9836	0.9662	0.9788	0.9796	0.0029	94
武汉实验室	0.9840	0.9608	0.9801	0.9805	0.0024	514
潜江实验室	0.9903	0.9489	0.9784	0.9789	0.0055	35681
荆州实验室	0.9828	0.9656	0.9765	0.9760	0.0025	146
黄冈实验室	0.9907	0.9600	0.9792	0.9797	0.0053	2101
益阳实验室	0.9839	0.9658	0.9725	0.9720	0.0032	378
长沙实验室	0.9827	0.9602	0.9725	0.9713	0.0049	613
南通实验室	0.9875	0.9656	0.9808	0.9811	0.0024	3446
泰州实验室	0.9917	0.9579	0.9810	0.9815	0.0036	32445
盐城实验室	0.9873	0.9616	0.9746	0.9724	0.0061	649
南昌实验室	0.9815	0.9783	0.9798	0.9797	0.0009	34
东营实验室	0.9904	0.9529	0.9794	0.9805	0.0053	60059
德州实验室	0.9917	0.9454	0.9798	0.9806	0.0053	132079
济南实验室	0.9904	0.9600	0.9827	0.9826	0.0032	45783
济宁实验室	0.9940	0.9554	0.9819	0.9831	0.0048	115766
淄博实验室	0.9919	0.9550	0.9768	0.9802	0.0086	11077
滨州实验室	0.9933	0.9444	0.9823	0.9834	0.0046	131639
潍坊实验室	0.9904	0.9517	0.9811	0.9824	0.0053	20324
聊城实验室	0.9901	0.9710	0.9832	0.9829	0.0027	10101
菏泽实验室	0.9903	0.9606	0.9811	0.9813	0.0030	17528
天津实验室	0.9898	0.9699	0.9834	0.9835	0.0024	3579
乌苏实验室	0.9982	0.9408	0.9855	0.9863	0.0050	1114805
乌鲁木齐调剂实验室	0.9969	0.9540	0.9860	0.9865	0.0052	107765
五家渠实验室	0.9973	0.9559	0.9854	0.9861	0.0041	464980
克州实验室	0.9954	0.9444	0.9831	0.9842	0.0057	437856

续表

实验室	最大值	最小值	平均值	中位数	标准差	记录条数
克拉玛依实验室	0.9979	0.9523	0.9843	0.9846	0.0048	163403
博乐实验室	0.9962	0.9487	0.9879	0.9892	0.0046	102810
吐鲁番实验室	0.9960	0.9448	0.9834	0.9842	0.0051	394793
呼图壁实验室	0.9952	0.9460	0.9727	0.9741	0.0091	35237
哈密实验室	0.9975	0.9487	0.9857	0.9869	0.0053	103378
喀什实验室	0.9945	0.9478	0.9839	0.9864	0.0068	48718
图木舒克实验室	0.9982	0.9454	0.9861	0.9864	0.0037	97148
奎屯实验室	0.9986	0.9408	0.9850	0.9870	0.0073	610523
巴楚实验室	0.9979	0.9458	0.9858	0.9873	0.0061	337392
库尔勒实验室	0.9928	0.9701	0.9849	0.9850	0.0027	25814
库车实验室	0.9964	0.9520	0.9842	0.9849	0.0047	242742
石河子实验室	0.9961	0.9496	0.9854	0.9862	0.0041	152194
莎车实验室	0.9958	0.9591	0.9843	0.9847	0.0048	73184
阿克苏实验室	0.9951	0.9616	0.9855	0.9857	0.0036	34259
阿克苏新实验室	0.9979	0.9487	0.9829	0.9839	0.0059	358781
阿拉尔实验室	0.9969	0.9520	0.9839	0.9849	0.0067	350074

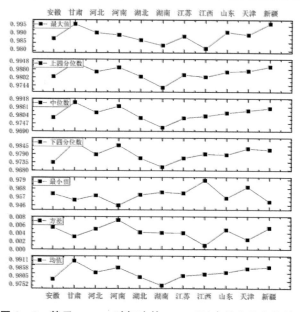

图 3-9 基于 CRITIC 赋权法的 CCQI（以省份为单位统计）

通过以上分析可以看出，基于 CRITIC 赋权法构建的 CCQI 模型局部验证结果显示新疆棉区的甘肃、新疆棉花品质最好，黄河流域棉花品质次之，长江流域棉花品质最差，这与基于差价表构建的 CCQI 模型验证结果一致。不同的是，CCQI 最小的样本则归属于河南，这意味着新疆样本虽然占比远超其他省/直辖市/自治区样本，但却未覆盖样本下限。除此之外，基于 CRITIC 赋权法构建的 CCQI 模型局部验证分布范围为 [0.9458, 0.9965]，最高等级样本与最低等级样本 CCQI 差值为0.0507，仅约为基于差价表构建的 CCQI 模型的 1/5，高低品质样本之间的区分度不及基于差价表直接构建的 CCQI 模型。

3.4.6　基于回归法的 CCQI 全局回溯验证

根据 3.3.5 节所述方法，基于局部数据结合表 3－17 计算检测样本的 CCQI，结果如表 3－25～表 3－27 所示。由表 3－25 结合图 3－10 可以看出，基于 MLR 赋权的 CCQI 局部样本测试分布范围为 [0.9083, 0.9937]，范围是专家打分法的1.3319 倍，是基于差价表直接构建的 CCQI 范围的 0.3589 倍，区分度较专家打分法有所改善，但弱于基于差价表直接构建的 CCQI；从平均值来看，基本符合新疆棉区棉花质量最优、黄河流域次之、长江流域质量最差的既定事实；从样本覆盖范围角度来看，样本占比最大的新疆棉区基本覆盖了最大值与最小值。

表 3－25　MLR 赋权的 CCQI

实验室	最大值	最小值	平均值	中位数	标准差	记录条数
安庆实验室	0.9823	0.9164	0.9541	0.9570	0.0128	17471
芜湖实验室	0.9751	0.9112	0.9469	0.9543	0.0116	3245
合肥实验室	0.9680	0.9360	0.9584	0.9619	0.0053	332
肃州实验室	0.9930	0.9148	0.9669	0.9670	0.0071	89418
石家庄实验室	0.9902	0.9112	0.9524	0.9543	0.0103	81609
沧州实验室	0.9852	0.9138	0.9610	0.9620	0.0067	73752
唐山实验室	0.9914	0.9165	0.9638	0.9630	0.0076	13712
邯郸实验室	0.9762	0.9347	0.9610	0.9629	0.0079	452
邢台实验室	0.9823	0.9083	0.9535	0.9544	0.0110	25349

续表

实验室	最大值	最小值	平均值	中位数	标准差	记录条数
衡水实验室	0.9751	0.9138	0.9518	0.9543	0.0107	7072
南阳实验室	0.9701	0.9163	0.9606	0.9630	0.0054	337
仙桃实验室	0.9778	0.9136	0.9516	0.9543	0.0113	35681
潜江实验室	0.9691	0.9178	0.9496	0.9543	0.0100	2050
武汉实验室	0.9681	0.9164	0.9562	0.9554	0.0084	514
天门实验室	0.9690	0.9360	0.9562	0.9554	0.0083	94
宜昌实验室	0.9819	0.9164	0.9594	0.9619	0.0084	2101
黄冈实验室	0.9752	0.9138	0.9554	0.9554	0.0115	1948
荆州实验室	0.9762	0.9165	0.9588	0.9619	0.0071	4714
孝感实验室	0.9630	0.9175	0.9398	0.9371	0.0108	146
长沙实验室	0.9738	0.9294	0.9592	0.9630	0.0073	613
益阳实验室	0.9707	0.9371	0.9603	0.9630	0.0045	378
泰州实验室	0.9919	0.9083	0.9536	0.9554	0.0106	32445
南通实验室	0.9762	0.9165	0.9625	0.9630	0.0073	3446
盐城实验室	0.9812	0.9175	0.9590	0.9619	0.0103	649
南昌实验室	0.9630	0.9543	0.9585	0.9587	0.0039	34
东营实验室	0.9823	0.9164	0.9553	0.9554	0.0107	45783
德州实验室	0.9893	0.9083	0.9491	0.9543	0.0111	132079
济宁实验室	0.9930	0.9083	0.9625	0.9630	0.0059	131639
菏泽实验室	0.9914	0.9085	0.9623	0.9630	0.0083	115766
滨州实验室	0.9778	0.9111	0.9487	0.9543	0.0136	60059
淄博实验室	0.9762	0.9112	0.9524	0.9554	0.0118	17528
潍坊实验室	0.9762	0.9165	0.9549	0.9554	0.0091	10101
聊城实验室	0.9778	0.9085	0.9566	0.9570	0.0103	20324
济南实验室	0.9890	0.9084	0.9406	0.9372	0.0147	11077
天津实验室	0.9768	0.9136	0.9615	0.9630	0.0102	3579
石河子实验室	0.9937	0.9148	0.9688	0.9691	0.0070	242742

续表

实验室	最大值	最小值	平均值	中位数	标准差	记录条数
哈密实验室	0.9930	0.9134	0.9661	0.9680	0.0092	102810
奎屯实验室	0.9937	0.9084	0.9704	0.9691	0.0096	337392
五家渠实验室	0.9937	0.9137	0.9677	0.9701	0.0118	350074
乌苏实验室	0.9937	0.9083	0.9656	0.9677	0.0106	358781
巴楚实验室	0.9930	0.9083	0.9598	0.9619	0.0097	437856
库尔勒实验室	0.9937	0.9083	0.9662	0.9690	0.0112	610523
克拉玛依实验室	0.9937	0.9136	0.9680	0.9690	0.0085	103378
博乐实验室	0.9937	0.9175	0.9674	0.9680	0.0092	163403
阿克苏实验室	0.9937	0.9083	0.9755	0.9751	0.0141	1114805
呼图壁实验室	0.9937	0.9147	0.9654	0.9646	0.0099	394793
阿拉尔实验室	0.9937	0.9083	0.9672	0.9690	0.0086	464980
图木舒克实验室	0.9930	0.9148	0.9612	0.9619	0.0078	152194
莎车实验室	0.9904	0.9174	0.9583	0.9570	0.0083	25814
库车实验室	0.9937	0.9083	0.9648	0.9645	0.0083	97148
吐鲁番实验室	0.9937	0.9136	0.9613	0.9630	0.0123	73184
克州实验室	0.9919	0.9083	0.9626	0.9630	0.0085	48718
乌鲁木齐调剂实验室	0.9936	0.9331	0.9680	0.9690	0.0083	34259
喀什实验室	0.9910	0.9083	0.9587	0.9566	0.0109	35237
阿克苏新实验室	0.9937	0.9137	0.9798	0.9823	0.0117	107765

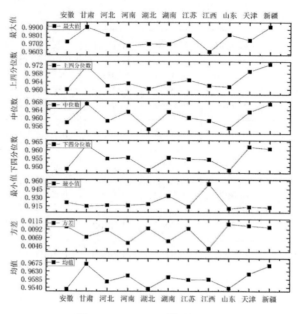

图 3-10　MLR 赋权的 CCQI

由表 3-26 结合图 3-11 可以看出，基于 PCR 赋权的 CCQI 局部样本测试分布范围为 [0.9494, 0.9929]，范围是专家打分法的 0.644 倍，区分度弱于其他所有算法建立的 CCQI；从平均值来看，新疆棉花综合质量最差、河南棉花质量最高，不符合新疆棉区棉花质量最优、黄河流域次之、长江流域质量最差的既定事实。因此，该算法建立的 CCQI 不仅对高低质量区分度差，局部验证结果也与既定事实不符，故后续将不再对其作验证。

表 3-26　PCR 赋权的 CCQI

实验室	最大值	最小值	平均值	中位数	标准差	记录条数
安庆实验室	0.9934	0.9579	0.9834	0.9838	0.0034	17471
芜湖实验室	0.9917	0.9599	0.9822	0.9810	0.0042	3245
合肥实验室	0.9917	0.9754	0.9825	0.9813	0.0026	332
肃州实验室	0.9945	0.9579	0.9852	0.9850	0.0041	89418
石家庄实验室	0.9935	0.9514	0.9816	0.9809	0.0035	81609
沧州实验室	0.9939	0.9596	0.9846	0.9841	0.0034	73752
唐山实验室	0.9939	0.9598	0.9833	0.9841	0.0051	13712

实验室	最大值	最小值	平均值	中位数	标准差	记录条数
邯郸实验室	0.9918	0.9766	0.9854	0.9845	0.0038	452
邢台实验室	0.9935	0.9494	0.9814	0.9812	0.0053	25349
衡水实验室	0.9923	0.9596	0.9821	0.9812	0.0045	7072
南阳实验室	0.9918	0.9523	0.9893	0.9913	0.0037	337
仙桃实验室	0.9924	0.9496	0.9829	0.9813	0.0044	35681
潜江实验室	0.9887	0.9642	0.9814	0.9811	0.0020	2050
武汉实验室	0.9914	0.9712	0.9854	0.9841	0.0035	514
天门实验室	0.9872	0.9754	0.9812	0.9809	0.0020	94
宜昌实验室	0.9939	0.9597	0.9832	0.9812	0.0041	2101
黄冈实验室	0.9918	0.9683	0.9832	0.9839	0.0037	1948
荆州实验室	0.9918	0.9748	0.9843	0.9845	0.0034	4714
孝感实验室	0.9883	0.9716	0.9824	0.9811	0.0027	146
长沙实验室	0.9887	0.9694	0.9814	0.9813	0.0024	613
益阳实验室	0.9918	0.9765	0.9840	0.9844	0.0024	378
泰州实验室	0.9935	0.9494	0.9815	0.9811	0.0046	32445
南通实验室	0.9935	0.9639	0.9854	0.9841	0.0033	3446
盐城实验室	0.9934	0.9638	0.9833	0.9840	0.0036	649
南昌实验室	0.9883	0.9808	0.9844	0.9841	0.0021	34
东营实验室	0.9935	0.9639	0.9847	0.9844	0.0037	45783
德州实验室	0.9924	0.9494	0.9821	0.9812	0.0045	132079
济宁实验室	0.9945	0.9494	0.9864	0.9871	0.0038	131639
菏泽实验室	0.9939	0.9518	0.9859	0.9864	0.0040	115766
滨州实验室	0.9924	0.9523	0.9831	0.9840	0.0037	60059
淄博实验室	0.9924	0.9601	0.9836	0.9843	0.0031	17528
潍坊实验室	0.9924	0.9717	0.9853	0.9844	0.0035	10101
聊城实验室	0.9934	0.9523	0.9837	0.9841	0.0037	20324
济南实验室	0.9939	0.9523	0.9821	0.9816	0.0051	11077

实验室	最大值	最小值	平均值	中位数	标准差	记录条数
天津实验室	0.9935	0.9514	0.9836	0.9840	0.0042	3579
石河子实验室	0.9946	0.9579	0.9840	0.9844	0.0042	242742
哈密实验室	0.9945	0.9496	0.9819	0.9813	0.0043	102810
奎屯实验室	0.9946	0.9496	0.9858	0.9871	0.0049	337392
五家渠实验室	0.9946	0.9519	0.9857	0.9851	0.0049	350074
乌苏实验室	0.9946	0.9494	0.9819	0.9813	0.0051	358781
巴楚实验室	0.9940	0.9494	0.9779	0.9787	0.0061	437856
库尔勒实验室	0.9946	0.9494	0.9813	0.9819	0.0056	610523
克拉玛依实验室	0.9946	0.9514	0.9840	0.9841	0.0044	103378
博乐实验室	0.9946	0.9597	0.9835	0.9840	0.0039	163403
阿克苏实验室	0.9946	0.9494	0.9862	0.9872	0.0073	1114805
呼图壁实验室	0.9946	0.9496	0.9844	0.9845	0.0044	394793
阿拉尔实验室	0.9946	0.9494	0.9823	0.9819	0.0046	464980
图木舒克实验室	0.9945	0.9515	0.9778	0.9790	0.0062	152194
莎车实验室	0.9939	0.9524	0.9781	0.9787	0.0057	25814
库车实验室	0.9946	0.9494	0.9822	0.9819	0.0048	97148
吐鲁番实验室	0.9946	0.9514	0.9825	0.9819	0.0047	73184
克州实验室	0.9944	0.9494	0.9800	0.9812	0.0063	48718
乌鲁木齐调剂实验室	0.9945	0.9579	0.9835	0.9843	0.0050	34259
喀什实验室	0.9936	0.9494	0.9742	0.9749	0.0081	35237
阿克苏新实验室	0.9946	0.9519	0.9876	0.9887	0.0055	107765

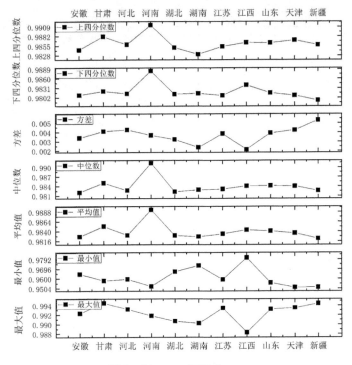

图 3－11　PCR 赋权的 CCQI

由表 3－27 结合图 3－12 可以看出，基于 PLSR 赋权的 CCQI 局部样本测试分布范围为 [0.9204，0.9883]，范围是专家打分法的 1.0059 倍，区分度与基于专家打分法建立的 CCQI 相当；从平均值来看，新疆棉区棉花综合质量最高、长江流域棉花综合质量最低，符合新疆棉区棉花质量最优、黄河流域次之、长江流域质量最差的既定事实。

表 3－27　PLSR 赋权的 CCQI

实验室	最大值	最小值	平均值	中位数	标准差	记录条数
安庆实验室	0.9798	0.9353	0.9612	0.9635	0.0081	17471
合肥实验室	0.9686	0.9477	0.9629	0.9642	0.0032	332
芜湖实验室	0.9736	0.9304	0.9561	0.9598	0.0072	3245
肃州实验室	0.9873	0.9345	0.9690	0.9701	0.0061	89418
沧州实验室	0.9798	0.9317	0.9651	0.9656	0.0044	73752

续表

实验室	最大值	最小值	平均值	中位数	标准差	记录条数
邯郸实验室	0.9764	0.9474	0.9652	0.9664	0.0052	452
衡水实验室	0.9730	0.9317	0.9591	0.9608	0.0068	7072
石家庄实验室	0.9798	0.9278	0.9593	0.9603	0.0065	81609
唐山实验室	0.9828	0.9369	0.9662	0.9666	0.0053	13712
邢台实验室	0.9785	0.9204	0.9592	0.9608	0.0081	25349
南阳实验室	0.9729	0.9316	0.9660	0.9679	0.0037	337
黄冈实验室	0.9749	0.9330	0.9614	0.9622	0.0070	1948
荆州实验室	0.9764	0.9369	0.9638	0.9651	0.0053	4714
潜江实验室	0.9701	0.9388	0.9576	0.9598	0.0059	2050
天门实验室	0.9701	0.9477	0.9612	0.9613	0.0051	94
武汉实验室	0.9699	0.9353	0.9622	0.9622	0.0055	514
仙桃实验室	0.9786	0.9278	0.9591	0.9608	0.0072	35681
孝感实验室	0.9666	0.9367	0.9522	0.9508	0.0066	146
宜昌实验室	0.9793	0.9353	0.9635	0.9642	0.0057	2101
益阳实验室	0.9729	0.9508	0.9651	0.9656	0.0031	378
长沙实验室	0.9717	0.9383	0.9636	0.9656	0.0045	613
南通实验室	0.9764	0.9369	0.9659	0.9666	0.0048	3446
泰州实验室	0.9820	0.9204	0.9603	0.9616	0.0069	32445
盐城实验室	0.9771	0.9384	0.9633	0.9642	0.0063	649
南昌实验室	0.9666	0.9598	0.9633	0.9632	0.0025	34
滨州实验室	0.9786	0.9243	0.9579	0.9608	0.0085	60059
德州实验室	0.9799	0.9204	0.9577	0.9598	0.0071	132079
东营实验室	0.9798	0.9351	0.9621	0.9627	0.0066	45783
菏泽实验室	0.9837	0.9256	0.9664	0.9666	0.0056	115766
济南实验室	0.9795	0.9240	0.9532	0.9518	0.0091	11077
济宁实验室	0.9873	0.9204	0.9666	0.9666	0.0042	131639
聊城实验室	0.9786	0.9256	0.9626	0.9642	0.0064	20324

实验室	最大值	最小值	平均值	中位数	标准差	记录条数
潍坊实验室	0.9764	0.9379	0.9620	0.9622	0.0058	10101
淄博实验室	0.9764	0.9304	0.9604	0.9622	0.0071	17528
天津实验室	0.9764	0.9278	0.9648	0.9656	0.0064	3579
阿克苏实验室	0.9883	0.9204	0.9736	0.9728	0.0102	1114805
阿克苏新实验室	0.9883	0.9314	0.9768	0.9785	0.0081	107765
阿拉尔实验室	0.9883	0.9204	0.9683	0.9691	0.0061	464980
巴楚实验室	0.9873	0.9204	0.9623	0.9635	0.0073	437856
博乐实验室	0.9883	0.9367	0.9684	0.9679	0.0065	163403
哈密实验室	0.9873	0.9276	0.9673	0.9679	0.0065	102810
呼图壁实验室	0.9883	0.9293	0.9681	0.9688	0.0069	394793
喀什实验室	0.9846	0.9204	0.9596	0.9596	0.0095	35237
克拉玛依实验室	0.9883	0.9278	0.9692	0.9691	0.0060	103378
克州实验室	0.9846	0.9204	0.9647	0.9656	0.0068	48718
库车实验室	0.9883	0.9204	0.9669	0.9671	0.0061	97148
库尔勒实验室	0.9883	0.9204	0.9671	0.9688	0.0085	610523
奎屯实验室	0.9883	0.9240	0.9710	0.9714	0.0070	337392
莎车实验室	0.9836	0.9332	0.9618	0.9619	0.0059	25814
石河子实验室	0.9883	0.9351	0.9698	0.9701	0.0050	242742
图木舒克实验室	0.9860	0.9317	0.9632	0.9640	0.0057	152194
吐鲁番实验室	0.9883	0.9278	0.9650	0.9666	0.0083	73184
乌鲁木齐调剂实验室	0.9873	0.9437	0.9690	0.9691	0.0060	34259
乌苏实验室	0.9883	0.9204	0.9672	0.9679	0.0074	358781
五家渠实验室	0.9883	0.9314	0.9699	0.9714	0.0083	350074

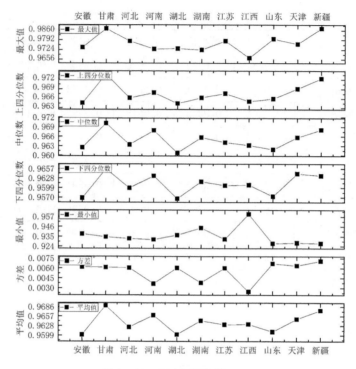

图 3－12　PLSR 赋权的 CCQI

3.5　数据回溯验证

通过 3.4.2 节局部数据验证结果可知，基于差价表直接构建的 CCQI 在几种方法中局部验证效果最佳。本小节将主要通过计算全体样本综合质量指数 CCQI，并按棉区、省份和实验室对样本进行分类统计，进一步验证该方法的效果。对样本数据分布情况分析结果如表 3—28、表 3—29 所示。可以看出，在 113880774 总样本中，新疆棉区样本占 110510913、黄河流域样本占 3136765、长江流域样本占 233096，比例分别为 97.041%、2.754% 和 0.205%，较局部验证数据样本进一步向新疆棉区集中，尤其是新疆样本占比由局部样本的 84.75% 提升至 96.4994%，远超其他省/直辖市/自治区样本综合。

表 3－28　按棉区样本分布表

序号	棉区	实验室数量	样本量	样本占比/%
1	新疆棉区	21	110510913	97.041
2	黄河流域	18	3136765	2.754
3	长江流域	17	233096	0.205
合计		56	113880774	100

表 3－29　按省/直辖市/自治区样本分布表

序号	棉区	省/直辖市/自治区	实验室数量	样本量	样本占比/%
1	黄河流域	北京	1	1116	0.0010
2	黄河流域	河北	6	630983	0.5541
3	黄河流域	河南	1	977	0.0009
4	黄河流域	山东	9	2488414	2.1851
5	黄河流域	天津	1	15275	0.0134
6	新疆棉区	甘肃	1	616615	0.5415
7	新疆棉区	新疆	20	109894298	96.4994
8	长江流域	安徽	3	43039	0.0378
9	长江流域	湖北	8	80159	0.0704
10	长江流域	湖南	2	1143	0.0010
11	长江流域	江苏	3	108699	0.0954
12	长江流域	江西	1	56	0.0000
合计			56	113880774	100

图 3—13 和表 3—30 展示了各产棉区的样本综合质量指数 CCQI 的基本统计量。从平均值、下四分位数、中位数、上四分位数四个统计量来看，以新疆棉区棉花综合质量最高、黄河流域次之、长江流域最差；从方差来看，新疆棉区棉花一致性最好、黄河流域棉花一致性次之、长江流域最差；从最大值角度来看，综合质量指数 CCQI 为新疆棉区＞黄河流域＞长江流域，从最小值角度来看，综合质量指数

CCQI 为新疆棉区＜黄河流域＜长江流域，新疆棉区样本覆盖范围最广、黄河流域样本覆盖范围次之、长江流域样本覆盖范围最小，主要原因在于新疆棉区样本量远多于黄河流域样本量，而黄河流域样本量远多于长江流域样本量，样本量大覆盖范围大；反之，样本量小覆盖范围小，符合统计学规律。

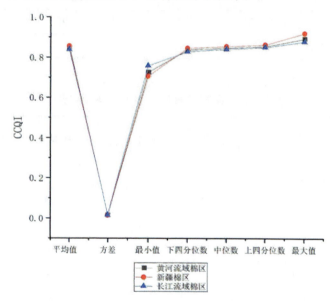

图 3－13　棉花综合质量指数统计量

表 3－30　全体样本回溯基本统计量

棉区	省份	实验室	样品量	均值	方差	最小值	下四分位数	中位数	上四分位数	最大值
黄河流域	北京	中纤局	1116	0.8543	0.0087	0.8251	0.8463	0.8534	0.8629	0.8818
黄河流域	河北	沧州实验室	293820	0.8486	0.0125	0.7258	0.8416	0.8487	0.8558	0.8983
黄河流域	河北	邯郸实验室	1133	0.8517	0.0148	0.792	0.8416	0.8534	0.8629	0.8889
黄河流域	河北	衡水实验室	27749	0.8355	0.0179	0.7258	0.8298	0.8416	0.8463	0.8794
黄河流域	河北	石家庄实验室	171321	0.8329	0.0182	0.7069	0.8298	0.8345	0.8416	0.8983
黄河流域	河北	唐山实验室	61543	0.8474	0.0147	0.7612	0.8416	0.8463	0.8558	0.9031
黄河流域	河北	邢台实验室	75417	0.8372	0.0206	0.6738	0.8298	0.8416	0.8487	0.8865

续表

棉区	省份	实验室	样品量	均值	方差	最小值	下四分位数	中位数	上四分位数	最大值
黄河流域	河南	南阳实验室	977	0.8562	0.0119	0.7092	0.8487	0.8582	0.8652	0.8794
黄河流域	山东	滨州实验室	208914	0.836	0.0204	0.7021	0.8298	0.8416	0.8487	0.896
黄河流域	山东	德州实验室	585055	0.836	0.0178	0.6832	0.8298	0.8416	0.8487	0.896
黄河流域	山东	东营实验室	293625	0.8483	0.0149	0.7447	0.8416	0.8487	0.8582	0.8983
黄河流域	山东	菏泽实验室	471961	0.8565	0.0154	0.7116	0.8487	0.8558	0.87	0.9054
黄河流域	山东	济南实验室	48087	0.8346	0.0246	0.7092	0.818	0.8416	0.8511	0.896
黄河流域	山东	济宁实验室	645721	0.8584	0.0128	0.6832	0.8534	0.8605	0.8676	0.9196
黄河流域	山东	聊城实验室	49219	0.8429	0.0174	0.7092	0.8369	0.844	0.8534	0.896
黄河流域	山东	潍坊实验室	101163	0.8467	0.0127	0.7636	0.8416	0.8463	0.8534	0.8889
黄河流域	山东	淄博实验室	84669	0.8424	0.0156	0.747	0.8345	0.8463	0.8534	0.8889
黄河流域	天津	天津实验室	15275	0.848	0.0155	0.7069	0.8416	0.8487	0.8582	0.8889
新疆棉区	甘肃	肃州实验室	616615	0.8621	0.0148	0.7376	0.8534	0.8629	0.87	0.9196
新疆棉区	新疆	阿克苏实验室	13119144	0.8577	0.0196	0.6738	0.8463	0.8530	0.8629	0.9243
新疆棉区	新疆	阿克苏新实验室	2739007	0.8609	0.0168	0.721	0.8463	0.8582	0.87	0.9243
新疆棉区	新疆	阿拉尔实验室	6649681	0.8512	0.0141	0.6832	0.8463	0.8534	0.8629	0.9243
新疆棉区	新疆	巴楚实验室	12008815	0.8455	0.0132	0.6832	0.8416	0.8463	0.8534	0.9196
新疆棉区	新疆	博乐实验室	6139252	0.8569	0.013	0.7541	0.8463	0.8558	0.8629	0.9243
新疆棉区	新疆	哈密实验室	1838706	0.856	0.0133	0.7021	0.8463	0.8558	0.8629	0.9196
新疆棉区	新疆	呼图壁实验室	6672337	0.8589	0.0154	0.7021	0.8463	0.8605	0.87	0.9243
新疆棉区	新疆	喀什实验室	231846	0.8408	0.0242	0.6738	0.8345	0.8463	0.8534	0.9054

续表

棉区	省份	实验室	样品量	均值	方差	最小值	下四分位数	中位数	上四分位数	最大值
新疆棉区	新疆	克拉玛依实验室	3438367	0.8597	0.0136	0.7069	0.8511	0.8605	0.87	0.9243
新疆棉区	新疆	克州实验室	1376318	0.8509	0.012	0.6738	0.8463	0.8511	0.8582	0.9054
新疆棉区	新疆	库车实验室	3311753	0.8535	0.0126	0.6832	0.8463	0.8534	0.8629	0.9243
新疆棉区	新疆	库尔勒实验室	11730585	0.8536	0.0156	0.6738	0.8463	0.8534	0.8629	0.9243
新疆棉区	新疆	奎屯实验室	7391364	0.8612	0.0147	0.6998	0.8534	0.8629	0.87	0.9243
新疆棉区	新疆	莎车实验室	522240	0.8451	0.0131	0.7305	0.8345	0.8463	0.8534	0.9078
新疆棉区	新疆	石河子实验室	8890028	0.8594	0.0127	0.74	0.8511	0.8605	0.87	0.9243
新疆棉区	新疆	图木舒克实验室	4173778	0.8481	0.0125	0.7305	0.8416	0.8463	0.8558	0.9125
新疆棉区	新疆	吐鲁番实验室	934829	0.8547	0.0149	0.7069	0.8463	0.8534	0.8629	0.9243
新疆棉区	新疆	乌鲁木齐调剂实验室	1519609	0.858	0.013	0.7589	0.8463	0.8558	0.8652	0.9196
新疆棉区	新疆	乌苏实验室	10811045	0.8579	0.014	0.6832	0.8463	0.8558	0.8652	0.9243
新疆棉区	新疆	五家渠实验室	6395594	0.8617	0.0171	0.7258	0.8534	0.8629	0.8723	0.9243
长江流域	安徽	安庆实验室	36205	0.8421	0.0205	0.7518	0.8345	0.8463	0.8558	0.8983
长江流域	安徽	合肥实验室	850	0.8416	0.0102	0.7896	0.8351	0.8416	0.8487	0.8747
长江流域	安徽	芜湖实验室	5984	0.8276	0.0205	0.7305	0.8085	0.8345	0.8416	0.8794
长江流域	湖北	黄冈实验室	5415	0.8397	0.0186	0.7447	0.8333	0.8416	0.8534	0.8842
长江流域	湖北	荆州实验室	12606	0.8471	0.0161	0.7636	0.8369	0.8487	0.8582	0.8889
长江流域	湖北	潜江实验室	2689	0.825	0.0163	0.7683	0.8061	0.8298	0.8345	0.8652
长江流域	湖北	天门实验室	122	0.8346	0.014	0.7896	0.8298	0.8345	0.8416	0.8652
长江流域	湖北	武汉实验室	563	0.8414	0.0184	0.7518	0.8369	0.844	0.8558	0.8676

棉区	省份	实验室	样品量	均值	方差	最小值	下四分位数	中位数	上四分位数	最大值
长江流域	湖北	仙桃实验室	54745	0.8354	0.023	0.7069	0.8203	0.8369	0.8534	0.896
长江流域	湖北	孝感实验室	206	0.8142	0.0194	0.7565	0.8014	0.8061	0.8345	0.8582
长江流域	湖北	宜昌实验室	3813	0.8465	0.0186	0.7518	0.8298	0.844	0.8582	0.8983
长江流域	湖南	益阳实验室	439	0.8485	0.0106	0.8061	0.8416	0.8487	0.8534	0.8794
长江流域	湖南	长沙实验室	704	0.8407	0.0145	0.7565	0.8345	0.8463	0.8487	0.8629
长江流域	江苏	南通实验室	4687	0.8505	0.0159	0.7636	0.8416	0.8487	0.8652	0.8889
长江流域	江苏	泰州实验室	103256	0.8394	0.0178	0.6832	0.8322	0.8416	0.8511	0.8889
长江流域	江苏	盐城实验室	756	0.8428	0.0193	0.7636	0.8345	0.8463	0.8558	0.8842
长江流域	江西	南昌实验室	56	0.8447	0.0085	0.8203	0.8369	0.8487	0.8487	0.8582

图 3—14 展示了以省份划分的棉花样本综合质量指数 CCQI 的基本统计量，详细数据见表 3—31。可以看出，北京、湖南、河南和江西四个省市因样本量较少，数据具有较大的偶然性，故未将此四省市纳入比较范围。通过比较发现，图 3—12 与图 3—11 保持了较高的一致性。从平均值、下四分位数、中位数、上四分位数四个统计量来看，甘肃和新疆棉花样本的综合质量指数 CCQI 占据了前两位、综合质量最好，而长江流域棉花的安徽和湖北省样本综合质量指数 CCQI 分别位居后两位、综合质量最差。从方差来看，新疆棉区的棉花样品综合质量指数 CCQI 明显大于其他省份棉花样本的综合质量指数，意味着新疆棉区棉花样本的一致性明显好于黄河流域和长江流域的样本一致性。从最大值和最小值角度来看，与图 3—10 所展示的内容一致，新疆棉区样本综合质量指数 CCQI 覆盖范围最广。

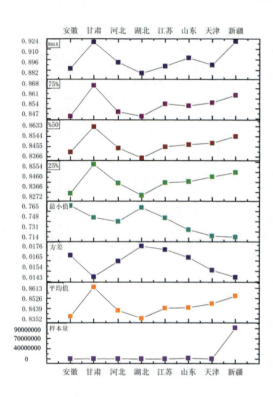

图 3-14　省/直辖市/自治区棉花综合质量指数统计量趋势

表 3-31　各省直辖市自治区棉花综合质量指数统计量

省份	平均值	方差	最小值	下四分位数	中位数	上四分位数	最大值	样本量
安徽	0.8371	0.0171	0.7573	0.8260	0.8408	0.8487	0.8841	43039
北京	0.8543	0.0087	0.8251	0.8463	0.8534	0.8629	0.8818	1116
甘肃	0.8621	0.0148	0.7376	0.8534	0.8629	0.8700	0.9196	616615
河北	0.8422	0.0165	0.7309	0.8357	0.8444	0.8519	0.8924	630983
河南	0.8562	0.0119	0.7092	0.8487	0.8582	0.8652	0.8794	977
湖北	0.8355	0.0181	0.7542	0.8243	0.8357	0.8487	0.8780	80159
湖南	0.8446	0.0126	0.7813	0.8381	0.8475	0.8511	0.8712	1143
江苏	0.8442	0.0177	0.7368	0.8361	0.8455	0.8574	0.8873	108699
江西	0.8447	0.0085	0.8203	0.8369	0.8487	0.8487	0.8582	56
山东	0.8446	0.0168	0.7171	0.8371	0.8474	0.8561	0.8983	2488414

省份	平均值	方差	最小值	下四分位数	中位数	上四分位数	最大值	样本量
天津	0.8480	0.0155	0.7069	0.8416	0.8487	0.8582	0.8889	15275
新疆	0.8546	0.0148	0.7053	0.8458	0.8546	0.8634	0.9203	109894298

由 3.3.3 节可知，基于差价表直接构建的棉花综合质量指数 CCQI 的取值范围为 [0.5532，1]，将 [0.5532，1] 细分为 > 0.95、0.90～0.95、0.85～0.90、0.80～0.85、0.75～0.80、0.70～0.75、0.65～0.70、0.60～0.65 以及 < 0.60 九个等级，分别统计每个等级范围内的样本数量，结果如表 3－32 所示。

表 3－32　样本综合质量指数 CCQI 分布范围

棉区	省份	实验室	CCQI 范围									数量合计
			>0.95	0.90～0.95	0.85～0.90	0.80～0.85	0.75～0.80	0.70～0.75	0.65～0.70	0.60～0.65	<0.6	
黄河流域	北京	中纤局	0	0	772	344	0	0	0	0	0	1116
黄河流域	河北	沧州实验室	0	0	127543	164767	1507	3	0	0	0	293820
黄河流域	河北	邯郸实验室	0	0	625	497	11	0	0	0	0	1133
黄河流域	河北	衡水实验室	0	0	4432	21857	1451	9	0	0	0	27749
黄河流域	河北	石家庄实验室	0	0	22399	140992	7879	51	0	0	0	171321
黄河流域	河北	唐山实验室	0	1	22051	39001	490	0	0	0	0	61543
黄河流域	河北	邢台实验室	0	0	17444	53443	4192	323	15	0	0	75417
黄河流域	河南	南阳实验室	0	0	702	274	0	1	0	0	0	977
黄河流域	山东	滨州实验室	0	0	48756	151641	8411	106	0	0	0	208914
黄河流域	山东	德州实验室	0	0	106234	454909	23488	415	9	0	0	585055
黄河流域	山东	东营实验室	0	0	141237	150696	1691	1	0	0	0	293625
黄河流域	山东	菏泽实验室	0	107	322518	147138	2145	53	0	0	0	471961

棉区	省份	实验室	CCQI 范围									数量合计
			>0.95	0.90~0.95	0.85~0.90	0.80~0.85	0.75~0.80	0.70~0.75	0.65~0.70	0.60~0.65	<0.6	
黄河流域	山东	济南实验室	0	0	14258	29693	4080	56	0	0	0	48087
黄河流域	山东	济宁实验室	0	72	498270	146529	773	74	3	0	0	645721
黄河流域	山东	聊城实验室	0	0	17215	31052	910	42	0	0	0	49219
黄河流域	山东	潍坊实验室	0	0	41234	59668	261	0	0	0	0	101163
黄河流域	山东	淄博实验室	0	0	26719	56921	1026	3	0	0	0	84669
黄河流域	天津	天津实验室	0	0	6433	8756	85	1	0	0	0	15275
新疆棉区	甘肃	肃州实验室	0	420	508377	106954	859	5	0	0	0	616615
新疆棉区	新疆	阿克苏实验室	0	1051149	7111217	4906630	47083	3055	10	0	0	13119144
新疆棉区	新疆	阿克苏新实验室	0	111636	1851240	773749	2341	41	0	0	0	2739007
新疆棉区	新疆	阿拉尔实验室	0	4855	3404917	3207575	31884	446	4	0	0	6649681
新疆棉区	新疆	巴楚实验室	0	3292	4085355	7822280	94819	3045	24	0	0	12008815
新疆棉区	新疆	博乐实验室	0	5613	4230639	1900039	2961	0	0	0	0	6139252
新疆棉区	新疆	哈密实验室	0	1436	1263283	569433	4473	81	0	0	0	1838706
新疆棉区	新疆	呼图壁实验室	0	11238	4866235	1776551	18075	238	0	0	0	6672337
新疆棉区	新疆	喀什实验室	0	4803	68042	142379	14619	2000	3	0	0	231846
新疆棉区	新疆	克拉玛依实验室	0	5031	2577750	852675	2838	73	0	0	0	3438367
新疆棉区	新疆	克州实验室	0	7	730149	641642	3684	815	21	0	0	1376318
新疆棉区	新疆	库车实验室	0	1034	1963125	1343007	4564	19	4	0	0	3311753
新疆棉区	新疆	库尔勒实验室	0	17285	6922036	4719951	64437	6481	395	0	0	11730585

续表

棉区	省份	实验室	CCQI 范围									数量合计
			>0.95	0.90~0.95	0.85~0.90	0.80~0.85	0.75~0.80	0.70~0.75	0.65~0.70	0.60~0.65	<0.6	
新疆棉区	新疆	奎屯实验室	0	27064	5659687	1694647	9817	148	1	0	0	7391364
新疆棉区	新疆	莎车实验室	0	1	178336	339549	4336	18	0	0	0	522240
新疆棉区	新疆	石河子实验室	0	3628	6676836	2204838	4725	1	0	0	0	8890028
新疆棉区	新疆	图木舒克实验室	0	84	1752156	2403386	18130	22	0	0	0	4173778
新疆棉区	新疆	吐鲁番实验室	0	416	607384	321305	5006	718	0	0	0	934829
新疆棉区	新疆	乌鲁木齐调剂实验室	0	393	1092571	426158	487	0	0	0	0	1519609
新疆棉区	新疆	乌苏实验室	0	8620	7739519	3036123	26471	310	2	0	0	10811045
新疆棉区	新疆	五家渠实验室	0	38315	4813266	1524523	19424	66	0	0	0	6395594
长江流域	安徽	安庆实验室	0	0	13310	21785	1110	0	0	0	0	36205
长江流域	安徽	合肥实验室	0	0	141	708	1	0	0	0	0	850
长江流域	安徽	芜湖实验室	0	0	445	5084	452	3	0	0	0	5984
长江流域	湖北	黄冈实验室	0	0	1462	3751	201	1	0	0	0	5415
长江流域	湖北	荆州实验室	0	0	6184	6340	82	0	0	0	0	12606
长江流域	湖北	潜江实验室	0	0	77	2575	37	0	0	0	0	2689
长江流域	湖北	天门实验室	0	0	13	107	2	0	0	0	0	122
长江流域	湖北	武汉实验室	0	0	179	372	12	0	0	0	0	563
长江流域	湖北	仙桃实验室	0	0	14439	35872	4424	10	0	0	0	206
长江流域	湖北	孝感实验室	0	0	4	186	16	0	0	0	0	3813
长江流域	湖北	宜昌实验室	0	0	1392	2381	40	0	0	0	0	439

棉区	省份	实验室	CCQI 范围									数量合计
			>0.95	0.90~0.95	0.85~0.90	0.80~0.85	0.75~0.80	0.70~0.75	0.65~0.70	0.60~0.65	<0.6	
长江流域	湖南	益阳实验室	0	0	208	231	0	0	0	0	0	704
长江流域	湖南	长沙实验室	0	0	170	517	17	0	0	0	0	4687
长江流域	江苏	南通实验室	0	0	2288	2379	20	0	0	0	0	103256
长江流域	江苏	泰州实验室	0	0	27138	71604	4456	57	1	0	0	756
长江流域	江苏	盐城实验室	0	0	273	463	20	0	0	0	0	56
长江流域	江西	南昌实验室	0	0	11	45	0	0	0	0	0	206

　　首先，按棉区对表 3－32 中的数据归类计算，得到三个棉区检测样本在＞0.95、0.90～0.95、0.85～0.90、0.80～0.85、0.75～0.80、0.70～0.75、0.65～0.70、0.60～0.65 以及＜0.60 九个等级范围内的分布情况，结果如图 3－15 所示。可以看出，三个棉区在＞0.95 的最高等级范围样品数量均为 0；在 0.90～0.95 次高等级范围新疆棉区样本量为 1296320，在总样本量中占比为 1.1730%，黄河流域样本量为 180、在总样本量中占比约为 0，长江流域样本量为 0，在总样本量中占比为 0；在 0.85～0.90 等级范围新疆棉区样本量为 68102120，在总样本量中占比为 61.6248%，黄河流域样本量为 1418842，在总样本量中占比约为 45.2327%，长江流域样本量为 67734，在总样本量中占比为 29.0584%；在 0.80～0.85 等级范围新疆棉区样本量为 40713394，在总样本量中占比为 36.8411%，黄河流域样本量为 1658178，在总样本量中占比约为 52.8627%，长江流域样本量为 154400，在总样本量中占比为 66.2388%；在 0.75～0.80 等级范围新疆棉区样本量为 381033，在总样本量中占比为 0.3448%，黄河流域样本量为 58400，在总样本量中占比约为 1.8618%，长江流域样本量为 10890，在总样本量中占比为 4.6719%；在 0.70～0.75 等级范围新疆棉区样本量为 17582，在总样本量中占比为 0.0159%，黄河流域样本量为 1138，在总样本量中占比约为 0.0363%，长江流域样本量为 71，在总样本量中占比为 0.0305%；在 0.65～0.70 等级范围新疆棉区样本量为 464，黄河

流域样本量为 27，长江流域样本量为 1，在总样本量中占比均接近 0；在 0.6 以下等级范围三个棉区样本量均为 0。总体来看，近五年国产棉花综合质量指数 CCQI 绝大部分归属 [0.80，0.85] 和 [0.85，0.90] 两个区间，总占比约为 98.4496%。这一方面体现出国产棉品质指标的一致性较好、总体质量较中等偏好，但 CCQI ＞0.95 的范围内样本数量为 0、0.9≤CCQI＜0.95 的范围内样本在总样本中的占比仅为 1.1385%，这说明高品质国产棉数量严重不足，这也是近些年来国内棉花产业的一大"痛点"。

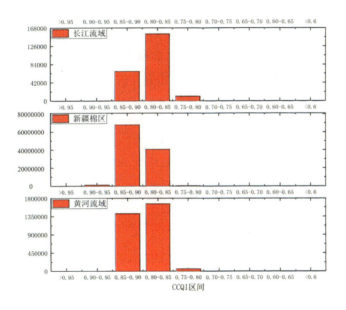

图 3－15　各棉区样本综合质量指数 CCQI 分布范围概况

其次，按省直辖市自治区对表 3－32 中的数据归类计算，得到各省/直辖市/自治区棉花样本在九个等级范围内的分布情况，结果如图 3－16 所示（北京、湖南、河南和江西四个省市因样本量较少，数据具有较大的偶然性，未纳入比较范围）。在＞0.95 的等级范围内各地均无对应样本；在 0.90～0.95 的等级范围内，新疆样本数量为 1295900、甘肃样本数量为 420、山东样本数量为 179、其他样本数量均为 0，省内比重分别为新疆 1.1792%、甘肃 0.0681%、其他均接近或为 0；在 0.85～0.90 的等级范围内，各省份样本内部比重分别为甘肃 82.4464%、新疆 61.5080%、山东 49.3586%、天津 42.1150%、安徽 32.2870%、河北 30.8240%、湖北 29.6286% 以及江苏 27.3222%；在 0.80～0.85 的等级范围内，各省份样本内部比重分别为甘肃 17.3453%、新疆 36.9505%、山东 48.8842%、天津 57.3220%、安徽 64.0744%、河北 66.6511%、湖北 64.3521% 以及江苏 68.4882%；在 0.75～0.80 的等级范围内，各省份样本内部比重分别为甘肃 0.1393%、新疆 0.3459%、山东 1.7194%、天津 0.5560%、安徽 3.6316%、河北 1.3931%、湖北 6.0056% 以及江苏 4.1362%；在 0.70～0.75 的等级范围内，各省份样本内部比重分别为山东 0.0301%、河北 0.0611%、湖北 0.0137% 以及江苏 0.0524%，其他省份均接近或为 0；在 0.70 及以下的等级范围内各地占比均为 0。通过以上数据可以看出，新疆在 0.90～0.95 等级范围内占比最高、其他省市均接近为 0，在 0.85～0.90 等级范围内甘肃和新疆占比超过 50% 位居前两位，0.75～0.80 等级范围内的样本占比均显著减少，以湖北省的 6.0055% 最高。以上数据表明，新疆维吾尔自治区和甘肃省棉花综合质量位居全国前二位，且远高于其他省份。

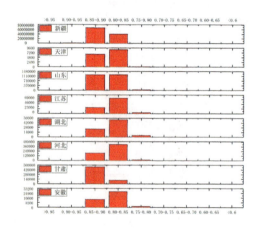

图 3-16 各省直辖市自治区样本综合质量指数 CCQI 分布范围概况

3.6 结论、问题与建议

3.6.1 结论

分别根据专家打分赋权法、差价表赋权法、基于差价表直接构造、CRITIC 赋权以及常用回归赋权多种方法构造了 CCQI 模型。为方便起见，多种方法均以 GB1103.1 和差价表中规定的最高等级棉花为基准，将 CCQI 理论取值区间规范到 (0,1] 区间内，数值越大质量越高；反之，数值越小质量越差。①专家打分法：

CCQI 理论区间为［0.9245，1］，6201353 条非等价记录实测范围为［0.9253，0.9928］，对高、低质量的区分度小，且检测结果与既定事实不符；②基于差价表赋权法：CCQI 理论区间为［0.8558，1］、局部非等价记录实测区间为［0.9047，0.9586］，同样存在对高、低质量的区分度小，局部验证结论也与常识冲突的问题；③基于差价表直接构建：CCQI 理论区间为［0.5532，1］，局部非等价记录实测区间为［0.6738，0.9243］，对高、低质量的区分度显著，局部验证结论符合常识；④CRITIC 赋权法：CCQI 理论区间为［0.8785，1］，局部非等价记录实测区间为［0.9458，0.9965］，局部验证结论与常识基本相符，但对高、低质量的区分度较小；⑤回归赋权法：回归赋权法中，MLR 和 PLSR 两种回归赋权局部验证结果与常识基本相符，局部验证 CCQI 区间分别为［0.9083，0.9937］和［0.9204，0.9883］，对高、低质量的区分度弱于基于差价表直接构建的 CCQI。

针对基于差价表直接构造的 CCQI 指数模型，采用 2017—2021 年五年 113880774 条数据记录（新疆棉区样本量为 110510913、黄河流域样本量为 3136765、长江流域样本量为 233096，比重分别为 97.041％、2.754％和 0.205％）进行回溯。三大棉区棉花样本平均综合质量指数分为新疆棉区（0.85494）＞黄河流域（0.84520）＞长江流域（0.83893），说明棉花综合质量以新疆棉区最高、黄河流域次之、长江流域最差；方差分析结果为新疆棉区（0.01477）＜黄河流域（0.01591）＜长江流域（0.0166），说明棉花质量一致性方面仍然是新疆棉区最高、黄河流域次之、长江流域最差。

进一步将 CCQI 划分为＞0.95、0.90～0.95、0.85～0.90、0.80～0.85、0.75～0.80、0.70～0.75、0.65～0.70、0.60～0.65 以及＜0.60 九个等级，分别以棉区和省/直辖市/自治区为单位统计了棉花综合质量分布情况。从棉区角度来看，新疆棉区样本主要分布在 0.90～0.95、0.85～0.90 和 0.80～0.85 三个等级范围，比例分别为 1.1730％、61.6248％和 36.8411％；黄河流域样本主要分布在 0.85～0.90、0.80～0.85、0.75～0.80 和 0.70～0.75 四个区间内，比例分别为 45.2327％、52.8627％、1.8618％和 0.0363％；长江流域样本主要分布在 0.85～0.90、0.80～0.85、0.75～0.80、0.70～0.75 四个等级范围，比例分别为 29.0584％、66.2388％、4.6719％和 0.0305％。从省直辖市自治区角度来看，综合质量最好的新疆和甘肃样本主要分布在 0.90～0.95、0.85～0.90 和 0.80～0.85 三个等级范围，两地在三个等级范围的样本比例分别为 1.1792％、61.5080％、36.9505％和 0.0681％、82.4644％、17.3453％。

3.6.2 存在的问题

受项目执行时间、项目规模以及数据要素等限制，仅基于现有数据和现有方法初步尝试建立 CCQI 模型，主要存在以下问题：

其一，需要通过现有数据进一步挖掘有价值的信息。现有数据规模十分庞大，累计包含 1964 个数据文件、113880774 条数据记录，给数据处理带来很大的负担。当前仅删除了重复记录，对于指标与指标之间的关联关系、定性指标与定量指标之间的关联、定性指标的量化等尚未做探索。

其二，数据覆盖性不够全面。尽管样本量庞大，但其覆盖范围并不全面，如缺少较高等级和较低等级样本。由于缺乏样本采收方式、加工方式以及品种等相关信息，模型仅仅停留在宏观层面，难以落地实用。

其三，模型系统性欠佳。限于时间因素，目前仅基于前期研究过程中提出的方法进行了适应性改进，对于定量建模方法如多元回归、神经网络及其深度学习等尚未做尝试与探索。棉花综合质量不仅与其经济价值紧密关联，更与应用价值关联。然而，当前数据记录中既无样本对应的经济价值，更没有应用价值的跟踪数据，导致无法深入建立相关模型。

3.6.3 进一步研究建议

针对 3.6.2 节所列项目研究存在问题给出以下后续研究建议：

首先，系统性设计研究方案，采集全面数据。在采收方式上区分机采和手采，在加工方式上区分锯齿加工和皮辊加工，在品种上区分长绒棉、细绒棉、海岛棉等；针对市面上不常见的样品级别和种类，需要单独制样，以满足样品覆盖范围的要求；针对数据记录，应尽可能收集品种、采收、加工、检验、销售价格、应用价值等多个环节数据。

其次，延长项目研究时间，建议经过 5 年左右的全面研究，构建系统性的棉花综合质量指数。从棉花质量指标之间的关联、质量指标与经济价值之间的关联、质量指标与应用价值的关联等角度入手，根据棉花纤维的用途及行业对棉花性能需求偏好等因素建立适用于细分行业的质量指数模型体系。

最后，开发棉花综合质量管理信息系统。对于现有指标中既有定量指标，又有定性指标，且定性指标不宜量化，传统定量建模算法与工具适用性差等问题，可自主开发具备神经网络或深度学习等模式识别算法的软件系统；针对系列模型管理、应用及更新问题，可开发专用棉花综合质量管理信息系统。

3.7　小结

本章主要由安徽财经大学周万怀老师撰写，李浩、李庆旭、张雪东老师负责审查，项目得到了中国纤维质量监测中心的资助。文中所引用或采用的观点、数据均来自国内外公开发表的期刊、报纸、网络等平台，以及其他专业平台，如：世界粮农组织（Food and Agriculture Organization of the United Nations，FAO）、中华人民共和国国家统计局（National Bureau of Statistics of the People's Repulic of China，NB-SPRC）、中华人民共和国农业农村部（Ministry of Agriculture and Rural Affairs of the People's Republic of China，MARAPRC）以及美国农业部（United States Department of Agriculture，USDA）等官方权威数据。在此，对本章中的数据来源单位、对内容起到帮助的引文作者以及相关单位表示衷心的谢意！

第4章 棉花加工

4.1 棉花加工企业现状及发展趋势

4.1.1 棉花加工现状

1. 产业数字化越发明显

随着"十四五"数字经济发展规划的开展,数字中国建设的不断深入,棉花行业的数字化进程在不断提速,棉花加工生产工艺的智能化、信息化应用在新技术、新工艺中愈加突出。棉花质量数字化也在未来棉花加工、贸易、流通等环节关键节点发挥支持作用。

2014—2022 年,在新疆进行了 3 轮为期 9 年的棉花目标价格改革试点工作。经过不懈的改进与实践,棉花目标价格改革试点工作得到了政府与棉农的一致认可,实现了棉花价格由市场供需决定,政府补贴托底保障的新实践。试点工作带动了整个棉花产业链的有序发展,更提升了中国棉花质量和上下游全产业链的国际市场的竞争力。新疆棉花目标价格改革成功的因素之一是数字化、信息化平台的建立,通过各级政府对改革工作的重视,完善了种植、收购、加工、流通、纺织应用等产业链各个环节的关键节点的数据采集,在众多农产品中实现了全产业链的数字化,为棉花的高质量发展、数字中国的发展提供了动能。

2023 年中央一号文件《中共中央国务院关于做好 2023 年全面推进乡村振兴重点工作的意见》明确提到必须坚持不懈把解决好"三农"问题作为全党工作重中之重,举全党全社会之力全面推进乡村振兴,加快农业农村现代化。文件中明确要求抓紧抓好粮食和重要农产品稳产保供,统筹做好粮食和重要农产品调控,完善棉花目标价格政策。同时在扎实推进宜居宜业和美化乡村建设中要深入实施数字乡村发展行动，推动数字化应用场景研发推广。加快农业农村大数据应用，推进智慧农业发展。2 月，农业农村部发布了《关于落实党中央国务院 2023 年全面推进乡村振兴重点工作部署的实施意见》，有两处明确提及新疆棉花相关内容：一是在新疆次宜棉区推广棉豆轮作；二是完善棉花目标价格补贴政策，推动新疆棉花优质优价。随着棉花目标价格政策的不断深化、行业引导作用明显、耕种机械化不断提升，预估新疆机采棉种植比例已经超过 90%，耕地和整地机械化、播种机械化、田间管理机械化、施药作业机械化以及收获机械化成为种植端的标准流程。在农产品初加工方面，机采棉生产线改造基本完成，逐步向智能化、数字化方向发展，加工企业数据中心，数字化智能刷唛等数字化应用场景不断被开发，数字赋能产业，降本增效愈加明显。伴随设备智能化升级，加工能力不断加强，日加工超过 400 吨籽棉的生产车间比比皆是。全国加工企业数量在 2400 余家 2800 余条生产线的状态维持多年，但受产地资源的限制，开工企业近三年维持在 1100 家左右。

2. 数字产业化方向明确

随着《中共中央　国务院关于构建数据基础制度更好发挥数据要素作用的意见》（以下简称《数据二十条》）对外发布，构建数据基础制度体系，不断加速做强做大棉花数字产业的进程。棉花数字产业化使棉花行业从传统农作物向数字化、智能化、现代农业转变，它有助于促进棉花行业的创新和升级，促进生产效益的大幅度提高，有助于进一步实施"农村电子商务"。棉花数字的应用已经逐步显示出其价值，棉花作为典型的经济作物，其商品属性通过产业数字化、数字产业化的转变不断加强。在棉花数字化应用未实现精准全覆盖的同时，棉花质量的优劣要通过人去生产现场实地检验确保交易棉花的品质，现在随着检验仪器化的普及，棉花大数据成为农产品行业应用的典范。棉花数据让产品成为标准化商品，让更多的金融资本进入行业，促进行业的发展，棉花大数据为行业发展赋能的作用愈加凸显。在棉花种植的精准补贴、棉花交易的创新、棉花物流的规范、资金服务、纺织配棉等环节的应用为行业提质增效，促进了行业的健康、高质量发展，数字棉花、智能棉业也逐渐成为现实。

4.1.2　棉花产量和产能分布概况

1. 产能情况

截止到 2022 年 12 月，全国具备国际通用包型 400 型打包机及配套棉包信息管理系统的棉花加工企业累计 2500 余家 2800 余条生产线，此数据与 2021 年基本持平。随着加工设备的更新，生产线的生产能力不断提升，每条生产线半年加工能力可达 10000 吨，年加工能力为 2800 余万吨，加工能力严重过剩。因为棉花产地资源分布，目前全年正常开工的企业连续 3 年维持在 1100 家左右，其中 2022 年加工企业开工生产 1067 家[1]，与 2021 年开工参检的 1044 家基本持平。

2. 产能分布

截至 2022 年 12 月，2022 年加工企业分布情况（见表 4－1）：全国共计 1067 家棉花加工企业开工参检，同比减少 5 家。新疆地区 969 家企业开工，同比减少 1 家，其中自治区 744 家，同比增加 3 家；新疆建设兵团 225 家，同比减少 4 家；内地（包括长江流域、黄河流域）开工 98 家棉花加工企业，同比减少 4 家[2]。

表 4－1 2022 年开工企业数量和参与公检量

省份		开工企业数量（家）	加工检验量（万吨）	所占比例（%）
新疆	自治区	744	370.90	67.91
	建设兵团	225	166.60	30.51
山东		56	4.91	0.90
河北		19	1.44	0.26
安徽		2	0.07	0.01
湖北		3	0.26	0.05
甘肃		16	1.82	0.33
江苏		1	0.06	0.01
湖南		1	0.09	0.02

3. 产地分布

随着政策的引导，宜棉区种植越发集中。新疆作为中国棉花主产区的地位基本夯实，2022 年新疆地区参与公检总量的 98.41%，总计 537.59 万吨，相比 2021 年增幅 5.15%；黄河流域和长江流域进一步萎缩，参检 8.66 万吨，同比下降 20.09%，呈现连续下降的趋势（截至 2023 年 2 月 23 日）。据国家统计局发布的关

---

[1] 数据来源：中国纤维质量监测中心和 i 棉网
[2] 数据来源：中国纤维质量监测中心和 i 棉网

于 2022 年棉花产量的公告显示（见表 4－2），全国棉花播种面积为 3000.3 千克/公顷（4500.4 万亩），比 2021 年减少 27.9 千克/公顷（41.8 万亩），下降 0.9%。其中，新疆棉花播种面积为 2469.9 千克/公顷（37048.5 万亩），同比减少 36.2 千克/公顷（54.3 万亩），减少 1.47%。整体来看，植棉面积在逐年下降，但单产在不断提高，内地种植棉花面积依然不断萎缩，产地相比 2021 年减少一个省。

表 4－2　国家统计局 2022 年棉花产量公告

省份	播种面积 （万亩）	面积占比 （%）	总产量 （万吨）	产量占比 （%）	单产 （千克/公顷）
新疆	2496.9	83.22	539.1	85.81	2158.9
山东	113.3	3.78	14.5	2.34	1277.8
河北	116.1	3.87	13.9	2.68	1196.9
安徽	30.3	1.01	2.6	0.49	844.5
湖北	115.8	3.86	10.3	1.82	892.4
甘肃	20.3	0.68	4.0	0.52	1962.2
江苏	4.2	0.14	0.6	0.13	1396.2
湖南	64.6	2.15	8.2	1.34	1273.7
江西	19.7	0.66	2.2	0.28	1101.5
河南	10.9	0.36	1.4	0.23	1252.8
浙江	3.4	0.11	0.5	0.10	1387.9
天津	2.5	0.08	0.3	0.07	1301.9
广西	1.0	0.03	0.1	0.02	1025.6

从 2021 年种植收益来看，皮棉成本与销售价格创历史第三高点，种植棉花农户对籽棉销售价格满意，理应扩大种植面积。而实际情况是全国除了甘肃等个别省份之外，其余各省的种植面积依然呈下滑趋势。究其原因，由于在黄河流域和长江流域适宜种植其他作物的综合收入要高于种植棉花的收入，因此种植棉花积极性不高。

4. 产能分布特点

2022 年受新冠疫情影响，新疆地区前期开工企业数量不足，加工总量低于同期进度（见图 4－1），开工企业数量也低于同期开工数量（见图 4－2）。

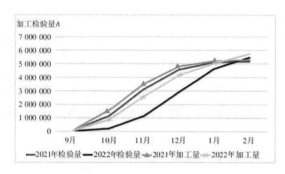

图 4－1　2021 年和 2022 年加工检验量对比

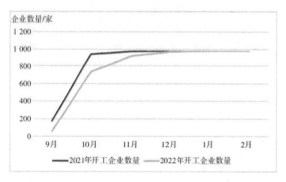

图 4－2　2021 年和 2022 年开工企业数量对比

由图 4－1 和图 4－2 可以看出，2022 年开工企业数量、加工量、检验量在 12 月之前都低于 2021 年的进度，而从 12 月新冠疫情实行"乙类乙管"放开流动性限制以来，开工企业数量、加工量、检验量逐步恢复正常。新疆地区总体加工企业数量与 2021 年持平。

黄河流域和长江流域的棉花加工产能主要集中在山东、河北、湖北地区，西北地区的甘肃，因 2022 年产量的增加，当地企业增加了部分产能。整体来看，黄河流域和长江流域的加工企业退出加工序列的程度愈演愈烈，棉花种植资源成为制约内地棉花产能的关键因素。

5. 质量分析

2022 年整体质量相比 2021 年有升有降。2022 年颜色级白棉以上所占比例比 2021 年略高；平均长度比 2021 年低 0.2 mm 左右；平均马克隆值级 A＋B 与 2021 年相比略高；平均断裂比强度比 2021 年高 0.15 cN/tex；平均长度整齐度比 2021 年低 0.27；轧工质量 P1＋P2 比 2021 年低 0.26％。综合来看，2022 年与 2021 年棉花质量基本持平[①]。

4.1.3 存在的问题

1. 棉花行业政策引导不平均不充分

棉花作为关系到国计民生的重要战略物资，在国民生产活动中占据一定的地位，国家在棉花种植政策上的倾斜，使棉花种植面积与产量集中在新疆地区，随着2021年12月23日美国将所谓"维吾尔强迫劳动预防法案"（以下简称"法案"）签署成法，该"法案"的实施对新疆棉花造成很大冲击，棉纺企业对新疆棉的采购呈下滑趋势，对内地棉的采购呈上升趋势。虽然从2021年开始政府逐步在内地宜棉地区采取相关政策鼓励种植，但由于补贴方案由各省、县制定，政策差异性、政策宣传不够明晰、资金补贴不够精准、土地拥有者拿到了补贴、实际种植者拿不到补贴，这些都影响了棉农种植的积极性。

建议对新疆地区的补贴政策予以一定的调整，对新疆地区产能过剩情况予以纠正，以提升棉花行业高质量发展为要求，从种植、加工、仓储、运输、纺织应用等多个维度引导产业升级，充分利用棉花大数据平台保证产量的合理性。

建议对黄河流域、长江流域等传统宜棉区统筹实施"专业仓储监管＋在库公正检验"政策，建立内地棉花信息平台，不仅有利于恢复传统植棉地区的植棉面积，也有利于全国棉花产地的均衡分布。

2. 加工能力过剩问题依然突出

随着棉花加工企业设备的更新换代，产能逐年增加。2022年棉花加工企业共计1067家，其产能达到近2000万吨。因为棉花是经济型农产品，季节性强，采收、交售期较为集中，在10月开始大量交售，在资源充足的情况下，棉花可在3～5个月全部加工结束，其余时间设备基本闲置，产能浪费严重。以全国产量所占比例最大的新疆地区为例，截至2023年2月实际入库公检量为537.59万吨，开工企业数量为969家1100余条线，单条生产线产量在4500吨，该产量不足全力开工的一半。反观黄河流域和长江流域，因为资源萎缩，虽然开工企业数量与往年基本保持一致，但其公检量同比下降20％，且超过1000吨的只有35家，相比2021年的48家减少27％，由此证明企业开工意愿强烈，资源不足导致产能浪费严重。

---

① 数据来源于中国纤维质量监测中心和 i 棉网。

建议新疆地区加强事中、事后监管力度，建立退出机制，以高质量发展为要求，对加工企业加大监管力度，提升棉花加工装备质量与产品质量，加快产业升级，从而解决产能过剩问题。

建议对内地宜棉地区加大补贴力度，恢复传统植棉地区的植棉面积，形成产地点多且分散的格局，提升我国棉花原材料的抗风险能力以应对西方对我国棉花产业的打击。

3. 棉花加工与检测设备国产化有待加强

棉花作为国家的基础民生物资，在国民生活中发挥着极其重要的作用。中国是世界第一大产棉国、用棉国、棉制品消费国。但由于我国棉花行业的发展起步晚，为了和国际接轨，加工、检验技术基本都是从国外借鉴过来的，造成了我国作为一个需求方，棉花检测设备与结算标准都是由国外控制着，对我国的棉花产业发展极为不利。尤其是在美国"法案"对中国的新疆棉进行制裁后，中国在国际贸易中不断受到掣肘。虽然这几年随着国产设备的逐渐成熟，不断蚕食了国外在中国的市场空间，但依然有关键检测设备未实现国产化，对我国的棉花数字安全、贸易安全造成潜在威胁，这应该引起相关管理部门的注意。

建议在梳理棉花关键环节的加工、检验仪器设备，对关键节点进行攻破，对于没有的产品予以鼓励开发，对于已经成熟的产品予以政策支持替换国外产品，保护中国棉花行业的安全。

4. 数字化应用的认可有待提高

棉花行业因其独特的条件，通过政策与资源整合最先实现了数字化。目前在棉花政策制定、贸易、流通、纺织中大面积应用了数字化。加工企业大数据应用旨在探索并实践在加工环节产业数字化、数字产业化，通过大数据治理落地实践，结合业务需求对采集的数据进行清洗、整合、挖掘，快速满足企业各类不同的数据使用场景，持续推动棉花加工企业运营"产供销服管"的标准化、规范化、精细化，帮助企业真正实现"人机料法环测"全价值链的质量管理。目前，充分利用物联网、云计算、大数据等新技术对棉花加工行业进行互联网改造并未完全实现，且管理人员对数字化应用的认识程度不同。以中华棉、利华为代表的集团企业逐步建立起自己线上大数据应用中心，大数据应用初显端倪，但在整体棉花加工行业的管理体系、业务层级上并未实现集"购、产、供、销、储"于一体的综合管理数字平台。这需要第三方提供足够的系统支撑与数据服务，建立棉花加工综合服务平台，通过数字赋能加速行业发展。同时，加工企业也要重视大数据增值功能的应用，在加工、交易、质量管理等环节充分发挥大数据的价值。

4.1.4　数字平台对高质量发展的促进作用

数字经济作为引领未来的新经济形态，既是经济提质增效的新变量，也是经济转型的新蓝海。与传统的经济对比，数字经济是信息技术革命的产业化和市场化，而数据则是数字经济的关键生产要素，驱动产业高质量发展，引领产业数字化转型。

2022 年，新疆地区棉花加工企业使用了新版的棉花加工综合服务平台，该平台围绕数字棉花、智能棉业的建设目标，通过统一身份认证体系和一体化服务整合全国棉花加工产业各环节业务系统和智能设备信息数字化，促进跨地区、跨企业、跨系统的数据共享和业务协同，加快了棉花产业各环节业务系统"用户通、系统通、数据通、业务通"。推动实现棉花产业各环节的互联互通和数据共享，打破"信息孤岛"，更好地满足企业数据的共享需求，强化了用户体验，以"开放、共享、共建、共赢"的建设宗旨，实现棉花加工产业链高效整合，赋能企业效率更高。

加工平台为实现棉花行业高质量发展，沿用了棉花质量追溯系统（QTS）对棉花进行品质溯源，并在此基础上进行了技术升级，通过技术升级将实际种植者、种植地块信息、交售信息、加工皮棉信息、检验结果等多环节信息流串联，实现了棉农到籽棉、籽棉到皮棉、皮棉到优质棉的精准追溯。棉花质量追溯系统（QTS）（见图 4—3）操作简单、易于实现，只需加强内部管理就可以实现。

图 4－3　棉花质量追溯系统（QTS）登录首页

参与补贴政策的棉农与加工企业交易时，刷取身份证绑定交售量并打印质量追溯卡，从而绑定棉农和籽棉的关系；在加工过程中扫描质量追溯卡，从而绑定籽棉和皮棉的关系；皮棉入库检验结束后，通过棉农—籽棉—皮棉—皮棉质量之间的对应关系，在棉花质量追溯系统（QTS）（见图4—4）查出符合补贴的优质棉属于哪个棉农种植。

图4—4　追溯卡与追溯平台

棉花加工综合服务平台集"系统构建部署、互联网企业数据中心、行业解决方案、全面运营赋能"于一体的全链条商业矩阵，夯实了棉花行业数字平台化的统一大市场，打通各环节商业数据"堵点"，优化棉花产业信息化结构。加快应用创新，全力服务实体经济和加工企业，并开始探索加工企业上行棉农籽棉收购及皮棉交易下行双向通道，实现产业要素集群效应，推动棉花行业高质量、可持续健康发展。

4.2　服务行业强化标准实施应用

为贯彻落实"十四五"时期推动高质量发展的国家标准体系建设规划、推进棉花产业高质量可持续发展标准化工作行动方案和总社标准化工作部署，全国棉花加工标准化技术委员会继续推行服务行业、服务企业、强化标准实施应用的工作方向，在2022年完成2项国家标准、2项行业标准和1项国家标准外文版的发布工作；完成1项国家标准和5项行业标准的立项工作；发挥标准规范引领作用，推动行业品牌建设；发起"强化品牌意识，促进行业高质量发展"倡议；贯彻落实"高质量可持续发展标准化工作行动方案"；参与行业急需的国家、团体标准制定、修订工作。

1. 完善棉花加工标准体系

加强行业急需标准的制定、修订工作力度，完成2项国家标准《棉花加工调湿通用技术要求》《集棉机》和2项行业标准《棉花加工企业服务能力评价规范》《梳棉胎加工技术要求》的发布工作。2项国家标准的发布将指导并促进棉花生产加工体系的技术升级、工艺改进、效能提升，有利于棉花加工企业建立完整的棉花调湿工艺系统，加强棉花绿色环保生产加工，有利于提升棉花加工质量，促进行业技术进步。2 项行业标准的发布对促进传统产业提档升级、提升产品质量水平、促进行业自律、打造品牌棉花、助推棉花产业高质量发展具有重要意义。

2. 剖析行业"痛点"并明确优化方向

完成《2021 年棉花加工行业产业发展报告》发布工作，报告全面阐述了棉花加工产业的最新科研成果，揭示了各环节技术发展"瓶颈"，对下一步技术研发和行业发展方向给出指引，推动棉花加工智能装备技术与产业发展，为中国棉花加工产业发展提供参考借鉴。

3. 加强棉花加工领域国家标准外文版工作

落实标准联通"一带一路"倡议，推动棉花包装材料在"一带一路"沿线国家的技术交流与标准体系对接，完成《棉花包装　聚酯捆扎带》国家标准外文版发布工作，该项国家标准英文版的提出与实施，有利于促进标准的国际交流，助力棉花加工标准国际化水平提升。

4. 持续优化标准体系

为贯彻落实国家标准化发展纲要中"加强标准复审和维护更新"和国家标准化管理委员会关于开展推荐性国家标准复审工作的通知（国标委发〔2022〕10 号）的有关要求，组织召开棉花加工标准体系推荐性国家标准复审工作会议，有序推进标准复审工作，提升标准质量和水平，推动棉花加工标准体系高质量、可持续健康发展。

5. 组织召开标准讨论会及专业技术研讨会

2022 年 7 月 21 日在山东省济南市组织召开《锯齿轧花机》《皮辊轧花机》2 项国家标准和《棉包码包机》《棉短绒加工技术要求》2 项行业标准讨论会。4 项标准的制定，有利于推动我国棉花加工产业转型升级、淘汰落后加工产能，提升棉花加工效率，降低加工成本和工人劳动强度。

2022 年 7 月 22 日，在山东省济南市组织召开 2022 年棉花智能打包新技术研讨会，分析讨论国外高密度智能打包机使用情况和我国棉机企业研发进展和应用前景，加强关键技术研究，提高棉花加工机械制造水平。采用高密度智能打包机生产加工，将有效提高加工效率，节能降耗，降低生产和物流成本，应加快推进适应行业发展的高密度智能打包机落地应用以及相关配套标准研制工作。

2022 年 8 月 9 日，以视频会议的形式组织召开《锯齿轧花机》《皮辊轧花机》2 项国家标准修订关键技术指标论证研讨会，针对标准关键技术指标进行研讨，认为标准应能科学把握各技术指标发展的差异性，对标准中的各项指标认真实施试验验证，对能够提高棉花轧工质量和节能降噪的成熟科研新成果，积极纳入标准，研制出引领行业高质量发展的"精品"标准。

2022年9月22日，在江苏南通组织召开《棉花包装材料加工企业售后服务评价规范》《棉花包装用纯棉布包装袋》《机采籽棉专用聚乙烯包装膜》《籽棉收购计算机网络系统》4项行业标准讨论会，有效衡量棉花包装材料加工企业售后服务水平和售后服务能力，树立中国棉花包装材料品牌，提升竞争力；有效降低因产品质量问题而出现的机采籽棉卷崩包和污染棉花的风险，提高籽棉的运输安全及便捷性；有效提高棉花收购、加工行业的信息化水平，促进棉花收购市场的和谐发展，实现棉花产业高质量发展。

2022年11月18日，以视频会议的形式召开了《毛棉籽》《棉花成包皮棉数据技术规范》2项行业标准讨论会，对棉副产品贸易和再加工有指导意义，能有效提高棉副产品再加工产品质量水平，提升棉副产品附加值；为成包皮棉数据在棉花产业链各环节的信息化系统建设与集成提供技术依据，为加强棉花产业链信息化系统建设的规范化管理，促进棉花产业基础数据安全有序流通，助力我国棉花产业高质量发展具有重要意义。

2022年12月6日，以视频会议的形式召开《棉花成包皮棉数据技术规范》行业标准讨论会，进一步深入研讨标准中技术指标及关键参数的科学性、符合性、适应性、有效性，为构建数字棉花标准体系中研制行业急需的"精品"标准奠定基础。

6. 加强诚信体系建设

为进一步提高棉花包装材料产品和服务的质量与影响力，推进棉花包装材料市场品牌培育和诚信体系建设，在行业内发起"强化品牌意识，促进行业高质量发展"倡议，推动全行业强化品牌意识，助推行业绿色健康、高质量可持续发展。

7. 贯彻落实"高质量可持续发展标准化工作行动方案"

为更好地贯彻落实国家市场监管总局推进棉花产业"高质量可持续发展标准化工作行动方案"，组织召开相关工作会议，传达"行动方案"的重点工作内容与分工情况，介绍前期工作情况，为下一步工作开展做好准备。

8. 建言献策助推行业高质量发展

参与中国棉花协会组织的《2021中国棉花产业发展白皮书》中有关"棉花加工部分"的撰写，为行业发展添砖加瓦。

参与制定中国棉花协会主导的《"中国棉花"可持续生产》和《"中国棉花"可持续

生产操作指南》2 项团体标准。2 项团体标准的发布标志着中国棉花向可持续发展迈出了坚实的一步，有助于引导棉花生产者采用可持续的生产经营方式，满足人们对高质量、可持续棉制品的需求，对提高"中国棉花"品牌在全产业链的知名度意义重大。

参与强制性国家标准 GB 1103《棉花　细绒棉》修订工作，以适应我国棉花产业发展需求为根本宗旨，以推动棉花产业可持续高质量发展为根本目标，坚持标准体系思维和全产业链思维，提出建设性建议和意见。

参与制定《生态原产地产品：新疆棉花技术要求及评价准则》团体标准。该标准的发布有助于挖掘和提升新疆棉花生态价值，培育和保护"新疆棉花"品牌，向消费者、企业、社会、政府、世界传递新疆棉花质量信任；有助于构建具有中国特色的生态产品认证体系，推动生态品认证、国际互认和多边互认；有助于推进我国棉花产业高质量、可持续健康发展。

参与 2022 年国家标准化管理委员会农业农村重点标准体系建设工作项目——我国棉花全产业链标准体系构建课题研究。该课题在对中国棉花标准体系现状的梳理、调研和需求分析的基础上，明确中国棉花全产业链标准体系存在的问题及不足，构建中国棉花全产业链标准体系框架和体系表，确定棉花亟须制定、修订标准的清单，持续完善棉花全产业链标准体系，更好地指导相关行业部门及棉花重点种植区域开展棉花全标准制定与实施。

9. 深入基层调研开展标准关键数据验证

针对新立项国家标准外文版《机采棉加工技术规范》《棉籽质量等级》和行业标准《机采籽棉专用聚乙烯包装膜》《棉花包装用纯棉布包装袋》的关键技术指标，全国棉花加工标准化技术委员会广泛收集国内外资料，组织专家赴新疆实地调研和验证，确保标准各项技术指标的科学性、适用性和可操作性。

10. 开展新标准宣贯推广活动

分别对 2022 年 7 月实施的《棉花加工调湿通用技术要求》《集棉机》2 项国家标准和 9 月实施的《棉花加工企业服务能力评价规范》《梳棉胎加工技术要求》2 项行业标准的编制背景、主要技术内容、标准实施意义等方面在行业内进行宣贯解读，为新标准顺利实施筑牢理论基础。

11. 组织标准化基础知识与棉花加工技术专题培训

针对棉花加工专业技术及标准化人才短缺的情况，组织"标准化基础知识与棉花加工技术"线上公益培训，来自科研院所、高等院校、棉机制造企业、棉花包装材料生产企业及棉花流通企业等专业技术和标准化工作人员近100人参加了培训。培训内容立足于行业需要，既具有较强的理论性，又兼顾到实际工作中的操作性，帮助专业技术人员更好地掌握标准化知识，提高标准化工作能力和标准立项及编写的质量水平。

12. 助推棉花产业国际话语权提升

2022年，国际标准化组织发布《ISO 8115—1：2022 棉包 第1部分：尺寸和密度》和《ISO 8115—3：2022 棉包 第3部分：包装和标记》2项国际标准，分别代替旧标准 ISO 8115：1986 和 ISO 8115—3：1995。标委会依据中国国情和行业现状提出修订建议，在国际标准层面发出自己的声音，经过反复努力论证与交流沟通，促成国际标准化组织（ISO）认可与采纳中国在标准中关键性技术指标的修订建议。表明了我国棉花加工标准化工作由国内驱动向国内国际相互促进转变，标准化更加有效推动国家综合竞争力提升，促进经济社会高质量发展，在构建新发展格局中发挥更大的作用。

4.3　棉花加工智能化生产绿色健康发展之路

2023年是我国全面贯彻落实党的二十大精神的开局之年，党的二十大报告提出"加快构建新发展格局，着力推动高质量发展"，棉花加工产业转型升级也驶入"快车道"，如何实现棉花加工智能化生产绿色健康发展是目前亟须突破的难题。天鹅棉业作为棉机行业的龙头企业，近年来坚定不移地围绕客户需求，聚焦棉花加工行业的"难点"和"痛点"，以"提质降本、健康环保、自动智能"为创新理念，以国家"十三五"时期重点研发计划重点专项项目为抓手，持续进行技术攻关，自主研制60包/时机采棉加工智能、绿色生产线（见图4—5），并在新疆库尔勒地区进行示范推广应用。

图 4-5　加工车间

4.3.1　棉花加工设备全程智能化控制

该条生产线从棉模自动开包喂花到生产线产量自动匹配,从设备运行状态的自动监测到设备自动联锁控制,从自动打包、捆扎到生产线的自动码包,全部实现自动化控制。整条棉花加工生产线大体分为喂花部分、籽清部分、轧花部分、皮清部分、打包部分、辅机部分等,所有部分通过中控室相互关联,控制中心是整条生产线的"大脑",承担着所有数据的收集、处理和指令分发工作。

智能化的实现需要各种检测设备和数据的支撑,从籽棉的喂入到棉包的码包到位,整个过程中多点安装光电开关进行全流程检测,保障加工系统顺畅运行;在多个位置安装摄像头,无死角全车间覆盖,保证设备外的实时观察、巡视。最先进的生产线装有在线检测系统,对各设备转动部分进行检测,如发现异常及时报警提醒,降低生产过程中的停机时间,提高设备使用寿命;装有籽棉、皮棉两种检测站,将检测到的实时数据进行分析,并根据数据分析情况,分发不同指令给各相关设备,对喂花机的喂花量,籽清机、轧花机、皮清机转速和间隙等主要设备的相关参数自动进行调整,以提升籽棉清理效果和皮棉的质量。当打包机出现故障发出信号后,轧花机全部开箱推出,喂花机停止喂花;当某单台设备出现故障信号时,控制中心会自行判断,相关设备停机并自动调整喂花机的喂花量,喂花机实现了全程智能、无人化自动喂花。

另外,通过对轧花机、籽清机、皮清机进行全面技术升级,使其更适应于当前新疆机采棉变化需求,在高效控杂、减少损伤、降低短纤棉结方面取得了显著成效。国产智能化加工技术,实现棉花加工过程中的"因花配车",提高棉花加工质量。

4.3.2　高效除尘系统

本条生产线创新设计内循环式除尘系统,抛弃原来的除尘设备和辅机设备都在车间外安装的固有模式,将所有的设备(除喂花机和码包机外)都安装在整个车间内,实现车间空气的内循环,冬季,室外温度 $-15\ ℃$ 时,车间内温度保持在 $10\ ℃$ 以上,极大地提高了工作舒适度。为了达到车间空气内循环的要求,对各设备进行密封设计,并采用高效、节能排放达标的新型自研除尘器(颗粒物排放浓度 $\leqslant 8$ mg/m³),过滤后的空气大部分排入车间内(见图 4—6);对烘干塔系统排出的通过除尘器的高温风进行单独收集,并通过管道输送到烘干加热设备(如电烘干),

从而降低设备加热时的能耗，降低车间的综合能耗。为了降低噪声，车间设备实行网格化分割管理，将籽清部分、轧花部分、辅机部分等分割，减少噪声的叠加。彻底解决棉花加工粉尘污染问题，无能耗增加，提高车间工人的工作环境舒适度和职业幸福感，促进棉花加工绿色、健康、可持续发展。

图 4－6　除尘车间

4.3.3　发挥标准化支撑和引领作用

2022年，根据国家标准化管理委员会下达的标准修订计划和全国棉花加工标准化技术委员会布置的任务，山东天鹅棉业机械股份有限公司作为标准的第一起草单位承担了《锯齿轧花机》等两项标准的起草工作（见图4－7）。

图 4－7　标准讨论会现场

锯齿轧花机作为棉花加工设备的主设备，在棉花加工工艺中占据有十分重要的地位。天鹅棉业机械股份有限公司接到任务后第一时间成立了标准起草小组，组织人员研究讨论，收集国内外先进资料并制定切实可行的技术路线，制订关键技术指标的调研方案，对标准中的部分关键技术指标和参数实施试验验证。通过对锯齿轧花机进行零部件质量检验、整机装配质量检验、现场负载试验，以及用户现场使用情况，获得数据对锯齿轧花机的主要性能指标进行了验证（见图 4—8）。

图 4 - 8　现场调研

对南疆北疆十几个棉花加工厂采取了问卷调查形式进行调研，获得包括籽棉含杂率、轧花机锯片片数、片时产量、是否有籽棉清理及开松装置、是否有密封措施及除尘装置、智能轧花机是否具有自动控制喂花量、自动调节工作点、压力角、锯片伸出量等工作参数的功能等相关数据，为标准相关条款及技术参数的确定提供了参考依据。

1. 提高设备产能

为适应新疆规模化、机械化发展趋势，轧花设备向大型化智能化发展，以 5 台型智能化 MYZ215 轧花机生产线为代表的 60 包/时大型轧花生产线得到推广并取得良好效果。2022 年南疆北疆 6 台型 MY171 轧花机 60 包/时生产线日加工皮棉达到 200 吨，单机平均产量 1500 千克/时以上，加工皮棉质量良好。

轧花机产量高，棉花加工企业加工能力提高，能耗减少，所需场地人员都相应减少，同时可以促使生产制造厂家技术进步，为用户带来经济效益，改善市场上设备良莠不齐造成社会资源浪费的现象。

2. 提高自动化、智能化水平

通过对喂花量、锯轴电流、中间助转器速度反馈信息进行分析实现对棉卷密度的自动调控，使轧花机始终处于最佳状态运行，有利于在提高轧花机产量的同时保证皮棉质量，减少对棉纤维的损伤。通过自动调整轧花机关键参数实现单机的自动控制，推动整条工艺生产线实现智能控制，提高皮棉产量和质量，减少能耗。利用智能技术解决产量和质量的矛盾，解放劳动力，引导技术创新向智能化、自动化方向发展。

3. 完善检验方法，提高设备稳定性

设备的可靠性、稳定性是高产高质的前提。控制零部件质量，提升关键零部件锯片、肋条的生产制作及安装精度，提升整机装配质量精度，推动工艺制作水平进步，提高棉花加工制造水平。制定切实可行的检验规则与方法，保证达到性能要求。

4. 防尘降噪，改善工作环境

噪声大影响工作效率和工人身体健康，设备噪声主要由机械设备运转时存在不平衡、运动部位发生振动造成的，振动源也是噪声源。零部件精度提升，机器的稳定性提高，设备空载噪声基本满足低于85dB要求。增加设备密封装置、减少飞尘、降低粉尘危害，符合国家环保要求，改善车间工作环境。

4.4 棉花调湿技术与成套装备发展现状及存在的问题

棉花调湿技术与成套装备是籽棉预处理效率与质量的重要保障，是棉花加工质量调控的重要手段。2022年，受棉花种植土地租赁与生产物资成本高涨、棉花期货价格波动大、新冠疫情管控等多重因素叠加影响，给棉花加工行业带来较大冲击与影响，尤其是棉花调湿，技术与装备需求发生了较大的变化，势必对今后棉花调湿技术与成套装备的发展带来影响。

4.4.1 政策项目引领，推动棉花科技快速发展

1. 政策引导上下联动，助推棉花加工质量提升

2022年，为确保棉花产业高质量可持续发展，农业农村部、新疆维吾尔自治区先后发布政策，引导、助推棉花产业持续稳定发展。农业农村部发布《关于落实党中央 国务院2022年全面推进乡村振兴重点工作部署的实施意见》，明确"完善棉花目标价格补贴政策，稳定新疆棉花生产"，确保我国棉花主产区——新疆棉区棉花种植生产有序组织开展。新疆维吾尔自治区政府先后发布《新疆维吾尔自治区乡村振兴促进条例》《关于印发2022年自治区国民经济和社会发展计划及主要指标的通知》《新疆维吾尔自治区现代物流业发展"十四五"规划》《关于做好2022年度新疆金融支持全面推进乡村振兴重点工作的通知》《自治区棉花加工企业诚信经营评价管理办法》等5项支持棉花产业发展的政策，从种子繁殖、种植、加工与流通等棉花全产业链各环节均给予了政策支持，着力构建棉花全产业链信息流通平

台、推动设立国家级棉花棉纱交易中心、建立以市场为导向的现代棉花加工流通体制，确保新疆棉花产业高质量发展。

随着国家及新疆维吾尔自治区政府政策对新疆棉区棉花产业高质量发展的政策支持，必将推动棉花加工质量的稳步提升，这对棉花调湿技术与装备研发提供了良好的政策保障。

2. 加大棉花产业科技研发投入，助推棉花技术水平快速提升

2022 年，新疆维吾尔自治区在加大政策支持的同时，为了进一步加快新疆棉花产业可持续、高质量发展，新疆维吾尔自治区科技厅和新疆生产建设兵团科技局瞄准新疆棉花加工关键核心问题，以棉花智能加工关键技术为突破口，设置针对性的重点研发专项和重大科技专项研发任务，加大对于棉花产业科研经费投入（见表 4-3、表 4-4）。项目的逐步开展落实，必将推动棉花全产业链技术的整体提升。

表 4-3　2021/2022 年度新疆维吾尔自治区棉花产业相关科研项目

序号	项目名称	申报单位	项目类型
1	棉花智能加工关键技术及装备研发	奎屯银力棉油机械有限公司	2022 年自治区重大科技专项
2	棉花加工质量提升及装备智能化关键技术研发	新疆利华（集团）股份有限公司	

表 4-4　2021/2022 年度新疆生产建设兵团棉花产业相关科研项目

序号	项目名称	申报单位	项目类型
1	南疆机采棉品质提升关键技术优化与集成示范	新疆农垦科学院	2022 年兵团科技攻关项目

棉花调湿技术与装备是保障棉花加工质量的重要手段，由于棉花加工质量提升与棉花智能加工关键技术突破均离不开棉花智能调湿技术，因此，随着项目的稳步推进，棉花调湿技术与装备必将取得较大的提升。

4.4.2　棉花调湿技术应用发展现状

1. 新冠疫情影响严重，棉花调湿技术改造与应用面临挑战

2022 年 7 月底，新疆棉区新冠疫情呈多点散发、局部暴发的情况，全疆处于疫情管控状态，给棉花加工带来极大的影响，尤其是棉花调湿技术改造与应用影响最明显。

由于棉花加工季节性强，棉花调湿技术改造一般集中在 7—9 月，受新冠疫情管控，棉花调湿技术改造人员流动、设备与配件运输供给等基本处于停滞状态，因为原有的棉花调湿技术改造计划无法正常落实。另外，棉花调湿技术应用一般集中在 10—12 月，北疆棉区以棉花干燥需求为主，且加工周期内环境温度不算太低，环境湿度不算太高，棉花干燥强度不高；而南疆棉区以棉花加湿需求为主，环境温度高、湿度低，棉花加湿强度大。然而，由于 2022 年度棉花加工基本在 11 月初陆续开始，北疆棉区受雨雪因素影响增强，环境温度低、湿度大，棉花干燥强度陡然增加，对于棉花干燥的需求与干燥强度要求增加；而南疆棉区环境温度降低、湿度增大，棉花加湿需求降低，干燥需求逐渐增大。为了保障棉花加工质量，棉花干燥设备改造在一定程度上加大。

2. 电热风炉技术改造占据主导地位

受环保政策因素影响，棉花调湿清洁热源改造仍然是棉花加工技术改造的重要内容之一。电热风炉与生物质热风炉、天燃气热风炉相比，以其改造方便、受外界影响因素小等优势，在棉花调湿清洁热源改造中占据主导地位。

新疆棉区是我国棉花生产、加工主产区，棉花产量占全国棉花产量的 90% 左右，新疆棉花调湿清洁热源改造基本上代表了我国棉花加工调湿热源的整体趋势。截至 2022 年，新疆地方棉花加工企业基本完成了棉花调湿热源的技术改造工作，新疆生产建设兵团棉花加工企业受团场综合配套改革团场所有权归属变更等因素影响，棉花加工调湿热源技术改造相对缓慢，预计将在 2023 年基本完成改造任务。

3. 棉花加湿技术与工艺创新不足

由于受近几年棉花加工行业持续低迷、棉花加工产能过剩等因素影响，棉花加工整体性技术改造、工艺优化需求不足，仅有的技术改造也只是在原有工艺基础上实现，因此，目前在用的棉花加湿技术与工艺仍是基于大风量、伴随式棉花加工工艺前提上研发的，棉花加湿工艺复杂，对现有棉花加工生产线改造内容多、改造成本大。采用开环控制方式的高温、高湿的湿热气体伴随式加湿模式，湿热气体利用效率低、热量损耗高，加湿能源需求量大，棉花加湿过程信息检测调控精准程度低，难以满足行业发展客观需要。

为此，棉花加工企业进行棉花加湿技术改造需求动能不足，再叠加 2021 年度受棉花交售不扣水杂收购模式改变因素影响，籽棉采收环节棉花回潮率把控不严，交售籽棉回潮率相对较高，棉花加湿需求进一步降低，致使棉花加湿技术创新动能不足、科技研发投入降低，棉花加湿技术水平提升缓慢。

4.4.3 棉花调湿技术与装备存在的问题

受棉花调湿清洁能源改造的需要，目前我国棉花加工调湿热源改造基本上是在原有棉花调湿工艺基础上，通过棉花调湿燃煤热风炉热量等量转换的方式实现棉花调湿热源的改造。但是，通过近几个棉花年度的应用，棉花调湿成本大幅提升成为限制棉花加工可持续发展的重要因素之一。

随着棉花调湿清洁热源改造的逐步完成，基本达到了棉花调湿清洁环保的技术改造目的，通过近几个棉花年度的应用，棉花干燥成本相较于燃煤热风炉呈大幅增加的趋势。与燃煤热风炉皮棉干燥费用 30 元/吨相比，天然气热风炉皮棉干燥费用在 60 元/吨左右，而电热风炉更高，基本在 70～80 元/吨。干燥成本的大幅提升，增大了棉花加工企业的经营成本，挤压了棉花加工经济效益空间。

分析棉花干燥成本增加的原因，主要有以下几个方面：一是棉花调湿天然气、电等清洁能源自身的开采、生产、运输费用相较于煤的综合成本高；二是棉花调湿热源精准调控技术不高，棉花调湿热源调控大多采用开环式调控方式，温度调控精度不高，目前只有中华全国供销合作总社郑州棉麻工程技术设计研究所研发的棉花调湿热源，采用智能控制方法，实现了热风温度的精准调控；三是棉花调湿热源控制参数选取不恰当，棉花加工调湿主要依据不同环节棉花回潮率的实际需要进行调控，只有实现棉花回潮率的在线检测与精准调控，才能满足棉花加工生产线的实际需要，目前棉花调湿仅停留在热源热风温度的精准调控，很难满足棉花加工调湿的客观需要。

4.4.4 棉花调湿技术与装备发展趋势

棉花调湿技术与装备的提升是一个系统工程，应从棉花调湿工艺优化、棉花回潮率与含杂在线精准检测、棉花回潮率精准调控等各个环节统筹考虑，整体提升棉花调湿技术与装备。

1. 棉花回潮率与含杂在线精准检测技术

由于不同棉花加工工艺环节棉花回潮率的要求是不同的，不同回潮率条件下棉花清理设备的清杂效率是不同的，因此，棉花加工工艺不同环节棉花回潮率与含杂的精准检测是有效保障棉花调湿效率与质量的技术基础。目前，受大风量棉花输棉管道棉花取样的一致性、棉花取样运动控制的稳定性、棉花含杂机器视觉检测的精准性等因素的影响，棉花回潮率与含杂在线检测的精准程度难以满足实际棉花回潮率调控需要，棉花回潮率与含杂在线精准检测技术的研究与装置的研制是推动棉花调湿技术与装备发展的关键问题。

2. 棉花回潮率精准调控技术

棉花调湿技术的核心是通过改变棉花调湿用热风温度或者湿热气体温湿度，实现棉花不同工艺环节回潮率的调控，确保棉花清杂效率与加工质量。然而，目前的棉花干燥或者加湿方式往往过多地关注加工后棉花含杂率，出现棉花过度干燥和棉花加湿效果不明显的现象。为此，棉花调湿技术应立足于棉花加工工艺回潮率的实际需要，基于棉花回潮率与含杂在线精准检测技术与装置，开展棉花回潮率精准调控技术，建立棉花不同工艺环节棉花多指标品质评价标准，实现棉花调湿技术可检测、可调控、可评价的目标，推动棉花调湿技术快速发展。

3. 开展棉花调湿工艺技术研究

优化棉花调湿工艺新疆棉区是我国棉花种植、加工的主要棉区，由于新疆棉区幅员辽阔，南北疆棉区气候、种植模式、加工工艺存在较大差异，因此，开展棉花调湿技术研究应有效区别南北疆棉区不同加工现状，开展针对性的、多样化的棉花调湿工艺与装备研发。我国南疆棉区加工期间气候干燥、待加工籽棉回潮率偏低，棉花加湿大于干燥需求且所需加湿时间相对较长，重点开展以棉花加湿为主、棉花干燥为辅的棉花调湿工艺技术研究，并注重棉花加工环境温湿度调控，系统性解决南疆棉区棉花调湿技术难题；北疆棉区加工期间雨雪期长、待加工籽棉回潮率偏高，棉花干燥大于加湿需求且所需加湿时间相对较短，重点开展以棉花干燥为主、棉花加湿为辅的棉花调湿工艺技术研究，以此系统性解决我国新疆棉区棉花调湿技术难题，优化棉花调湿工艺与调湿系统与装备。

4.5 机采棉品质快速检测及质量追溯系统应用情况

4.5.1 背景意义

棉花作为一种战略物资，关系到我国的国计民生，也是新疆和兵团的支柱产业，直接影响我国脱贫攻坚成果和新疆社会的稳定。新疆 2022 年棉花产量达 539.1 万吨，占全国棉花产量的 90.2%，但在棉花品质和一致性上与世界高品质棉花相比还有一定的差距，这就促使兵团棉花产业要不断提高棉花质量，进一步满足我国纺织工业对高品质棉花的需求，以品质优势引领棉花产业高质量发展。同时，棉花产后的全过程监督管理工作和信息追溯的技术手段不完善，存在关键技术装备缺失的情况，造成棉花产后环节的日常监管工作面临困境，难以实现实时的在线监管和预警，影响精准施策。

为充分发挥政策对棉花质量提升的导向作用，更好地服务新疆棉花产业发展，进一步推进新疆棉花目标价格补贴与质量挂钩工作，石河子大学张若宇教授团队与郑州棉麻工程技术设计研究所、北京智棉科技有限公司、山东天鹅棉业机械有限公司等棉花加工行业的优势技术力量联合开展技术攻关，共同研发了棉花质量追溯系统，并继续在棉花品质检测与质量追溯有关技术领域进行优化设计和创新应用。

棉花质量追溯系统通过研发棉花生产加工技术装备和搭建平台，从采收、预约交售、收购检验、开模喂花、加工成包等环节实现了棉花信息的实时监测，为皮棉—籽棉—农户"一码追溯"与棉花质量补贴政策落地实施提供了技术保障，对推动棉花生产加工全程监管和棉花产业的优质发展极具意义。

4.5.2　技术方案

棉花质量追溯系统通过收集农户信息（地块位置信息、农户身份信息等）和加工企业信息，并将其上传到棉花高质量生产流通监管平台，打通了采棉机采收、预约交售、开模加工、皮棉条码等环节之间的数据联系通道，实现了棉花质量信息"一码追溯"与生产加工全程信息监管，主要环节操作流程如图 4-9 所示。

图 4-9　棉花产后质量追溯主要环节

1. 棉花采收环节

棉花车载作业质量监管系统是集北斗定位、物联网、数据编码和机器学习等技术手段于一体的车载棉花采收作业环节信息实时监测系统。基于数字编码技术，设计了融合棉农、地块、地理坐标、籽棉水杂等信息的棉模标识码数据格式追溯二维码，制膜企业在生产棉花打包膜时需要预贴追溯二维码和RFID标签，为保证每个码的独立性和唯一性，使用了标准化的编码规则和特殊的防伪校验码编制；基于接触式电阻检测、视觉检测技术等，研制了车载式籽棉水杂快速检测装备；基于速度传感器、光电感应传感器和定位传感器等技术实时检测采棉机作业的速度、定位、采收时间、现场作业环境等参数。在采收过程中，通过RFID技术及快速扫码技术实时采集每个棉包对应的主要数据，如位置坐标、采收时间、含杂率、回潮率、采收现场图片等，并上传至监管平台，实现机采棉采收作业实时监测与管控（见图4—10）。

图4—10 采棉机车载系统

2. 预约交售环节

基于互联网和云计算等技术，开发了籽棉预约交售系统，主要包括农户预约交售App终端、加工厂预约交售App终端及云端服务器等。农户可以自主选择棉花加工厂，通过手机扫棉包二维码完成预约交售，由加工厂通过监管平台的预约信息派车运输农户棉包，现场扫码核对后运输至加工厂（见图4—11）。

图4—11 预约交售

3. 棉花收购检验环节

棉花收购及品质快速检测系统突破了籽棉收购环节"一试五定"的快速检测技术，提出"大杂清理＋机器视觉"的杂质检测思路，利用局部自适应阈值方法实现对细小杂质的精确分割；提出使用分段电阻测值技术实现回潮率精准测量；提出"视觉光学＋机器学习"的长度检测策略，利用高质量棉束图片中灰度值变化及光透过棉束时的吸收、散射等光学原理，探究光学相对密度曲线，进而实现纤维长度的快速检测（见图 4－12）。集成研发了收购环节棉花品质快速检测设备，实现了棉花回潮率、含杂率、长度、毛衣分和马克隆值等参数指标的快速检测（见图 4－13）；采用 C/S 架构开发了包含一卡通和二维码检验的籽棉收购信息管理系统（见图 4－14）。目前，单个样本所有指标的检测时间从传统的 20 ～30 分钟压缩到 5 分钟以内，实现收购环节棉花品质快速检测和公平交易（见图 4－15）。

图 4－12　含杂率视觉成像检测

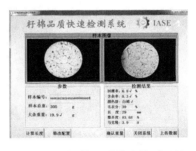

图 4－13　籽棉品质快速检测系统

图 4－14　籽棉收购信息管理系统

图 4－15　收购检验

棉农和加工厂根据抽样检验的结果确定好价，加工厂根据完成交易籽棉的检验品质和追溯主体的不同进行分类堆垛。

4. 开模扫码环节

开模扫码是实现皮棉与籽棉准确对应的基础，通过建立棉模籽棉与成包皮棉映射关系模型，基于数字图像处理与模式识别方法以及复杂非规则场景下棉模标识码精准定位与快速识别技术，研制了棉模快速识别技术装备；采用伺服控制技术，研发了集自动开模、包膜回收、输送喂料于一体的自动化装备。自动开模扫码装置的研发，可实现此处籽棉包按顺序完成开包、扫码、喂花，追溯码和开包监控画面实时上传至棉花高质量生产流通监管平台，保证皮棉包和籽棉包在后续加工中能准确对应（见图4—16）。

图 4-16　开模扫码

5. 皮棉追溯码生成

通过标准的编码规则，皮棉追溯码生成装置可自动生成质量追溯码，实现皮棉和籽棉精准对应；皮棉追溯码系统与交售信息进行绑定；条码机系统根据皮棉与籽棉的对应关系，按照规则自动生成相应的追溯码。后续的公检、流通、纺织等生产过程都将与该追溯码衔接（见图4—17）。

图 4-17　皮棉追溯码生成

6. 棉花高质量生产流通监管平台

基于数字装备支持的棉花高质量生产流通监管平台包含采棉机车载监测系统、棉花预约交售系统、籽棉品质检测与数字化收购系统、棉模自动识别与开模装备和棉花质量追溯码信息采集与生成系统（见图 4—18）。

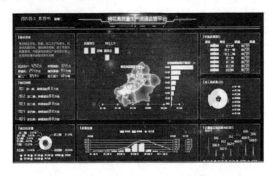

图 4 - 18　棉花高质量生产流通监管平台

7. 实现棉花质量追溯系统与目标价格政策信息平台无缝对接

无缝对接棉花质量追溯系统与目标价格补贴平台，为棉花质量价格补贴和自治区、兵团奖补政策提供了有效的数据支撑和客观依据，有力地推动了棉花生产产业链的精准监管和新疆棉花产业的高质量发展（见图 4—19）。

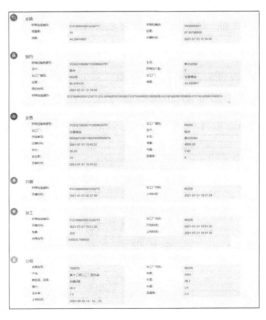

图 4 - 19　棉花质量追溯系统与目标价格政策信息平台对接

4.5.3 技术优化与研究升级

1. MJACD—SIGHT01 棉纤维长度视觉检测仪

针对现有棉纤维长度检测设备价格昂贵、使用条件苛刻、难以广泛应用于棉花收购加工环节等问题，创新性地提出用机器视觉的方法检测棉纤维长度，有效地解决了光强型光电检测系统单通道测量棉纤维长度长期工作的不稳定性和不能重复性问题；在取样不理想的情况下，不受光通量小范围波动的影响，提高了检测效率，实现了自动快速检测棉纤维长度、检测长度，检测结果重复性高、稳定性强（见图4—20）。

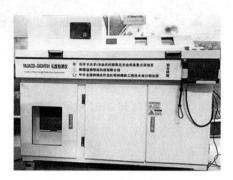

图4-20 MJACD—SIGHT01 棉纤维长度视觉检测仪

2. MJASZ 棉花色泽测试仪

针对现有棉花色泽检测设备适用性不强，难以广泛应用于棉花收购加工环节的问题，采用基于 CIELAB 体系的颜色检测技术，建立 Nickerson—Hunter 反射率（Rd）和黄色深度（＋b）色泽检测模型，实现棉花色泽的快速检测（见图4—21）。

图4-21 MJASZ 棉花色泽测试仪

4.5.4　应用情况

为继续贯彻落实 2022 年度兵团棉花质量追溯试点实施方案，系统研发团队在
2021 年 9 家棉花加工企业现场应用的基础上，又新增加了 9 家建设兵团与自治区应
用示范棉花加工企业，使棉花质量追溯系统相关技术成果累计在 18 家棉花加工企业
应用，应用范围覆盖兵团第八师、第十二师与精河等地，累计收购棉花约 59 万吨。

通过现场应用棉花质量追溯系统，有效解决了棉花采收到加工各环节的数据障
碍，完成了棉花采收监测、品质快速检验与数字化收购、自动开模喂花、皮棉成包
与条码生成、棉花公证检验等环节信息的自动采集与融合，实现了农户—籽棉—皮
棉"一码追溯"技术落地和小批量推广，促进了棉花质量信息追溯和监管。整个棉
花质量追溯系统操作简易、自动化程度高，受人为因素影响低，检测结果客观公正
透明，其次通过棉花价格质量补贴，优质优价、优棉优补提升了植棉户的质量意
识，有效地促进了棉花产业提质增效与高质量发展（见图 4—22）。

图 4－22　现场应用情况

4.5.5　下一步工作

2023 年，研发团队将继续开展棉花品质检测与质量追溯相关技术攻关，在现
有系统基础上瞄准行业技术难点、痛点，以产业应用需求为导向，结合数字化与人
工智能技术，持续开展棉花质量追溯系统优化设计，凭借先进的技术成果继续助力
新疆棉花产业的高质量发展。

4.6 棉花打包设备数字技术

数字技术是一项与电子计算机相伴相生的科学技术，是指借助一定的设备将各种信息，包括图、文、声、像等，转化为电子计算机能识别的二进制数字"0"和"1"后进行运算、加工、存储、传送、传播、还原的技术。目前，南通棉花机械有限公司的品牌产品已将数字技术陆续运用在打包机上，大大提高了打包机的品质和其自动化程度。

4.6.1 棉花打包机数字技术的运用

1. 棉花打包机智能调速

根据打包机前道设备的皮棉实时流量，改变打包机的工作速度，以达到节能的目的，也减少液压系统的发热。

当打包机进入的物料量接近规定重量时，加快预压、送棉循环的频率，以达到包重计量更精准的目的。

当打包机几个主要运动机构工作速度或者工作参数改变时，智能调整其起步与停止时的缓冲时间，以达到打包机在任何状态下均能运动平稳、液压冲击小的目的。

2. 打包机主机的结构与功能

打包机的主要工作机构是预压送棉机构和主压机构。预压送棉机构的功能是通过往复循环动作将皮棉喂入打包机料箱（棉箱）内并进行预压缩，主压机构功能是将皮棉压缩成包。

预压和主压机构的动力来自液压系统的电机泵组，动作由液压系统的液压阀控制，电机泵组和液压阀又受控于 PLC 电气系统。

3. 打包机需要调速的机构或单元

根据打包机智能调速的目的，能够实时地改变和调整打包机预压和送棉机构动作的频率与速度；能够改变和调整打包机主压机构的工作速度与节奏；可以改变和调整打包机液压缸（主要是预压油缸）起步、停止时的节奏。

由于上述需要调速、调整的机构均是液压机构，因此打包机的液压动力单元必须是可调速的。

4. 打包机的调速方案

调速信号：根据打包机智能调速的目的和要求，用来控制和改变打包机工作节奏和速度的信号是检测皮棉产量（实时流量）信号、液压系统的压力信号（模拟量信号）。

　　检测皮棉产量（实时流量）信号的途径与方法：一是取"集棉尘笼两个出棉罗拉辊的间距"信号。皮棉从两个罗拉辊之间流出，由于其中一个罗拉辊是浮动的，两个罗拉辊的间距随着皮棉的流量而变化，因此，采用位移传感器采集罗拉辊间距信号（采集浮动罗拉辊的弹簧压杆对固定点的间距变化）来作为皮棉实时流量信号。二是取"轧花机主电机（锯片主轴电机）电流"信号。轧花机锯片主轴电机电流与棉花产量正相关，对棉花加工线上的轧花机的电流进行处理和整合来作为皮棉实时流量信号。三是取"轧花机喂花辊电机转速"信号。轧花机喂花辊电机由变频器来控制转速，其转速即代表籽棉进入轧花机的实时流量，由于皮棉的产出量与籽棉喂入轧花机量的比例基本恒定，因此，对棉花加工线上的轧花机喂花辊电机转速进行处理和整合也可以作为皮棉实时流量信号。四是液压系统的压力信号（模拟量信号）采用压力变送器获取。变速液压电机泵组方案：变频器、永磁同步电机、常规液压泵转速范围有限制。

　　打包机的调速方案：打包机采集皮棉产量信号和自身工作参数信号（预压系统的压力信号），对信号整合、处理、逻辑运算；打包机根据这些信号的变化调整与改变永磁同步电机泵组的转速；调整与改变比例阀信号的数值；调整与改变液压缸起步、停止时的液压控制阀的工作节奏。

　　5. 结论

　　打包机智能调速的技术方案或技术路线是简捷的，通过数字技术处理棉花产量的信号；对获得的信号与棉花实际产量相关性的验证；对调速电机泵组控制程序的编制等。

　　智能调速打包机的节电效果相比非调速打包机，智能调速打包机打一个棉包耗电减少20％以上；采用了既经济又适合打包机工况和棉花加工线工况的智能调速技术；打包机动态性能好、液压油发热少、故障率低（见图4－23）。

图4－23　MDY400 智能调速打包机

4.6.2 远程信号传输与远程控制数字技术在棉花打包机上的实际应用

2022年，在棉花打包机上实现了打包机的工作参数（电流、压力等）、工作参数峰值、工作状态、状态时间的实时传输（见图4—24和图4—25）。

 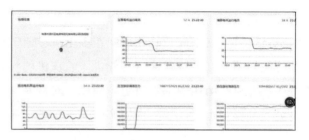

图4-24　信号传输装置　　　　　图4-25　接收的打包机的电流与压力信号

通过数据分析与处理，实现了下列功能：远程监控、掌握打包机的工作状态、工作效率、连续无故障工作时间；发现打包机工作过程中的异常信号或参数数值，向打包机操作人员发出提示信息；当打包机发生故障时，根据参数信号生成故障代码，向打包机操作人员发送，帮助迅速排除打包机故障；根据打包机的工作参数，生成打包机维护信息代码向打包机操作人员发送，提示对打包机进行及时的、必要的维护和检修。

24小时内打包机正常自动工作的开始到结束的时间记录。在自动状态下，主压和预压电机均开启，从预压上行开始计时；打包机主压电机或预压电机停止，切换到手动状态，预压/送棉交替循环动作停止，在主压下行或脱箱上行则到脱箱下行结束。每天对6个月内打包机正常自动工作的时间累加（以小时为单位），6个月后数据自动保存到后台。

24小时内所打棉包数量，以"包重计量信号＋转箱信号＋出包信号"来记录。

可以实时监控打包机的运行状态。读取打包机硬件以及程序内部继电器逻辑状态，在本部大型显示器显示动作流程，读取实时电机电流以及压力参数。

每打一包，记录10个压力点最大数值和3个电流变送器的最大数值，生成100天的数据记录表。目前最快约90秒生成一组数据，每组数据2小时备份1次。

每打一包，记录打包机各个流程的运行时间生成60天的数据记录表。

每打一包，记录棉包回潮率和重量数值，生成 6 个月的数据记录表。

可以远程下载 PLC 程序和触摸屏程序，同时监控用户自行修改程序的情况。

在地图上显示每台打包机的位置，打包机 24 小时内有打包记录，显示绿色光点；24 小时内无打包记录，显示红色光点。点击光点，显示打包机所在工厂名称、地理位置、联系人号码，可以查看数据记录和每天打包机工作效率、停机时间累计、停机次数、正常工作时间等数据图表，也可以对打包机实时监控，读取电流与压力数据。

用户自行修改打包机程序时，向公司本部发送警告信息。

通过手机 App 向用户发送每天打包数量；当检测到电机电流、压力数据、打包机工作流程时间、回潮率、棉包重量不正常时，向用户发送警示信息，故障类型、处理方法提示；当打包机运行工作一段时间后，向用户发送维护保养提示信息；向用户发送应该可能需要的配件建议与停机警告信息。

数字技术运用在打包机上，使打包机智能化、信息化、数据的安全性都得到很大的提升。

4.6.3　棉花打包机配套设备数字技术未来发展趋势

与棉花打包机配套、匹配的设备或仪器有在线测水仪器、棉包捆扎机、条码机、电子秤、刷唛（喷码）机等，条码机与电子秤均可采用数字信息化互联，未来打包机的数字技术发展还有很大的提升空间。

4.6.4　棉花打包机运用数字技术的社会意义及经济意义

通过棉花打包机数字技术的运用，大大缩短了棉包运输、棉包交易的周期，减少了库房储存周期，提高了各环节的效率，降低了人工成本，经济效益和社会效益非常明显。

4.7　棉包包装自动刷唛技术产业发展报告

4.7.1　产业发展概况

1. 技术发展

随着科技的进步，棉包包装自动刷唛技术发展迅速，目前市场上出现了多款棉包自动刷唛设备。此类设备种类多样，性能参数也在不断提高，大幅提升可靠性、稳定性和易操作性，为棉包包装自动刷唛产业提供了强有力的技术支持。棉花加工企业也普遍使用自动刷唛设备进行棉包刷唛作业，彻底解决了棉包刷唛只能依赖人工的难题。目前，自动刷唛设备已成为现代棉花加工行业的关键性设备，不仅能有效降低企业劳动成本、减少安全风险，还对推动棉花加工行业设备自动化、信息化发展具有重要意义。

2. 形象提升

伴随棉包自动刷唛设备的广泛使用，棉花包装迎来了崭新的发展局面。一方面有力保障了刷唛过程中棉包信息的准确性、完整性，杜绝了人为误操作导致返工的问题；另一方面棉包包装形象有了大幅度提升，版面整洁度、长度整齐度得到了有效统一，企业能够以更好的形象推广品牌，在提升中国棉花包装在国际上整体形象的同时，也向世界展示了我国棉包包装刷唛自动化水平。

3. 市场前景

我国从事棉包包装刷唛技术研究、设备生产的企业主要有 2 家，经过双方各自多年在相关方面的研究和技术创新，棉包刷唛自动化技术得到了迅速发展，刷唛市场也呈现出蓬勃发展的迹象。与此同时，棉花加工企业也从中感受到了技术发展带来的便利。当前棉花包装刷唛市场趋于饱和，设备服务、以租代买等新的推广模式不断涌现，让棉花加工企业拥有了更多的选择空间，从中享受到更便捷、更优质的服务，对加速推动包装刷唛市场的健康持续发展提供了新的动力。随着棉包包装自动刷唛产业的发展，棉包包装自动刷唛机的技术水平将会进一步提升，加工效率也会大大提高，同时也将有更多的新技术、新工艺及新产品涌现。

4.7.2 产业发展趋势

1. 技术更新

随着技术的不断发展，棉包包装自动刷唛技术也将不断创新，为企业提供更加安全、更加高效的包装体验以及更好的数据服务。目前，相关企业正在开发更先进的棉包包装自动刷唛技术，以满足企业对安全、高效包装的需求，如刷唛图案更加丰富、刷唛速度更快、刷唛效果更佳和远程巡检服务等。

2. 市场拓展

目前，棉包包装自动刷唛技术已经在棉花加工行业广泛应用，而且它在市场上的拓展空间巨大。随着技术的发展，未来自动喷印技术将会被应用到更多行业领域，如服装、电子、室内装饰等，以满足不同行业的需求，为更多企业提供安全、高效的包装体验。

4.7.3　存在的问题

近年来，棉包包装刷唛技术产业得到了飞速发展，但也存在一些不容忽视的困难和问题，主要表现在以下几个方面。

1. 企业设备管理不规范

棉包自动刷唛技术较为复杂，很多加工企业对棉包自动刷唛机的操作和维护不规范，导致设备出现故障，影响产品质量。受环境、工况等复杂环境影响，设备难免出现故障，企业对其维护重视程度不够，未能安排专人学习掌握设备维护技术，完全依赖设备商进行维护，影响棉花加工生产进度。

2. 设备耗材更换频率高

由于行业生产周期长，且一组耗材作业量有限，因此，在生产过程中的耗材更换频率增高。同时，在工作过程中易出现耗材更换不及时、更换操作不规范等情况，导致大量刷唛作业返工、耗材墨盒使用率降低和设备不稳定等问题，打乱了正常的生产节奏，影响了企业生产进度。

3. 设备信息化程度低

随着科学技术的不断发展进步，以及棉花传统加工行业向数字化、信息化、智能化方向的转型升级，现阶段仅靠棉包刷唛自动化喷印技术已满足不了棉花加工行业的信息化发展需要。棉花加工企业对自动刷唛设备在远程巡检、数据服务和可视化信息管理等数字化、信息化方面提出了更高、更新的发展需要。

4.7.4　建议及对策

1. 提升设备管理水平

企业应该强化对操作人员的技术指导，加强棉包自动刷唛机的维护，以保证设备的稳定运行，提高产品质量。

2. 墨水连供技术研究

加快墨水连供技术研究，实现刷唛作业过程连续供墨，减少耗材浪费和停机时间，降低库存成本，提高设备利用率和生产效率，提升客户满意度和服务水平。

3. 加强技术研发，提升自动刷唛技术水平

利用当前科技发展的优势，不断改进棉包自动刷唛技术，提高生产效率，提高产品质量，实现技术进步。

4. 提升设备物联网技术水平

加快刷唛设备与物联网、互联网等技术融合的研究速度，改善自动刷唛的精度、效率，通过增强传感器的灵敏度提高实时性，改善自动刷唛设备的工作效率，实现对设备的远程监控以及实时统计和分析等功能。同时，可利用信息系统实现设备的管理和维护，通过实时的状态监测及时发现和解决问题，保证设备高效率运行。

4.8 提高产品质量、服务水平，强化品牌意识

随着棉花质量检验体制改革的稳步推进，面对国内外相对广阔的棉花市场，棉花包装材料行业得到迅速的发展，棉花包装聚酯捆扎带基本100％替代了传统的钢丝捆扎。2022年7月棉花包装材料的生产、销售受原料采购、物流运输以及疫情防控的影响，新疆外棉花包装材料加工企业产量下滑10％左右，新疆内部分棉花包装材料加工企业产量下滑5％以上。

4.8.1 逐步推进棉花包装材料技术要求和加工企业质量评价标准

随着我国机械化水平及加工效率的逐年提高，棉花包装材料行业虽然在质量、研发水平以及企业诚信意识上得到了提高，但是市场上还是出现为了追求市场占有率而忽视产品质量的现象，严重破坏市场秩序，影响棉花流通，损害棉花品牌信誉。

《棉花包装材料加工技术要求》（GH/T 1340—2021）行业标准适用于棉花包装材料的加工，规定了棉花包装用聚乙烯套袋、棉花包装纯棉布包装袋、棉花打包用镀锌钢丝、棉花包装聚酯捆扎带在加工过程中的总体要求、加工、过程监控以及检验要求。

总体要求包括管理架构、管理制度、体系认证、人员要求、安全、消防等方面，加工要求包括棉花包装材料产品的一般工艺流程、原材料要求、关键工艺指标、外观、环保以及性能指标等，过程监控要求包括各工序检验、不合格品处置、记录完整以及设备的维保计划与实施等，检验要求包括关键工艺指标、外观、产品

性能指标的检测、计量器具管理、人员要求以及检验制度等。

《棉花包装材料加工企业质量评价规范》（GH/T 1339—2021）行业标准适用于政府机构、协会或评价机构对棉花包装材料加工企业质量的评价，也可用于加工企业自我评价，规定了对棉花包装材料加工企业质量评价的原则、指标、方法、等级以及相应的评价程序与要求的具体方法。

评价指标涵盖了基本要求、产品质量、质量管理、售后服务、品牌建设五个方面，包括 4 个一级指标，16 个二级指标。

评价方法包括评价方式及评价指标分值；评价等级根据分值分为 5 个等级，分别为优秀（AAAA）、良好（AAA）、一般（AA）、合格（A）和不合格（B）；评价程序与要求包括评价程序以及程序中涉及的各环节的要求。评价文件应有专人管理并形成制度，保存期限为 3 年。

上述两项标准填补了我国棉花包装材料技术和管理标准的空白，与《棉花包装》（GB 6975—2013）、《棉花包装　聚酯捆扎带》（GB/T 32340—2015）、《棉花打包用镀锌钢丝》（GB/T 21530—2008）、《棉花包装用聚乙烯套袋》（GH/T 1089—2013）形成相互支撑。

4.8.2　规范棉花包装材料加工企业售后服务的行为，提升服务水平

我国棉花包装材料经过多年的发展与创新，虽然技术、质量、管理水平得到高质量快速提升，但是售后服务存在着诸多问题：未及时对操作工人流动频繁的棉花加工单位进行技能培训；售后服务网点与销售网点不匹配，导致服务不及时；部分企业未能提供售后服务，容易造成棉花加工单位停工停产、包型变形等问题，影响棉花加工、包装和物流。

《棉花包装材料加工企业售后服务评价规范》（GH/T 1339—2021）标准确定了棉花包装材料加工企业售后服务评价规范的评价原则和评价程序，规定了评价指标要求。程序包括成立编制评价方案、指标信息采集、评价、编写评价报告，评价指标涵盖了包括基本条件、售后管理、产品服务、顾客服务、品牌建设在内的 5 项一级指标和 22 项二级指标（见图 4—26）。

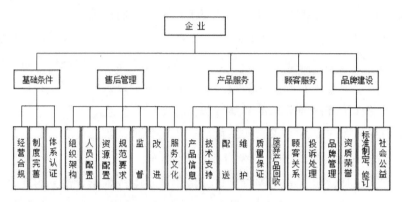

图 4－26　售后服务评价指标体系

该标准的制定符合中华全国供销合作总社"2022 年供销合作社归口标准体系与行业品牌建设及维护项目"中围绕农产品生产流通加工等领域，强化标准研制的要求。

售后服务是产品质量的延伸，良好的售后服务是树立品牌和传播企业形象的重要途径，也是提高企业竞争力的方式之一。此标准的制定，能够引导棉花包装材料加工企业搭建和完善售后服务体系，提高客户满意度，建立客户忠诚度，对棉花包装材料加工企业的发展具有重要引导意义，此标准还能够衡量企业售后服务水平和售后服务能力，为企业明确持续改善方向，对提升售后服务水平，提高市场竞争力，具有非常重要的意义。

随着上述三项行业标准的制定与实施，可进一步提高棉花包装材料加工企业的技术水平、质量管理水平和售后服务水平，围绕快速发展的棉花包装材料市场，从源头把控、规范流程、提升工艺、提高技术指标，落实绿色环保低碳化的发展理念，完善加工过程粉尘、废水排放、噪声的处理，加强质量管控，完善售后服务体系，树立品牌意识，提升棉花包装的品牌影响力和竞争力，推动行业可持续健康发展，为棉花产业发展赋能。

4.9　棉副产品加工原料——毛棉籽

近几年中国毛棉籽整体的产量基本稳定，2019 年和 2020 年在 750 万吨左右，2021 年受棉花种植初期恶劣天气影响，毛棉籽产量下降到 680～700 万吨，2022 年毛棉籽产量恢复到 760 万吨。

受国际油料资源价格居高不下及毛棉籽产品多样化、高蛋白产品需求的影响，近两年国内毛棉籽价格处于高位，其加工产值也在不断上升，从 2021 年的 240 亿元上升到 2022 年的 260 亿元。受国际市场行情影响，2022 年我国为满足国内对油料、蛋白和短绒的需求，增加了对澳大利亚和美国的毛棉籽进口量，首次达到 35 万吨。

毛棉籽是棉花加工副产品，浑身是宝。棉短绒、棉籽壳、棉仁中的蛋白和油脂是毛棉籽多样化价值的体现。

随着科技的进步，毛棉籽加工的多样性工艺不断整合，大型综合毛棉籽加工厂已经替代单一、小型、分散的炼油厂、剥绒厂、蛋白加工厂，毛棉籽发展成了一个全产业链集中的产品，虽然光棉籽的时代一去不复返，但是我国还没有毛棉籽的相关标准。

新疆晨光生物科技股份有限公司根据棉籽产业近 20 年发展情况，汇总棉花上游、棉籽下游产品，棉籽加工状况，对毛棉籽质量指标、经济指标、卫生指标进行定义和分级。

4.9.1　毛棉籽评价指标确定

毛棉籽是多样性产品的载体，是棉花的下游产品，又是棉籽蛋白、棉籽油、棉籽壳、棉短绒的原料，是棉副产品的枢纽。

1. 承接上游的质量指标

短绒是纤维素的重要来源，可用于生产多种产品，如食品级纤维素、塑料、人造丝、化妆品、纸币等。毛棉籽的含绒率、杂质是衔接棉花上游加工，并体现毛棉籽特征的指标，是毛棉籽作为棉副产品与上游对接的接口，有必要制定含绒率和杂质两个指标。

水分是制定毛棉籽标准首要考量的指标。毛棉籽酸价是评价棉籽酸败的重要指标，有必要增加酸价指标警示毛棉籽产品质量。

承接上游的技术指标（杂质和含绒率）、感官、毛棉籽酸价、存储安全性指标，水分是毛棉籽质量指标的关键性因素，是毛棉籽是否具有经济价值的评价指标，应将以上指标设定为质量指标。

2. 主要经济技术指标

棉籽是世界第五大油料作物，棉籽油的利用已有 100 多年的历史。棉籽中含油率是评价棉籽价值的重要指标，在《棉籽》（GB/T 11763—2008）中主要按照含油率进行了划分，16%～20%，每个等级单位为 1%，共划分了 5 个等级，1 个等外级。

《棉籽质量等级》（GB/T 29885—2013）在粗脂肪含量的基础上（以干基计）

增加了粗蛋白含量分级，但仍然以粗脂肪（含油率）为主要指标划分，13%～18%，每个等级单位为2%，共划分了5个等级，1个等外级。由于粗脂肪和蛋白含量一般呈负相关，因此在相同的粗脂肪等级条件下，仅对蛋白进行了两个等级划分。

为了缓解国内从国外进口高蛋白饲料的压力，依靠科技创新的力量，棉籽蛋白产品成为大豆蛋白的替代品，不仅如此，棉籽蛋白含量从之前42%、46%逐步向50%、60%、70%发展。棉籽蛋白成为棉籽的第二大经济指标。

毛棉籽本身具有高能量和高蛋白，被大量用作饲料，棉籽中粗蛋白含量的比例不断增加，美国直接将含油率和蛋白含量总和作为评价指标。

我们收集了大量工业加工数据和饲料数据，结合毛棉籽再加工要求，考虑与《棉籽》（GB/T 11763—2008）、《棉籽质量等级》（GB/T 29885—2013）标准衔接，拟进一步完善棉籽油和蛋白经济分级指标。

《棉籽》（GB/T 11763—2008）采用了干基计算含油率，《棉籽质量等级》（GB/T 29885—2013）采用了湿基计算粗蛋白和粗脂肪。湿基条件下的粗脂肪和粗蛋白含量直接反映毛棉籽中的含仁率情况，可以更直观反映毛棉籽的实际价值。

从大量数据看，毛棉籽的粗脂肪和粗蛋白含量受到含绒率、棉籽含仁率和水分的综合影响，含量波动范围进一步缩小和集中。而在同一产棉区，油和蛋白的波动也仅在2%左右。

根据棉籽产业发展情况和大量数据，标准拟以"含油率＋蛋白含量"之和作为经济指标，这样更符合毛棉籽综合加工的行业特性，利于引导棉籽综合利用和产品多样化发展。

3. 卫生指标

毛棉籽的用途涉及食品、饲料，设定卫生指标也是毛棉籽标准必须考虑的。棉籽在生长或者存储过程中易产生黄曲霉毒素，黄曲霉毒素是饲料加工和直接饲喂的重要指标，是毛棉籽是否可以使用的关键性指标。

4.9.2 毛棉籽标准设定依据

1. 毛棉籽感官特性

选取有代表性的棉籽进行统一描述。

根据毛棉籽的特性定义为：毛棉籽固有的颜色，粒状、无异味。收集样品感官性状均能满足标准要求。

2. 毛棉籽特征指标

毛棉籽是棉花加工的副产品，棉短绒含量是毛棉籽的特征值，也是区分光棉籽的特征指标。

现有光棉籽标准，但其中没有设定棉短绒含量指标，主要与毛棉籽脱绒工艺技术有关，不好量化统一。而毛棉籽是直接衔接加工体系成熟的棉花加工工序，不仅可以量化，也是区分光棉籽的重要指标，为此在本标准中增加了毛棉籽特征性指标棉短绒的技术指标。设定毛棉籽短绒含量≥10％，与棉花加工衔接统一，不划分等级，也符合棉副产品的身份特征。

3. 毛棉籽杂质指标

棉花加工相关标准并未规定毛棉籽的杂质含量，根据棉籽加工要求及棉花加工后的实际情况，将棉籽杂质定为两级。其中，≤1％为优级，98％可满足，可以作为加工棉籽使用；1％～2％为一级，少部分杂质较多，可以作为饲料直接使用；当≥2％时，由于经济利益而人为掺杂，因此定为级外。

棉花加工环节直接决定了毛棉籽杂质含量。毛棉籽杂质含量高低又影响棉短绒的产品质量和毛棉籽加工安全性。制定毛棉籽杂质质量指标不仅可以引导规范棉花加工企业副产品质量体系，减少掺杂使假的情况；而且可以节约资源，提高毛棉籽加工的安全性和棉短绒产品质量。

以毛棉籽杂质含量进行等级划分是贸易最直接的方法，也是行业普遍的等级划分指标。随着机采棉的普及，毛棉籽中的杂质虽略有增高，但仍然可以达到≤1％的质量要求。对杂质进行等级划分也有助于提升机采棉质量，增加棉花加工行业对棉副产品质量的重视，从源头提升棉副加工产品的质量。而当杂质≥1％时，会严重影响毛棉籽短绒产品质量，直接降低棉短绒的质量，增加加工危险系数。杂质略高的毛棉籽用作饲料仍然可以满足需求，为避免在利益驱动下掺杂使假的情况出现，将杂质≥2％设定为最大限值。

4. 毛棉籽粗脂肪和粗蛋白指标

棉籽中油分含量与蛋白质含量一般呈显著负相关，各品种间蛋白质及油分含量相近，高油、高蛋白的品种较少，油分含量差异大于蛋白含量间的差异，是当前中国棉花主栽品种的突出特点。种仁油分含量表现为同一生态区内无差异，不同主产棉区的棉籽营养成分间具有一定程度的差异。蛋白质含量，长江流域棉区最高，新疆棉区最低；油分含量则是新疆棉区最高，长江流域棉区最低；蛋白和油分总量，三大棉区间比较接近。毛棉籽为集中加工产业，"含油率＋粗蛋白含量"可以全面评价毛棉籽的经济性。通过对加工棉籽、牧场棉籽、及时收集的毛棉籽数据的统计得出，"含油率＋粗蛋白"分别为：33%～35%所占比例为90%；31.5%～33%所占比例为6.5%；35%～36.3%所占比例为4.6%。

根据以上情况，统筹考虑经济价值及产品多样化发展需求，对"粗脂肪＋粗蛋白"进行如下分级，以满足不同加工、饲料使用的需求。我国棉籽含油率、粗蛋白含量相对稳定，为此选取少数较高和较低含量作为优等品和二等品等级划分依据。对较稳定的区间不再进行细分，划分为一等品（见表4-5）。

表4-5 经济指标及分级规定

项目	优级	一级	二级
"含油率＋粗蛋白含量"	＞35%	33%≤X≤35%	＜33%

5. 毛棉籽酸价指标

酸价是评价毛棉籽是否变质的主要指标。在新疆主产品天气干燥，酸价较低，一般小于2%；而在河北、湖北等地有的高达9%。酸价高，则产品营养价值相对下降；当酸价高达9%时，可以闻到酸败气味，所以根据产品质量情况设定酸价≤5%，以保证毛棉籽品质。

6. 毛棉籽水分指标

毛棉籽水分与棉籽产地相关，一般新疆水分会低于内地，水分跨度为5%～18%。目前机采棉已普遍推广，毛棉籽水分跨度变小，同一地区水分含量一般为8%～10%；湖南湖北地区水分略高，多数为10%～13%。水分检测采用GB/T 14489.1的规定或NY/T 3940检测。从采样数据看，水分最高为17.82%，最低为5.60%，水分≥12%的毛棉籽所占比例为5.8%；但当水分＞12%时，易引起发霉变质，影响产品质量和加工效率，为此将棉籽水分定为≤12%。

7. 毛棉籽卫生指标

毛棉籽卫生指标根据产品用途确定，并选取主要的卫生指标黄曲霉毒素限定。

4.9.3 毛棉籽质量指标与经济指标的辩证关系

质量指标是毛棉籽的根本，当质量指标不符合要求时，则没有必要再评价经济指标。

4.10 小结

本章主要由全国棉花加工标准化技术委员会提供，相关内容分别由中国棉花协会棉花工业分会、全国棉花加工标准化技术委员会、中华全国供销合作总社郑州棉麻工程技术设计研究所、中华棉花集团有限公司、北京智棉科技有限公司、山东天鹅股份有限公司、石河子大学、邯郸润棉机械制造有限公司、南通棉花机械有限公司、南通御丰塑钢包装有限公司和新疆晨光生物科技集团有限公司等相关人员主笔撰写，由安徽财经大学周万怀老师负责整理和完善。在此，对相关人员及单位一并致以衷心感谢！

第5章 产业研究动态

5.1 科研项目

5.1.1 总体情况简介

基于国家自然基金委网站和 LetPub 科学基金查询系统,以"棉花"为关键词检索了 2021—2022 年度国家级涉棉科学研究项目立项资助情况,如表 5—1 所示。2021 年共立项 44 项,资助金额共 2288 万元,其中重点项目 1 项(资助金额 282 万元)、国际(地区)合作与交流项目 1 项(资助金额 253 万元)、面上项目 16 项(资助金额 930 万元)、青年科学基金项目 16 项(资助金额 480 万元)、地区科学基金项目 10 项(资助金额 343 万元);2022 年共立项 47 项,资助金额共 1956 万元,其中重点项目 1 项(资助金额 267 万元)、面上项目 12 项(资助金额 648 万元)、青年科学基金项目 25 项(资助金额 740 万元)、地区科学基金项目 9 项(资助金额 301 万元)。综合来看,2022 年相较于 2021 年立项数量增加了 3 项,增幅达 6.8%,资助金额减少了 332 万元,降幅达 14.5%。

表 5－1 2021—2022 年度国家级涉棉科研项目概况

序号	基金名称	单位	金额(万元)	项目类型	批准年份
1	棉花感病 SWEETs 基因参与棉花对黄萎病菌抗性调控机制研究	石河子大学	35	地区科学基金项目	2021
2	棉花重要 QTL 簇 qClu—chr13—2 候选基因控制棉花纤维品质的分子机制研究	中国农业科学院棉花研究所	30	青年科学基金项目	2021
3	根系皮层衰老及代谢对棉花早衰的影响机理	河北农业大学	58	面上项目	2021

序号	基金名称	单位	金额（万元）	项目类型	批准年份
4	棉花"价格保险＋期货"试点评估、机理探索与政策优化	石河子大学	28	地区科学基金项目	2021
5	编辑 GoSP 创制棉花遗传研究和育种利用的新材料	浙江大学	30	青年科学基金项目	2021
6	部分根区灌溉促进棉花灌水区根系水分吸收的机理	山东省农业科学院	58	面上项目	2021
7	棉花子叶色素腺体延缓形成的分子调控机理研究	浙江大学	30	青年科学基金项目	2021
8	新疆棉花产量形成对无膜深层滴灌的响应机制	石河子大学	35	地区科学基金项目	2021
9	链轨式棉花膜上穴播机构延时成穴投种机理研究	新疆农垦科学院	30	青年科学基金项目	2021
10	高温对新疆膜下滴灌棉花光合蒸腾过程影响机理研究	中国气象局乌鲁木齐沙漠气象研究所	30	青年科学基金项目	2021
11	GbNOT2 调控 miRNA 合成增加棉花对黄萎病抗性的分子机理	中国农业科学院棉花研究所	30	青年科学基金项目	2021
12	GhJAZ11－GhEIN3－GhDEL65 调控棉花纤维伸长的分子机制	新疆师范大学	35	地区科学基金项目	2021
13	肌球蛋白 GhXI－K 驱动棉花纤维极性伸长的分子机制	中国农业科学院棉花研究所	58	面上项目	2021
14	棉花泛三维基因组图谱构建和转录调控进化研究	华中农业大学	58	面上项目	2021
15	大丽轮枝菌分泌蛋白 VdEXG 调控棉花免疫反应的分子机制	新疆农业科学院	35	地区科学基金项目	2021
16	棉花抗黄萎病主效 QTL（qVW_D 05.1）的克隆和功能验证	中国农业科学院棉花研究所	58	面上项目	2021
17	GhERF7 调控自噬活性提高棉花抗旱性的机制	中国农业科学院棉花研究所	58	面上项目	2021
18	棉花类受体胞质激酶 GhRLCK1 调控纤维品质的机理研究	西南大学	58	面上项目	2021
19	GhXB32 基因对棉花黄萎病抗性的调控作用及其分子机制研究	南京农业大学	58	面上项目	2021

续表

序号	基金名称	单位	金额（万元）	项目类型	批准年份
20	棉花纤维素合酶 CesA 的 Cryo—EM 结构和功能解析	华中农业大学	59	面上项目	2021
21	转录因子 GhGRF1 在棉花纤维伸长中的功能及分子机制研究	河南农业大学	30	青年科学基金项目	2021
22	棉花类萌发素蛋白基因 GhGLP4 调控雄蕊发育的分子机理研究	浙江理工大学	30	青年科学基金项目	2021
23	GhSTG 介导的油菜素内酯（BRs）调控棉花抗旱性作用机制的研究	河南科技学院	30	青年科学基金项目	2021
24	GbGELP113 基因参与水杨酸信号通路响应棉花盐胁迫机制研究	安阳工学院	30	青年科学基金项目	2021
25	新疆棉花膜下亏缺灌溉节水效益的时空变化和灌溉制度优化	西北农林科技大学	30	青年科学基金项目	2021
26	受驯化的棉花光周期开花基因的图位克隆及功能验证	浙江大学	58	面上项目	2021
27	热激蛋白 HSP40（GhDNAJ1）调控棉花抗黄萎病机制的研究	中国农业科学院棉花研究所	58	面上项目	2021
28	齿形侧充式棉花精量穴播器高速排种机理研究与参数优化	石河子大学	35	地区科学基金项目	2021
29	糖转运蛋白基因在棉花黄萎病菌致病中的作用及分子机制研究	石河子大学	35	地区科学基金项目	2021
30	海岛棉 GbOsmotin34 参与棉花黄萎病抗性的功能解析及其调控机制	南京农业大学	58	面上项目	2021
31	棉花花生换位间作通过根际微生物调控作物群体光合的增产机制	山东农业工程学院	30	青年科学基金项目	2021
32	GhMAPKKK15 介导的棉花抗黄萎病 MAPK 信号级联通路的解析研究	新疆农业大学	35	地区科学基金项目	2021
33	Mn_3O_4 纳米拟酶提高棉花抗旱性的生理分子机制	中国农业大学	253	国际（地区）合作与交流项目	2021
34	GhCBL1—GhCIPK6D1 信号系统调控棉花抗旱性的分子机理研究	华中农业大学	59	面上项目	2021
35	温度对新疆棉花黄萎病流行性的影响机理与动态模拟模型的构建	中国科学院大气物理研究所	58	面上项目	2021

序号	基金名称	单位	金额（万元）	项目类型	批准年份
36	基于无人机热红外/高光谱图像的南疆棉花黄萎病早期监测与预测预报研究	塔里木大学	30	青年科学基金项目	2021
37	qFL9 位点调控棉花纤维细胞壁多糖合成和长度的机理解析	华中农业大学	30	青年科学基金项目	2021
38	基于 SDM 和 DSSAT 模型的新疆棉花适生区分布迁移和产量变化预测研究	石河子大学	35	地区科学基金项目	2021
39	乙烯响应转录因子 AP2/ERF 同时调控棉花衣分和结铃性的分子机理	浙江大学	282	重点项目	2021
40	囊泡膜相关蛋白 GhVAP1 在棉花纤维发育中的功能和调控机制研究	中国农业科学院棉花研究所	30	青年科学基金项目	2021
41	枝孢菌—媒介棉蚜和花蓟马引起棉花"僵铃和裂铃"的成因及其致害机制解析	石河子大学	35	地区科学基金项目	2021
42	棉花受体激酶 Gh－LYK2 胞外域脱落小肽介导内质网应激抗黄萎病的机制解析	江苏省农业科学院	58	面上项目	2021
43	一种纳米杂化型甲哌镓在棉花中的顶端迁移特性及封顶机理的示踪研究	中国农业科学院农业环境与可持续发展研究所	30	青年科学基金项目	2021
44	棉花色素腺体相关 CRISPR 突变体库的构建及 CGP 基因调控腺体发育和功能的分子机制	河南大学	58	面上项目	2021
45	GbTPR 蛋白调控棉花纤维伸长的分子机理	安阳工学院	54	面上项目	2022
46	GhAGL8 调控棉花吐絮的分子机制解析	甘肃农业大学	33	地区科学基金项目	2022
47	棉花抗黄萎病的遗传解析与调控网络研究	华中农业大学	267	重点项目	2022
48	棉花异源多倍化着丝粒序列演化研究	中国农业科学院麻类研究所	30	青年科学基金项目	2022
49	GhFPF1 调控棉花避荫反应的分子机制研究	安阳工学院	30	青年科学基金项目	2022

序号	基金名称	单位	金额（万元）	项目类型	批准年份
50	CSEF 基因调控棉花体细胞胚胎发生的分子机制研究	华中农业大学	30	青年科学基金项目	2022
51	GhTFL1 与 GhTMF 调控棉花株型的分子机理解析	华中农业大学	54	面上项目	2022
52	GhPH－D7 基因调控棉花株高的分子机制研究	石河子大学	34	地区科学基金项目	2022
53	GhROP11－GhRIP2 调控棉花纤维比强度的分子机制研究	西南大学	30	青年科学基金项目	2022
54	亚洲棉光籽基因 GaFZ 调控棉花短绒的分子机理研究	中国农业科学院棉花研究所	30	青年科学基金项目	2022
55	类钙调素蛋白 GhCML41 调控棉花抗黄萎病的分子机制研究	中国农业科学院棉花研究所	30	青年科学基金项目	2022
56	GA－DELLA－WRKY 信号途径调控棉花纤维次生壁合成的分子机制	西南大学	30	青年科学基金项目	2022
57	棉花水通道蛋白基因 GhPIP2、7 调控耐盐性机理研究	中国农业大学	20	青年科学基金项目	2022
58	棉花 GhTOPP6 去磷酸化 GhANS 应答盐胁迫的调控机制	中国农业大学	54	面上项目	2022
59	比较群体基因组学解析棉花重组演化和遗传变异机制	广东石油化工学院	30	青年科学基金项目	2022
60	棉花纤维素合酶互作新分子的发现及其调控机制探索	武汉大学	30	青年科学基金项目	2022
61	Vd424Y 与 GhTGA7 调控棉花抗黄萎病的分子机理研究	中国农业科学院棉花研究所	30	青年科学基金项目	2022
62	部分根系干旱诱导棉花根源信号调控纤维发育的生理机制研究	南京农业大学	55	面上项目	2022
63	根系水力导度及其与根系形态协同影响棉花衰老的生理机制	河北农业大学	53	面上项目	2022
64	连年膜下滴灌的干旱内陆盆地棉花生境演化机制	中国地质科学院水文地质环境地质研究所	57	面上项目	2022

续表

序号	基金名称	单位	金额（万元）	项目类型	批准年份
65	MIXTA 类转录因子 GhMML4 _ D12 调控棉花纤维产量形成的分子机制	江苏科技大学	30	青年科学基金项目	2022
66	棉花冷调控基因 COR27（GhCOR27）响应低温胁迫的调控机理研究	新疆农业科学院	33	地区科学基金项目	2022
67	同化光学遥感与作物模型的棉花多年种植模式对产量的影响机制研究	华南师范大学	50	面上项目	2022
68	棉花光合作用基因冷响应顺式调控元件的挖掘及功能分析	南通大学	30	青年科学基金项目	2022
69	棉花纤维品质主效 QTL（qFL－D02－1）的精细定位及候选基因克隆	河北农业大学	30	青年科学基金项目	2022
70	基于棉花冠层特征与沉积量预测模型的无人机精确喷施控制研究	华南农业大学	54	面上项目	2022
71	深度学习驱动无人机机载多源影像融合的棉花蚜虫危害检测方法研究	石河子大学	33	地区科学基金项目	2022
72	干旱区盐碱地增氧灌溉条件下棉花抗盐响应机理的研究	新疆农业科学院	33	地区科学基金项目	2022
73	膜下滴灌条件下磷肥运筹优化根系构型增强棉花抗盐碱机制的研究	新疆农垦科学院	33	地区科学基金项目	2022
74	基于海陆染色体片段代换系的棉花抗黄萎病基因鉴定及功能研究	石河子大学	34	地区科学基金项目	2022
75	棉花 lncRNA2237 调控棉籽发育过程中脂肪酸合成代谢的机制研究	石河子大学	33	地区科学基金项目	2022
76	富含半胱氨酸的非分泌型肽 Gh-CYSTM9 调控棉花干旱响应的分子机制	河北省农林科学院	30	青年科学基金项目	2022
77	木尔坦棉花曲叶病毒 C4 蛋白抑制植物细胞自噬的机制研究	清华大学	30	青年科学基金项目	2022
78	绿盲蝽取食诱导棉花水杨酸甲酯吸引寄生蜂的分子机制	中国农业大学	54	面上项目	2022

序号	基金名称	单位	金额（万元）	项目类型	批准年份
79	利用导入系 HY2685 解析同时提高棉花纤维长度和强度的分子机制	浙江大学	30	青年科学基金项目	2022
80	GhRSL4 介导的油菜素内酯信号途径调控棉花纤维发育的分子机制研究	陕西师范大学	30	青年科学基金项目	2022
81	GhALKBH10B 介导 GhCNGC4 去甲基化参与调控棉花干旱响应的分子机制	华中农业大学	30	青年科学基金项目	2022
82	GhWRKY28—like 蛋白磷酸化和泛素化协同调控棉花对黄萎病的抗性	中国科学院微生物研究所	55	面上项目	2022
83	蛇床草—棉花伴种模式中天敌瓢虫的转移控蚜规律及化学信息驱动机制	山东省农业科学院	30	青年科学基金项目	2022
84	新型开花调节复合体 GhNF—YA8—GhELF3 介导棉花开花的分子机制	曲阜师范大学	30	青年科学基金项目	2022
85	非特异性脂质转运蛋白基因 GhnsLTPsA10 调控棉花抗枯、黄萎病分子机制研究	河北农业大学	30	青年科学基金项目	2022
86	野生植物抗黄萎病菌根际微生物组及在棉花上的抗病遗留效应研究	南开大学	30	青年科学基金项目	2022
87	新疆膜下滴灌棉花水分生产力与收获指数的水盐胁迫响应过程评估及应用	中国农业大学	30	青年科学基金项目	2022
88	基于抗病蛋白 CkPGIP1 定点突变和密码子优化提高棉花对黄萎病抗性机理的研究	中国农业大学	54	面上项目	2022
89	棉花陆海渐渗系抗黄萎病主效 QTL（qVW—19—2）的精细定位及调控机制解析	安阳工学院	54	面上项目	2022
90	基于棉花 TEM2_A03 转录因子靶向结合位点海陆种间变异的纤维发育调控机理研究	安阳工学院	30	青年科学基金项目	2022
91	不同土壤改良剂对 3 种塑化剂在土壤—棉花植株系统内迁移代谢行为的影响机理研究	新疆农业科学院	35	地区科学基金项目	2022

5.1.2　主要涉棉科研机构概况

基于表 5－1 统计了 2021—2022 年度全国涉棉科研单位所获得的国家级科学研究项目情况，结果见表 5－2。可以看出，从立项数量方面来说，石河子大学和中国农业科学院棉花研究所位于涉棉科学研究的第一梯队，立项数量超过了 10 项，华中农业大学、中国农业大学、浙江大学和安阳工学院位于第二梯队，获得 5 项或以上的基金项目，河北农业大学、新疆农业科学院、南京农业大学、西南大学、山东省农业科学院和新疆农垦科学院位于第三梯队，获得 2 项以上的基金项目，其他单位在棉花领域的研究具有一定的偶然性；从获得资助的经费规模来看，超过 400 万元的单位有华中农业大学、中国农业大学、浙江大学和中国农业科学院棉花研究所，300 万～400万元的单位有石河子大学，虽然石河子大学的立项数量最多，但由于项目类型均为地区科学基金项目，项目经费总额并不突出，100 万～200 万元的单位有安阳工学院、河北农业大学、南京农业大学、新疆农业科学院和西南大学，其他均在 100 万元以下。从以上分析结果可以看出，涉棉科研主体是农业类高校和农科院下属科研院所，部分综合类高校依托优势学科也有所介入。

表 5－2　2021—2022 年度国家级涉棉项目立项单位概况

序号	单位名称	所属地区	经费（万元）	数量（项）
1	石河子大学	新疆	372	11
2	中国农业科学院棉花研究所	河南	412	10
3	华中农业大学	湖北	587	8
4	中国农业大学	北京	465	6
5	浙江大学	浙江	430	5
6	安阳工学院	河南	198	5
7	河北农业大学	河北	171	4
8	新疆农业科学院	新疆	136	4
9	南京农业大学	江苏	171	3
10	西南大学	重庆	118	3
11	山东省农业科学院	山东	88	2
12	新疆农垦科学院	新疆	63	2

序号	单位名称	所属地区	经费（万元）	数量（项）
13	河南大学	河南	58	1
14	江苏省农业科学院	江苏	58	1
15	中国科学院大气物理研究所	北京	58	1
16	中国地质科学院水文地质环境地质研究所	福建	57	1
17	中国科学院微生物研究所	北京	55	1
18	华南农业大学	广东	54	1
19	华南师范大学	广东	50	1
20	新疆农业大学	新疆	35	1
21	新疆师范大学	新疆	35	1
22	甘肃农业大学	甘肃	33	1
23	广东石油化工学院	广东	30	1
24	河北省农林科学院	河北	30	1
25	河南科技学院	河南	30	1
26	河南农业大学	河南	30	1
27	江苏科技大学	江苏	30	1
28	南开大学	天津	30	1
29	南通大学	江苏	30	1
30	清华大学	北京	30	1
31	曲阜师范大学	山东	30	1
32	山东农业工程学院	山东	30	1
33	陕西师范大学	陕西	30	1
34	塔里木大学	新疆	30	1
35	武汉大学	湖北	30	1
36	西北农林科技大学	陕西	30	1
37	浙江理工大学	浙江	30	1
38	中国农业科学院麻类研究所	湖南	30	1
39	中国农业科学院农业环境与可持续发展研究所	北京	30	1

续表

序号	单位名称	所属地区	经费（万元）	数量（项）
40	中国气象局乌鲁木齐沙漠气象研究所	新疆	30	1

图 5-1 以词云的方式展现了涉棉科研单位在国家级科研项目中立项数量的比重。结合 5.1.1 节和 5.1.2 节中的已有分析可以看出，从获得国家级项目资助的数量和资助额度来看，中国农业科学院棉花研究所和石河子大学是我国涉棉科学研究的"排头兵"。

图 5-1　2021—2022 年涉棉科研单位比重

基于表 5-2 进一步分析涉棉科研项目的地域分布情况，结果见表 5-3。可以看出，全国累计 15 个省、直辖市或自治区获得国家级涉棉科研项目资助。从立项数量方面来说，新疆和河南分别立项 21 项和 18 项，遥遥领先其他地区，北京和湖北分别以 10 项和 9 项居第三位和第四位，江苏、浙江和河北均在 5 项及以上；从资助经费额度来看，河南以 728 万元位居首位，新疆以 701 万元位居第二，北京和湖北均超过了 600 万元，浙江、江苏和河北获得经费资助额度超过 200 万元，山东、广东和重庆获得资助额度超过 100 万元，其他省份获得的资助额度均在 100 万元以下。

表 5-3　2021—2022 年度国家级涉棉项目省域分布概况

序号	所属地区	经费（万元）	数量（项）
1	新疆	701	21
2	河南	728	18
3	北京	638	10
4	湖北	617	9
5	江苏	289	6
6	浙江	460	6
7	河北	201	5
8	山东	148	4
9	广东	134	3
10	重庆	118	3
11	陕西	60	2
12	福建	57	1
13	甘肃	33	1
14	湖南	30	1
15	天津	30	1

　　从以上分析可以看出，涉棉科学研究具有明显的区位特征和产业关联度，即相关科学研究以棉花主产区的相关高校和研究机构为主体，如图 5-2 所示（尽管北京并非棉花主产区，但因中国农业科学院以及中国农业大学均位于北京，因此其获得的研究项目数量和资助规模均较高）。

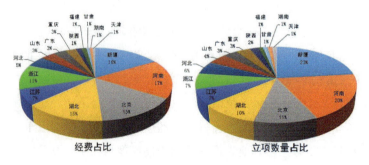

图 5-2　2021—2022 年度涉棉科研单位经费及立项数量占比

5.1.3　主要研究内容概况

棉花产业链长、涉及面广,可以根据先后顺序依次将完整棉花产业链划分为育种、栽培、植保(田间管理阶段)、收获、初加工、检测、仓储、物流以及深加工 9 个阶段,其中深加工与纺织、制造和棉副产业关系更加紧密,本文不做讨论。将表 5-1 中所列项目依次归类到上述前 9 个阶段,结果如表 5-4 所示。可以看出,2021 年立项的 44 个项目中,28 个项目的研究内容属于棉花育种阶段,累计科研投入为 1706 万元;10 个项目的研究内容属于植保阶段,累计科研投入为394 万元;5 个项目的研究内容属于栽培阶段,累计科研投入为 160 万元。而位于产业链中、后期的收获、初加工、仓储和物流阶段仅有 1 项对应科研项目立项,科研投入为 28 万元。2022 年立项的 47 个项目中,31 个项目的研究内容属于育种阶段,累计科研投入为 1319 万元,较 2021 年下降 22.68%;16 个项目的研究内容属于植保阶段,累计科研投入为 637 万元,较 2021 年提高 61.68%。而收获、初加工、仓储和物流阶段无任何对应科研项目立项。

表 5-4　2021—2022 年度涉棉国家自然科学基金立项概况

序号	基金名称	阶段	金额 (万元)	批准 年份
1	棉花感病 SWEETs 基因参与棉花对黄萎病菌抗性调控机制研究	育种	35	2021
2	棉花重要 QTL 簇 qClu—chr13—2 候选基因控制棉花纤维品质的分子机制研究	育种	30	2021
3	根系皮层衰老及代谢对棉花早衰的影响机理	植保	58	2021
4	棉花"价格保险+期货"试点评估、机理探索与政策优化	收获	28	2021
5	编辑 GoSP 创制棉花遗传研究和育种利用的新材料	育种	30	2021
6	部分根区灌溉促进棉花灌水区根系水分吸收的机理	植保	58	2021
7	棉花子叶色素腺体延缓形成的分子调控机理研究	植保	30	2021
8	新疆棉花产量形成对无膜深层滴灌的响应机制	植保	35	2021
9	链轨式棉花膜上穴播机构延时成穴投种机理研究	栽培	30	2021
10	高温对新疆膜下滴灌棉花光合蒸腾过程影响机理研究	栽培	30	2021
11	GbNOT2 调控 miRNA 合成增加棉花对黄萎病抗性的分子机理	植保	30	2021

序号	基金名称	阶段	金额（万元）	批准年份
12	GhJAZ11－GhEIN3－GhDEL65 调控棉花纤维伸长的分子机制	育种	35	2021
13	肌球蛋白 GhXI－K 驱动棉花纤维极性伸长的分子机制	育种	58	2021
14	棉花泛三维基因组图谱构建和转录调控进化研究	育种	58	2021
15	大丽轮枝菌分泌蛋白 VdEXG 调控棉花免疫反应的分子机制	育种	35	2021
16	棉花抗黄萎病主效 QTL（qVW＿D 05.1）的克隆和功能验证	育种	58	2021
17	GhERF7 调控自噬活性提高棉花抗旱性的机制	育种	58	2021
18	棉花类受体胞质激酶 GhRLCK1 调控纤维品质的机理研究	育种	58	2021
19	GhXB32 基因对棉花黄萎病抗性的调控作用及其分子机制研究	育种	58	2021
20	棉花纤维素合酶 CesA 的 Cryo－EM 结构和功能解析	育种	59	2021
21	转录因子 GhGRF1 在棉花纤维伸长中的功能及分子机制研究	育种	30	2021
22	棉花类萌发素蛋白基因 GhGLP4 调控雄蕊发育的分子机理研究	育种	30	2021
23	GhSTG 介导的油菜素内酯（BRs）调控棉花抗旱性作用机制的研究	育种	30	2021
24	GbGELP113 基因参与水杨酸信号通路响应棉花盐胁迫机制研究	育种	30	2021
25	新疆棉花膜下亏缺灌溉节水效益的时空变化和灌溉制度优化	植保	30	2021
26	受驯化的棉花光周期开花基因的图位克隆及功能验证	育种	58	2021
27	热激蛋白 HSP40（GhDNAJ1）调控棉花抗黄萎病机制的研究	育种	58	2021
28	齿形侧充式棉花精量穴播器高速排种机理研究与参数优化	栽培	35	2021
29	糖转运蛋白基因在棉花黄萎病菌致病中的作用及分子机制研究	育种	35	2021
30	海岛棉 GbOsmotin34 参与棉花黄萎病抗性的功能解析及其调控机制	育种	58	2021

序号	基金名称	阶段	金额（万元）	批准年份
31	棉花花生换位间作通过根际微生物调控作物群体光合的增产机制	栽培	30	2021
32	GhMAPKKK15 介导的棉花抗黄萎病 MAPK 信号级联通路的解析研究	育种	35	2021
33	Mn_3O_4 纳米拟酶提高棉花抗旱性的生理分子机制	育种	253	2021
34	GhCBL1－GhCIPK6D1 信号系统调控棉花抗旱性的分子机理研究	育种	59	2021
35	温度对新疆棉花黄萎病流行性的影响机理与动态模拟模型的构建	植保	58	2021
36	基于无人机热红外/高光谱图像的南疆棉花黄萎病早期监测与预测预报研究	植保	30	2021
37	qFL9 位点调控棉花纤维细胞壁多糖合成和长度的机理解析	育种	30	2021
38	基于 SDM 和 DSSAT 模型的新疆棉花适生区分布迁移和产量变化预测研究	栽培	35	2021
39	乙烯响应转录因子 AP2/ERF 同时调控棉花衣分和结铃性的分子机理	育种	282	2021
40	囊泡膜相关蛋白 GhVAP1 在棉花纤维发育中的功能和调控机制研究	育种	30	2021
41	枝孢菌－媒介棉蚜和花蓟马引起棉花"僵铃和裂铃"的成因及其致害机制解析	植保	35	2021
42	棉花受体激酶 Gh－LYK2 胞外域脱落小肽介导内质网应激抗黄萎病的机制解析	育种	58	2021
43	一种纳米杂化型甲哌鎓在棉花中的顶端迁移特性及封顶机理的示踪研究	植保	30	2021
44	棉花色素腺体相关 CRISPR 突变体库的构建及 CGP 基因调控腺体发育和功能的分子机制	育种	58	2021
45	GbTPR 蛋白调控棉花纤维伸长的分子机理	育种	54	2022
46	GhAGL8 调控棉花吐絮的分子机制解析	育种	33	2022
47	棉花抗黄萎病的遗传解析与调控网络研究	育种	267	2022
48	棉花异源多倍化着丝粒序列演化研究	育种	30	2022
49	GhFPF1 调控棉花避荫反应的分子机制研究	育种	30	2022
50	CSEF 基因调控棉花体细胞胚胎发生的分子机制研究	育种	30	2022

序号	基金名称	阶段	金额（万元）	批准年份
51	GhTFL1 与 GhTMF 调控棉花株型的分子机理解析	育种	54	2022
52	GhPH−D7 基因调控棉花株高的分子机制研究	育种	34	2022
53	GhROP11−GhRIP2 调控棉花纤维比强度的分子机制研究	育种	30	2022
54	亚洲棉光籽基因 GaFZ 调控棉花短绒的分子机理研究	育种	30	2022
55	类钙调素蛋白 GhCML41 调控棉花抗黄萎病的分子机制研究	植保	30	2022
56	GA−DELLA−WRKY 信号途径调控棉花纤维次生壁合成的分子机制	植保	30	2022
57	棉花水通道蛋白基因 GhPIP2、7 调控耐盐性机理研究	育种	20	2022
58	棉花 GhTOPP6 去磷酸化 GhANS 应答盐胁迫的调控机制	育种	54	2022
59	比较群体基因组学解析棉花重组演化和遗传变异机制	育种	30	2022
60	棉花纤维素合酶互作新分子的发现及其调控机制探索	育种	30	2022
61	Vd424Y 与 GhTGA7 调控棉花抗黄萎病的分子机理研究	育种	30	2022
62	部分根系干旱诱导棉花根源信号调控纤维发育的生理机制研究	植保	55	2022
63	根系水力导度及其与根系形态协同影响棉花衰老的生理机制	植保	53	2022
64	连年膜下滴灌的干旱内陆盆地棉花生境演化机制	植保	57	2022
65	MIXTA 类转录因子 GhMML4_D12 调控棉花纤维产量形成的分子机制	育种	30	2022
66	棉花冷调控基因 COR27（GhCOR27）响应低温胁迫的调控机理研究	育种	33	2022
67	同化光学遥感与作物模型的棉花多年种植模式对产量的影响机制研究	植保	50	2022
68	棉花光合作用基因冷响应顺式调控元件的挖掘及功能分析	育种	30	2022
69	棉花纤维品质主效 QTL（qFL−D02−1）的精细定位及候选基因克隆	育种	30	2022
70	基于棉花冠层特征与沉积量预测模型的无人机精确喷施控制研究	植保	54	2022
71	深度学习驱动无人机机载多源影像融合的棉花蚜虫危害检测方法研究	植保	33	2022

序号	基金名称	阶段	金额（万元）	批准年份
72	干旱区盐碱地增氧灌溉条件下棉花抗盐响应机理的研究	植保	33	2022
73	膜下滴灌条件下磷肥运筹优化根系构型增强棉花抗盐碱机制的研究	植保	33	2022
74	基于海陆染色体片段代换系的棉花抗黄萎病基因鉴定及功能研究	育种	34	2022
75	棉花 lncRNA2237 调控棉籽发育过程中脂肪酸合成代谢的机制研究	育种	33	2022
76	富含半胱氨酸的非分泌型肽 GhCYSTM9 调控棉花干旱响应的分子机制	育种	30	2022
77	木尔坦棉花曲叶病毒 C4 蛋白抑制植物细胞自噬的机制研究	植保	30	2022
78	绿盲蝽取食诱导棉花水杨酸甲酯吸引寄生蜂的分子机制	植保	54	2022
79	利用导入系 HY2685 解析同时提高棉花纤维长度和强度的分子机制	育种	30	2022
80	GhRSL4 介导的油菜素内酯信号途径调控棉花纤维发育的分子机制研究	育种	30	2022
81	GhALKBH10B 介导 GhCNGC4 去甲基化参与调控棉花干旱响应的分子机制	育种	30	2022
82	GhWRKY28－like 蛋白磷酸化和泛素化协同调控棉花对黄萎病的抗性	育种	55	2022
83	蛇床草—棉花伴种模式中天敌瓢虫的转移控蚜规律及化学信息驱动机制	植保	30	2022
84	新型开花调节复合体 GhNF－YA8－GhELF3 介导棉花开花的分子机制	育种	30	2022
85	非特异性脂质转运蛋白基因 GhnsLTPsA10 调控棉花抗枯、黄萎病分子机制研究	育种	30	2022
86	野生植物抗黄萎病菌根际微生物组及在棉花上的抗病遗留效应研究	植保	30	2022
87	新疆膜下滴灌棉花水分生产力与收获指数的水盐胁迫响应过程评估及应用	植保	30	2022
88	基于抗病蛋白 CkPGIP1 定点突变和密码子优化提高棉花对黄萎病抗性机理的研究	育种	54	2022
89	棉花陆海渐渗系抗黄萎病主效 QTL（qVW－19－2）的精细定位及调控机制解析	育种	54	2022

序号	基金名称	阶段	金额（万元）	批准年份
90	基于棉花 TEM2 _ A03 转录因子靶向结合位点海陆种间变异的纤维发育调控机理研究	育种	30	2022
91	不同土壤改良剂对 3 种塑化剂在土壤—棉花植株系统内迁移代谢行为的影响机理研究	植保	35	2022

以上分析结果表明在涉棉科学研究方面，在育种和植保环节投入的资源较多，而在收获、加工、仓储和物流阶段的投入严重不足，图 5－3 更加直观地体现了不同阶段科研投入的差距，这也往往导致田间生产出了好的产品，但在初加工之后的阶段品质未能得到很好的保持，甚至是遭到破坏的现象屡见不鲜。

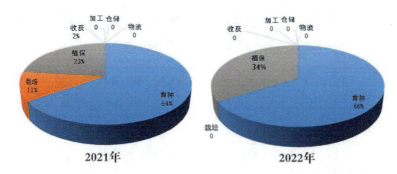

图 5－3　2021—2022 年度涉棉国家自然科学基金立项数量各阶段占比

5.2　论文发表

5.2.1　总体情况简介

本节从公开发表的学术论文角度分析近两年涉棉科研动态。使用中国知网文献检索平台检索 2022—2023 年度与"棉花"相关并且具有省部级以上基金项目支持的学术论文，累计检索到相关论文 745 篇（博士论文 12 篇，硕士论文 66 篇，期刊论文 667 篇），其中 2022 年全年发表涉棉学术论文 531 篇，2023 年前 7.5 个月发表涉棉科研论文 214 篇，相比 2022 年同期下降 12.65％。表 5－5 中详细列举了棉花领域权威期刊刊载的论文情况。

表 5 - 5　2022—2023 年度涉棉论文发表概况

序号	论文名称	期刊	年份
1	膜下滴灌棉花地上干物质积累与分配特征的模拟	灌溉排水学报	2022
2	水盐胁迫对南疆棉花生长发育及产量品质的影响	灌溉排水学报	2022
3	模拟气候变化对极端干旱区棉花产量和水分利用效率的影响	灌溉排水学报	2022
4	土壤水氮调控对盐碱地棉花生长发育及水氮利用效率的影响	灌溉排水学报	2022
5	湖北省棉花生育期内涝渍高温灾害特征分析	灌溉排水学报	2022
6	淋洗定额与覆盖方式对北疆棉花生长和产量的影响	灌溉排水学报	2022
7	水氮调控对轻度盐化土膜下滴灌棉花根干质量的影响	灌溉排水学报	2022
8	膜下咸水滴灌水肥盐调控对棉花盐离子、养分吸收及干物质分配的影响	灌溉排水学报	2022
9	枣棉间作复合系统种植模式对棉花光合特性及产量的影响	核农学报	2022
10	不同施氮量对棉花产量和棉田土壤养分的影响	核农学报	2022
11	影响新疆阿克苏地区棉花价格波动的因素分析	棉花科学	2022
12	我国棉花加工中气力输送技术应用现状	棉花科学	2022
13	河北育成的棉花品种资源在新疆南疆生长表现及评价	棉花科学	2022
14	赣北地区播种方式与土壤墒情互作对棉花出苗的影响	棉花科学	2022
15	新疆棉花秸秆循环利用现状与策略	棉花科学	2022
16	我国棉花产业现状和产出效率分析及对策	棉花科学	2022
17	新疆棉花生产现状和存在问题及对策	棉花科学	2022
18	基于钻石理论的新疆棉花产业国际竞争力及建议	棉花科学	2022
19	农业科技创新对兵团棉花产业高质量发展的影响	棉花科学	2022
20	新疆 190 份棉花材料的遗传多样性评价	棉花科学	2022
21	新疆阿克苏地区棉花优质高产新品种筛选	棉花科学	2022
22	基于遥感云计算的阿拉尔市棉花种植面积提取	棉花科学	2022
23	棉花海 A 胞质不育系中 1—2A 的特点及应用	棉花科学	2022
24	江西省 2019 年夏季涝旱急转成因分析与对棉花生产的影响	棉花科学	2022
25	对我国棉花主要产区产业兴旺的思考	棉花科学	2022

续表

序号	论文名称	期刊	年份
26	基于农作物灌溉定额的干旱区棉花节水潜力分析	棉花科学	2022
27	蒜后直播模式下品种和密度对棉花产量及品质的影响	棉花科学	2022
28	长江流域棉区棉花全要素生产率及时空差异的指数模型分析	棉花科学	2022
29	在数字化转型下探索进口棉花样品管理方法	棉花科学	2022
30	新疆 2021 年棉花生产概况及存在问题与策略	棉花科学	2022
31	棉花纤维自动取样器的结构与工作原理介绍	棉花科学	2022
32	新疆巴州延迟采收时间对棉花纤维品质的影响	棉花科学	2022
33	干旱地区土壤深松条件下灌溉定额对棉花产量形成的影响	棉花科学	2022
34	蒜套棉模式下品种和密度对棉花产量及品质的影响	棉花科学	2022
35	德州市棉花绿色增产增效种植技术	棉花科学	2022
36	新疆 2021 年棉花生产剖析及未来种业发展方向	棉花科学	2022
37	新疆巴州棉花秸秆产业化利用环境效益分析	棉花科学	2022
38	土壤盐碱度对棉花出苗和生长的影响	棉花科学	2022
39	小海子垦区 27 个棉花种质材料的纤维品质分析及利用	棉花科学	2022
40	棉花成株期无损伤移栽技术	棉花科学	2022
41	硫酸盐胁迫对棉花生理和代谢的影响	棉花学报	2022
42	几种植物生长调节剂对棉花耐高温性能的调控效应	棉花学报	2022
43	基于无人机 RGB 图像颜色特征和形态特征的滴灌棉花苗期株数估算研究	棉花学报	2022
44	棉花陆海渐渗系次级分离群体产量和纤维品质 QTL 定位	棉花学报	2022
45	机采棉模式下麦棉两熟配置方式对作物产量和棉花早熟性的影响	棉花学报	2022
46	棉花熟性及其评价指标和方法	棉花学报	2022
47	贝莱斯芽孢杆菌 EBV02 对棉花黄萎病的防治作用及机理	棉花学报	2022
48	基于无人机高清影像的棉花单产预测	棉花学报	2022
49	我国棉花大品种的历史沿革与发展趋势分析	棉花学报	2022
50	不同分辨率无人机多光谱影像的棉花叶面积指数估测研究	棉花学报	2022

序号	论文名称	期刊	年份
51	棉花雄性不育细胞质对 ATP 和 H_2O_2 含量的影响分析	棉花学报	2022
52	内生真菌简青霉 CEF－818 对棉花黄萎病的防治效果及机理	棉花学报	2022
53	氮肥减量深施对油后直播棉花干物质与氮素积累、分配及产量的影响	棉花学报	2022
54	基于红外传感器的棉花叶片温度变化特征及其影响因子分析	棉花学报	2022
55	化学打顶对南疆棉花干物质积累与分配的影响	棉花学报	2022
56	砷胁迫下接种丛枝菌根真菌对棉花光合特性和叶肉细胞超微结构的影响	棉花学报	2022
57	GhEIN3 基因对棉花枯萎病胁迫响应的功能分析	棉花学报	2022
58	棉花 SRS 基因家族的全基因组鉴定及生物信息学分析	棉花学报	2022
59	化肥减施和秸秆还田对土壤肥力、棉花养分吸收利用及产量的影响	棉花学报	2022
60	GhROP6 通过调控茉莉酸合成与木质素代谢参与棉花抗黄萎病反应	棉花学报	2022
61	生防菌 NCD－2 菌株定量检测体系的建立及其在棉花根际定植检测中的应用	棉花学报	2022
62	棉花纤维发育的分子机理研究进展	棉花学报	2022
63	棉花盛铃期不同器官氮磷化学计量特征及异速关系	棉花学报	2022
64	新疆石河子及周边地区棉花根际土壤丛枝菌根真菌多样性	棉花学报	2022
65	GhMAPKKK2 基因在棉花抗黄萎病中的功能分析	棉花学报	2022
66	窝眼式棉花精量穴播排种器参数优化及试验研究	农机化研究	2022
67	棉花膜下滴灌施肥闭环控制系统设计与试验	农机化研究	2022
68	棉花圆模成型装置的设计与优化分析	农机化研究	2022
69	一种改进 SM 谱聚类算法的棉田棉花精确分割	农机化研究	2022
70	基于 IMS 的多面域棉花种植参数监测分析	农机化研究	2022
71	棉花秸秆还田对棉花生长和土壤的影响研究进展	农学学报	2022
72	基于 SPEI 的河北省南部棉花生长季干旱特征分析	农学学报	2022
73	温湿度对棉花种子萌发的影响研究	农学学报	2022

序号	论文名称	期刊	年份
74	诱集植物在棉花害虫防治中的应用	农学学报	2022
75	棉花抗黄萎病遗传学研究进展	农学学报	2022
76	喷雾量及助剂对棉花苗期植保无人飞机作业效果的影响	农药学学报	2022
77	棉花脱叶催熟剂药液理化性质的变化及对植保无人飞机喷施效果的影响	农药学学报	2022
78	棉花苗期风沙危害指标试验	农业工程	2022
79	PBAT/PLA全生物降解地膜的降解性能及对石河子垦区棉花生长的影响	农业工程学报	2022
80	叉指电容式棉花穴播取种状态监测系统研制	农业工程学报	2022
81	膜下滴灌水源矿化度对棉花生长的影响及AquaCrop模拟	农业工程学报	2022
82	采用热红外和可见光图像无损测定棉花苗期叶面积	农业工程学报	2022
83	加气对西北旱区膜下滴灌棉花生长与水分利用效率的影响	农业工程学报	2022
84	基于特征融合的棉花幼苗计数算法	农业工程学报	2022
85	基于Sentinel—2A的棉花种植面积提取及产量预测	农业工程学报	2022
86	棉花精量穴播器取种状态监测系统设计与试验	农业工程学报	2022
87	基于高光谱和连续投影算法的棉花叶面积指数估测	农业机械学报	2022
88	基于DSSAT模型的南疆膜下滴灌棉花生长与产量模拟	农业机械学报	2022
89	生物炭改良棉花—甜菜间作土壤理化性质与盐分效果分析	农业机械学报	2022
90	基于星—机光谱融合的棉花叶片SPAD值反演	中国农业科学	2022
91	棉花出苗期耐冷综合评价体系的构建及耐冷指标筛选	中国农业科学	2022
92	棉花产量构成因素性状的全基因组关联分析	中国农业科学	2022
93	不同水分条件下有机无机肥配施对棉花根系特征及产量的影响	中国农业科学	2022
94	冀中地区高密种植条件下棉花药前群体大小和成熟度与化学脱叶催熟效果的关系	作物学报	2022
95	棉花纤维质量指数的构建与WGT双标图分析	作物学报	2022
96	棉花中不同植物病毒介导的VIGE体系的研究	作物学报	2022
97	不同甲哌鎓滴施剂型筛选及其对棉花生长发育调控效果研究	作物学报	2022

序号	论文名称	期刊	年份
98	利用病毒诱导的基因沉默 cDNA 文库高通量筛选鉴定棉花功能基因	作物学报	2022
99	棉花 GhIQM1 基因克隆及抗黄萎病功能分析	作物学报	2022
100	膜下滴灌配置模式对北疆地区棉花生长与产量的影响	灌溉排水学报	2023
101	不同种植模式和灌水定额对棉花生长和产量的影响	灌溉排水学报	2023
102	生物质炭添加量对盐碱土壤特性及棉花苗期生长的影响	灌溉排水学报	2023
103	基于 F2 和 RIL 群体鉴定棉花抗黄萎病主效 QTL	棉花学报	2023
104	基于无人机多光谱影像的棉花黄萎病监测	棉花学报	2023
105	长江流域棉区带状间作对棉花生长、产量及棉田经济效益的影响	棉花学报	2023
106	南疆一膜三行栽培棉花根系分布对灌水频次的响应	棉花学报	2023
107	水氮运筹对新疆无膜滴灌棉花生长发育及土壤温室气体排放的影响	棉花学报	2023
108	3MDZ－18 型液力驱动式棉花打顶机的优化与试验	农机化研究	2023
109	棉花抗逆性鉴定技术标准体系的建立	农学学报	2023
110	脱叶催熟剂对棉花产量影响及应用效果分析	农学学报	2023
111	田间作业条件下摘锭耐磨性能及棉花采净率的试验研究	农业工程学报	2023
112	棉花种植机械化关键技术与装备研究进展	农业工程学报	2023
113	ANSWER 模型评估新疆咸水灌溉棉花产量与效益	农业工程学报	2023
114	基于无人机多光谱影像的棉花 SPAD 值及叶片含水量估测	农业工程学报	2023
115	融合无人机光谱信息与纹理特征的棉花叶面积指数估测	农业机械学报	2023
116	基于机器视觉的双圆盘式棉花打顶装置设计与试验	农业机械学报	2023
117	土壤添加西蓝花残体对棉花根际土壤酶活性的影响及其与碳代谢特征的关系	中国农业科学	2023
118	自然衰老棉花种子的生理变化及 ATP 合成酶亚基 m RNA 的完整性	中国农业科学	2023
119	蕾铃脱落对棉花果枝叶光合产物积累及"源"潜力的影响	中国农业科学	2023
120	水分亏缺下有机无机肥配施比例对棉花水氮利用效率的影响	中国农业科学	2023

续表

序号	论文名称	期刊	年份
121	棉花 AP2/ERF 转录因子 GhTINY2 负调控植株抗盐性的功能分析	作物学报	2023
122	低温下环丙酸酰胺调控棉花内源激素促进噻苯隆脱叶的机理	作物学报	2023
123	棉花现代品种资源产量与纤维品质性状鉴定及分子标记评价	作物学报	2023
124	基于 CRISPR/Cas9 的棉花 GhbHLH71 基因编辑突变体的分析	作物学报	2023
125	盐碱胁迫对棉花叶片蛋白质组的影响及差异性分析	作物学报	2023
126	田间条件下不同棉花品种叶片响应化学脱叶剂噻苯隆的转录组分析	作物学报	2023
……	……	……	……

数据来源于中国知网①。

5.2.2 主要研究机构概况

在 5.2.1 的基础上进一步统计了涉棉科研单位概况，详情如表 5-6（表中仅列出发表论文在 3 篇以上的单位信息）所示。可以看出，新疆农业大学在涉棉学术论文发表方面位居全国第一，石河子大学和塔里木大学所发表的涉棉学术论文数量也大幅领先其他单位，主要因为这些高校具有涉棉学科专业和硕士博士人才培养能力。此外，中国农业科学院和新疆农业科学院发文数量也均位列前 5，分布在新疆地区的高校和研究机构累计发文量总体占比为 50.4%，超过一半的规模。由此可见，新疆作为我国棉花最重要的产业基地，聚集了大量的涉棉科研人才，为新疆乃至全国的棉花产业提供科技支撑。位于河南安阳的中国农业科学院棉花研究所是唯一的国家级棉花专业综合科研机构，在棉花新品种培育、棉花栽培和棉花田间植保等方面为国内棉花产业发展做出了杰出贡献。图 5-4 通过词云的形式更加直观地展示了论文归属单位的分布情况。

① 中国知网．https：//www.cnki.net/.

表 5-6　2022—2023 年度涉棉论文单位概况

序号	单位	数量（篇）	占比
1	新疆农业大学	112	0.1497
2	石河子大学	76	0.1016
3	塔里木大学	69	0.0922
4	中国农业科学院	35	0.0468
5	新疆农业科学院	30	0.0401
6	新疆农垦科学院	14	0.0187
7	河北农业大学	13	0.0174
8	新疆大学	12	0.016
9	河北省农林科学院	12	0.016
10	山西农业大学	11	0.0147
11	中国农业大学	9	0.012
12	西北农林科技大学	9	0.012
13	华中农业大学	9	0.012
14	湖南省棉花科学研究所	8	0.0107
15	安徽省农业科学院	8	0.0107
16	新疆生产建设兵团第五师农业科学研究所	7	0.0094
17	棉花生物学国家重点实验室	7	0.0094
18	湖南农业大学	7	0.0094
19	山东省农业科学院	6	0.008
20	辽宁省经济作物研究所	6	0.008
21	新疆科技学院	5	0.0067
22	山东省农业技术推广中心	5	0.0067
23	南京农业大学	5	0.0067
24	江西省棉花研究所	5	0.0067
25	江西农业大学	5	0.0067
26	新疆生产建设兵团农业技术推广总站	4	0.0053
27	新疆生产建设兵团第七师农业科学研究所	4	0.0053

续表

序号	单位	数量（篇）	占比
28	新疆巴音郭楞蒙古自治州农业科学研究院	4	0.0053
29	西安理工大学	4	0.0053
30	石家庄市农林科学研究院	4	0.0053
31	德州市农业科学研究院	4	0.0053
32	新疆师范大学	3	0.004
33	新疆生产建设兵团第三师农业科学研究所	3	0.004
34	西安工程大学	3	0.004
35	沃达农业科技股份有限公司	3	0.004
36	皖西学院	3	0.004
37	山东农业大学	3	0.004
38	国家棉花工程技术研究中心	3	0.004

图 5-4　论文作者单位分布情况

5.2.3 主要研究内容概况

本节主要通过相关研究报道的关键词对研究内容进行概要分析。对总体 745 篇相关科研文献的关键词进行统计，将不能体现本质内容的关键词排除在外，如"××方法""××模型""××地方"等，仅保留能够体现本质研究内容的关键词。然后对关键词出现频次进行统计，结果如表 5－7 所示（仅列出了出现 5 次以上的关键词）。通过关键词词频统计结果可以看出，超过 95％的文献报道内容属于棉花育种和植保阶段，主要研究的热点在于如何改良品种和优化栽培技术提高棉花的产量和品质，对棉花的病虫害防治也是研究者关注的焦点。这与 5.1 节所述相似的是在收获、加工、仓储和物流阶段的研究报道相对较少，图 5－5 通过词云更加直观地展示了近两年涉棉科学研究的热点问题。

表 5－7 2022—2023 年度涉棉科研论文关键词词频概况

序号	关键词	数量（篇）	占比
1	产量	143	0.1731
2	品质	53	0.0642
3	黄萎病	30	0.0363
4	栽培技术	28	0.0339
5	新疆	28	0.0339
6	无人机	21	0.0254
7	膜下滴灌	20	0.0242
8	品种选育	16	0.0194
9	抗病性	16	0.0194
10	农艺性状	15	0.0182
11	陆地棉	13	0.0157
12	品种	12	0.0145
13	特征特性	11	0.0133
14	生长发育	11	0.0133
15	盐胁迫	10	0.0121
16	干旱胁迫	10	0.0121

序号	关键词	数量（篇）	占比
17	种质资源	9	0.0109
18	新疆棉花	9	0.0109
19	水分利用效率	9	0.0109
20	生理特性	9	0.0109
21	南疆	9	0.0109
22	棉花秸秆	9	0.0109
23	机采棉	9	0.0109
24	化学打顶	9	0.0109
25	光合特性	9	0.0109
26	干物质积累	9	0.0109
27	土壤养分	8	0.0097
28	施氮量	8	0.0097
29	深度学习	8	0.0097
30	棉花生产	8	0.0097
31	枯萎病	8	0.0097
32	抗虫性	8	0.0097
33	秸秆还田	8	0.0097
34	养分吸收	7	0.0085
35	脱叶率	7	0.0085
36	聚类分析	7	0.0085
37	花铃期	7	0.0085
38	干物质	7	0.0085
39	防治效果	7	0.0085
40	植物生长调节剂	6	0.0073
41	有机肥	6	0.0073
42	盐碱地	6	0.0073
43	生长	6	0.0073

序号	关键词	数量（篇）	占比
44	耐盐性	6	0.0073
45	苗期	6	0.0073
46	密度	6	0.0073
47	滴灌	6	0.0073
48	出苗率	6	0.0073
49	表达分析	6	0.0073
50	病毒诱导的基因沉默	6	0.0073
51	转录组	5	0.0061
52	株型	5	0.0061
53	种植密度	5	0.0061
54	优质	5	0.0061
55	遗传多样性	5	0.0061
56	叶面积指数	5	0.0061
57	新疆生产建设兵团	5	0.0061
58	缩节胺	5	0.0061
59	生物炭	5	0.0061
60	生物防治	5	0.0061
61	生产	5	0.0061
62	区域试验	5	0.0061
63	棉蚜	5	0.0061
64	棉花幼苗	5	0.0061
65	棉花期货	5	0.0061
66	棉花枯萎病	5	0.0061
67	抗病	5	0.0061
68	机械化	5	0.0061
69	光合作用	5	0.0061
70	灌溉定额	5	0.0061

序号	关键词	数量（篇）	占比
71	根系	5	0.0061
72	高光谱	5	0.0061
73	对策	5	0.0061
74	滴施	5	0.0061
75	低温胁迫	5	0.0061
76	播期	5	0.0061
77	病虫害	5	0.0061

图 5－5　2022—2023 年涉棉学术论文热点关键词

5.3　专利授权

5.3.1　总体情况简介

本节从已授权的专利角度分析近两年涉棉科研动态，为了确保专利质量和代表性，仅对近两年授权的发明专利进行分析。基于国家知识产权局专利检索与统计平台①检索了自 2022 年 1 月 1 日至 2023 年 7 月 25 日专利名称中包含"棉花"的已授权发明专利，对检索结果进行逐项核查并删除本质上与棉花无关的专利，最终剩余 279 项，结果如表 5－8 所示。其中，2022 年全年累计授权 183 项，2023 年截至 7 月 25 日累计授权 96 项，较 2022 年同期上涨 7.87%，预计 2023 年将比 2022 年在发明专利授权数量上有一定幅度的增加。通过相关专利总体申请及授权情况可以看出，相关产业的知识转化速度有所提升，棉花产业技术升级正在提速。

表 5－8　2022—2023 年度涉棉发明专利概况

序号	发明（设计）名称	申请（专利权）人	年度
1	一种棉花生产种植用定栽盆	南京秦邦吉品农业开发有限公司	2022
2	一种便于进行拆装的棉花种植用灭虫灯	江西睦茗企业管理有限公司	2022
3	一种纺织生产加工用棉花原料开棉机导料机构	金华市凯乐福家纺有限公司	2022
4	一种纺织用棉花开棉装置	江西兰晟纺织有限公司	2022
5	一种牛仔风格锦棉花边蕾丝面料及其制备方法和应用	福州华冠针纺织品有限公司	2022
6	一种纺织用抓棉机棉花输送设备	南通海峰家居用品有限公司	2022
7	一种压缩棉花打散装置	杭州凤谊纺织有限公司	2022
8	用于鉴定棉花抗高温性状的 InDel 分子标记及其应用	新疆农业大学	2022
9	与棉花抗旱性相关的 InDel 分子标记及其应用	新疆农业大学	2022
10	基因 GhSINAs 在防治棉花黄萎病中的应用	中国农业科学院棉花研究所	2022
11	一种履带式棉花收获及落地棉自动捡拾清理装备	农业农村部南京农业机械化研究所	2022
12	一种机采籽棉的棉花杂质检测方法及系统	济南大学	2022
13	基于改进的链码法的棉花顶检测方法	江苏欧罗曼家纺有限公司	2022

① 国家知识产权局专利检索与统计．http://epub.cnipa.gov.cn/Advanced.

序号	发明（设计）名称	申请（专利权）人	年度
14	棉花多目标性状相关单体型筛选方法及其应用	中国农业科学院棉花研究所	2022
15	调控棉花对黄萎病和干旱抗性的转录因子 GhWRKY1－like 基因及其应用	湖北大学	2022
16	一种棉花基因及其用途	中国农业科学院深圳农业基因组研究所	2022
17	一种棉花授粉方法	山东棉花研究中心、山东水控农业开发集团有限公司	2022
18	棉花检测分割计数方法及系统	山东大学、山东锋士信息技术有限公司	2022
19	棉花回潮率目标值的设定方法、装置、设备及存储介质	中华全国供销合作总社郑州棉麻工程技术设计研究所	2022
20	用于棉花收割机的可移动进料底板	迪尔公司	2022
21	棉花 GhBZR3 蛋白及其编码基因在调节植物生长发育中的应用	中国科学院植物研究所	2022
22	一种隐性无腺体棉花的选育方法	河北省农林科学院棉花研究所	2022
23	棉花短纤维强度测量前处理设备	安徽省农业科学院棉花研究所	2022
24	用于棉花收割机的模块化安装系统	迪尔公司	2022
25	新疆棉花氮肥推荐施肥方法	新疆农业科学院土壤肥料与农业节水研究所	2022
26	一种防治棉花枯萎病的生防菌株、生防菌剂及其制备方法与应用	南京振旭生物科技有限公司	2022
27	新疆棉花钾肥推荐施肥方法	新疆农业科学院土壤肥料与农业节水研究所	2022
28	新疆棉花磷肥推荐施肥方法	新疆农业科学院土壤肥料与农业节水研究所	2022
29	一个改良棉花产量性状的糖苷水解酶基因和启动子及其应用	浙江大学	2022
30	一种标记棉花细胞微丝骨架的转基因棉花标签株系的培育方法及其应用	中国科学院微生物研究所	2022
31	一种示踪棉花细胞中微管正极端的转基因棉花标签株系的培育方法及其应用	中国科学院微生物研究所	2022
32	一种促苗壮苗的棉花种植方法	塔里木大学	2022

续表

序号	发明（设计）名称	申请（专利权）人	年度
33	一种分子标记辅助选育特早熟棉花种质的方法	邯郸市农业科学院	2022
34	一种抗草甘膦棉花核不育两用系的选育方法	四川省农业科学院经济作物育种栽培研究所	2022
35	一种改良高温下棉花雄性育性的方法	华中农业大学	2022
36	一种棉花纺织生产用带有防卡塞功能的高效梳棉装置	池州中亿服饰有限公司	2022
37	一种棉花快速补种作业机动车及补种作业方法	江苏岚江智能科技有限公司	2022
38	一种数字化棉花罗纹针织机	福建泳力泰针织机械有限公司	2022
39	棉花 GhHDA6 基因在调控植物开花期中的应用	中国农业科学院棉花研究所	2022
40	用于棉花收获机的底部护罩的控制机构	迪尔公司	2022
41	棉花钾离子通道蛋白 GhAKT2 及其编码基因和应用	中国农业大学	2022
42	一种利用棉花进行观赏培育的方法	湖北省农业科学院经济作物研究所	2022
43	一种棉花抗旱相关基因 GhDT1 及其应用	南京农业大学	2022
44	一种棉花花粉育性相关长链非编码 RNA 及其靶基因的应用	中国农业大学	2022
45	具有整压辊驱动种肥箱传动装置的棉花播种机及方法	河北省农林科学院旱作农业研究所	2022
46	一种基于导航精准定位的棉花精量播种机及方法	河北省农林科学院旱作农业研究所	2022
47	一种全自动棉花被加工生产线	东莞市澳莉莎家用纺织品有限公司	2022
48	棉花全基因组 SNP 芯片及其应用	南京农业大学	2022
49	抗线虫棉花转化事件 GHM3	中国种子集团有限公司	2022
50	敲除棉花 GhTSTs 基因的 sgRNA 组合物及其在创制棉花无短绒突变体中的应用	华中农业大学	2022
51	一种用于农机嵌入式设备的棉花行中心线图像提取方法	中国科学院合肥物质科学研究院	2022

序号	发明（设计）名称	申请（专利权）人	年度
52	双目视觉识别的自适应棉花收获方法及智能机械收获装置	华南农业大学；佛山市中科农业机器人与智慧农业创新研究院	2022
53	GhCIPK6D1 基因在提高棉花抗旱性中的应用	华中农业大学	2022
54	棉花全基因组 40K 单核苷酸位点及其在棉花基因分型中的应用	浙江大学	2022
55	抗线虫棉花转化事件 GHP10	中国种子集团有限公司	2022
56	一种双膜覆盖棉花苗期揭膜装置	内蒙古自治区农牧业科学院	2022
57	同时鉴定棉花细胞质雄性不育恢复基因 Rf1、Rf2 的 InDel 标记	中国农业科学院棉花研究所；中国农业科学院西部农业研究中心	2022
58	棉花丝/苏氨酸蛋白磷酸酶 GhTOPP6 及其编码基因和应用	中国农业大学	2022
59	一种与棉花纤维长度主效 QTL 连锁的分子标记及其应用	中国农业科学院棉花研究所	2022
60	棉花收获机功率管理	迪尔公司	2022
61	一种应用基因编辑技术获得高油酸棉花的方法	山东棉花研究中心	2022
62	一种农业用棉花脱壳机	陈豪杰	2022
63	一种调节棉花株型提高抗逆性的组合物及其制备方法与应用	中国农业大学	2022
64	一种用于棉花加工的杂尘预处理装置	中华全国供销合作总社郑州棉麻工程技术设计研究所	2022
65	棉花纤维品质相关的 GhCYSb 基因 SNP 标记及其应用	中国农业科学院棉花研究所	2022
66	一种棉花隐性核不育恢复基因 GhNSP 及其应用和创制棉花雄性不育种质的方法	华中农业大学	2022
67	一种用于纺织的棉花细屑回收装置	江苏金銮纺织科技股份有限公司	2022
68	棉花种子剥皮加倍的种植方法	中国农业科学院棉花研究所	2022
69	一种鉴定棉花叶蜜腺性状的 InDel 标记引物及其应用	中国农业科学院棉花研究所	2022
70	棉花打顶用高效稳定的甲哌鎓打顶剂及制备方法和应用	石家庄博佳特化工有限公司	2022
71	棉花事件 N15－5 以及用于其检测的引物和方法	创世纪种业有限公司	2022

序号	发明（设计）名称	申请（专利权）人	年度
72	一种棉花原生质体制备方法	中国农业科学院棉花研究所	2022
73	棉花 GhRPL2 基因在提高植物干旱胁迫耐性中的应用	中国农业科学院棉花研究所	2022
74	一种来源于尤卡坦氏棉与棉花纤维强度 QTL 连锁的分子标记及其应用	南京农业大学	2022
75	一种快速鉴定萌发期棉花种子耐盐性的方法	中国农业科学院棉花研究所	2022
76	一种基于打包膜的交卷防潮型棉花打包方法	海安鑫福缘农业科技有限公司	2022
77	一种纺织用棉花开松机	湖南科力嘉纺织股份有限公司	2022
78	棉花基因叠加目标系的建立及其应用	中国科学院华南植物园	2022
79	CRISPR/xCas9 基因编辑系统在棉花中的应用	中国农业科学院棉花研究所	2022
80	盐碱地棉花出苗多效营养组合物、制备方法及施用方法	台沃科技集团股份有限公司	2022
81	棉花 GhTRX134 基因在提高植物干旱胁迫耐性中的应用	中国农业科学院棉花研究所	2022
82	棉花 GhDctpp1－D11 基因在促进植物开花中的应用	中国农业科学院棉花研究所	2022
83	一种改进 YOLOv3 复杂棉田背景下棉花检测方法	武汉工程大学	2022
84	棉花 GhDof1.7 基因在促进植物耐盐中的应用	中国农业科学院棉花研究所	2022
85	棉花 GhNFYC4 基因在促进植物开花中的应用	中国农业科学院棉花研究所	2022
86	一种利用重离子束诱变获得棉花突变体的方法	河北省农林科学院棉花研究所	2022
87	与棉花矮秆和高衣分相关的 SSR 分子标记	江苏省农业科学院	2022
88	棉花高衣分相关的 SSR 核酸序列及其应用	江苏省农业科学院	2022
89	一种多功能梳棉花用的捻线机	徐州久源纺织有限公司	2022
90	一种利用外源自交不亲和性的棉花育种方法	河南大学	2022

序号	发明（设计）名称	申请（专利权）人	年度
91	可显著提高棉花黄萎病抗性的基因GauRev2及其应用	南京农业大学	2022
92	一种棉花苗期棉蚜数量监测方法及系统	石河子大学	2022
93	一种棉花种植用喷药装置	安徽省农业科学院棉花研究所	2022
94	一种棉花种植用营养钵移栽装置	梁琼	2022
95	棉花抗黄萎病相关蛋白GhMAPK13及其编码基因和应用	中国农业科学院棉花研究所	2022
96	一个同时改良棉花纤维长度、强度、伸长率的B3转录因子基因及其应用	浙江大学	2022
97	棉花GhGOLS2基因在控制棉花种子萌发中的应用	郑州大学	2022
98	一种基于图像分类和目标检测的棉花发育期自动识别方法	北京工业大学	2022
99	一种促苗早发的棉花种植方法	塔里木大学	2022
100	棉花黄萎病相关基因GhBONI及其编码蛋白与应用	新疆农业科学院核技术生物技术研究所	2022
101	双仿形棉花顶部对靶喷雾方法及装置	石河子大学	2022
102	一种棉花种植用培土施肥一体装置	塔里木大学	2022
103	棉花收获机和采摘单元	迪尔公司	2022
104	棉花遗传转化中产生正常苗的培养基及方法	中国农业科学院棉花研究所、山西省农业科学院棉花研究所	2022
105	用于棉花清理机的脱棉器	迪尔公司	2022
106	一种棉花启动子PCGP1及其应用	河南大学	2022
107	一种棉花种子加工装置	龚磊	2022
108	一种基于胚快速成苗的耐盐棉花品种的选育方法	新疆农业科学院经济作物研究所	2022
109	一种可快速拆换的采收辊、棉花采摘台及棉花联合收获机	农业农村部南京农业机械化研究所	2022
110	一种用于检测棉花黄萎病病原大丽轮枝菌的RPA引物、探针、试剂盒和检测方法	安徽省农业科学院棉花研究所	2022

续表

序号	发明（设计）名称	申请（专利权）人	年度
111	一种棉花秸秆生物炭复合肥生产加工装置及其加工方法	塔里木大学	2022
112	一种基于超声波清洗技术的棉花清棉装置	广东国棉科技有限公司	2022
113	一个棉花纤维伸长率主效 QTLqFE—chr.D01 区间的鉴定及应用	中国农业科学院棉花研究所	2022
114	一种调控棉花雄性生殖发育的 GhFLA19—D 蛋白及其编码基因与应用	中国农业科学院棉花研究所	2022
115	一种与棉花纤维长度主效 QTL 连锁的分子标记及其应用	中国农业科学院棉花研究所	2022
116	棉花 GhCAL—D07 基因在促进植物开花中的应用	中国农业科学院棉花研究所	2022
117	一种筛选抗冷棉花品种的方法及其应用	中国农业科学院棉花研究所	2022
118	一种抗旱耐盐型棉花品种的选育方法	河北省农林科学院棉花研究所	2022
119	一种棉花单粒种子微创取样器	中国农业科学院棉花研究所	2022
120	利用 LeDNAJ 基因改良棉花耐盐性的方法及应用	九圣禾种业股份有限公司	2022
121	一种棉花打顶残体消毒回收机	塔里木大学	2022
122	一种多功能计量棉花灌溉装置	塔里木大学	2022
123	一种棉花种植用可定量施肥装置	塔里木大学	2022
124	GhMAH1 蛋白及其编码基因在调控棉花纤维长度中的应用	中国农业科学院棉花研究所	2022
125	一种通过腐胺和固液交替培养提高棉花胚状体发生效率的方法	黄冈师范学院	2022
126	用于转基因抗虫抗草甘膦棉花的特异性鉴定分子标记的引物组及其应用	浙江大学	2022
127	棉花品种吐絮集中度的花—絮两阶段精准鉴定方法	新疆农垦科学院	2022
128	一种棉花抗旱相关基因 GhRCHY1 及其应用	南京农业大学	2022
129	一种可防止棉花卷入切割刀转轴的断棉机	杭州科杰实业有限公司	2022

序号	发明（设计）名称	申请（专利权）人	年度
130	一种棉花种植打孔装置及棉花种植方法	塔里木大学	2022
131	用于鉴别新陆中系列棉花品种的多态性分子标记及其应用	石河子大学	2022
132	棉花花基斑性状相关 SNP 分子标记及其应用	石河子大学	2022
133	基于无人机影像的 SENP 棉花产量估算方法及估算模型构建方法	新疆疆天航空科技有限公司、石河子大学	2022
134	一种纺织用棉花清洗烘干装置	山东恒翔棉制品有限公司	2022
135	棉花仿形纵横切割打顶机	姜学森	2022
136	基于土壤水势的棉花水分监测滴灌控制方法及系统	塔里木大学	2022
137	一种带有标记的棉花雄性不育系的创制方法	华中农业大学	2022
138	一种棉花种子筛选装置及筛选方法	济宁市农业科学研究院	2022
139	一种棉花加工用棉花均匀喂料机	聊城大学高新技术产业有限公司	2022
140	一种棉花秸秆腐熟复合基质及其应用	新疆农业科学院土壤肥料与农业节水研究所	2022
141	一种棉花隐性核不育恢复同源基因对及其敲除试剂在创造不育系中的应用	华中农业大学	2022
142	一种自动对行的棉花打顶机	河北农业大学、石家庄学院	2022
143	一种适宜洞庭湖棉区的棉花轻简栽培方法	湖南省棉花科学研究所	2022
144	一种转基因棉花抗虫鉴定药剂涂抹器	河南中医药大学	2022
145	棉花抗黄萎病相关基因 GhABC 及其编码蛋白和应用	中国农业科学院棉花研究所	2022
146	GhVLN2 基因及其在抵御棉花黄萎病中的应用	中国科学院微生物研究所	2022
147	一种新型棉花采摘机	中国农业科学院棉花研究所、邯郸市农业科学院	2022
148	基于小型无人机群的棉花虫害立体监测方法与系统	广东技术师范大学	2022
149	棉花打顶机器人系统及其工作方法	福州大学	2022

续表

序号	发明（设计）名称	申请（专利权）人	年度
150	一种棉花高温响应基因 GhHRK1、编码蛋白及其应用	华中农业大学	2022
151	一种基于大数据分层聚类的棉花生产工艺优化方法	济南大学	2022
152	一种利用棉花核不育杂交种选育抗病虫优质棉品种的方法	四川省农业科学院经济作物育种栽培研究所	2022
153	一种棉花种子引发剂及使用该引发剂处理棉花种子的方法	中国农业科学院棉花研究所、广西田园生化股份有限公司	2022
154	一种减轻棉花蕾期雹灾损失的栽培方法	山东棉花研究中心	2022
155	棉花收获机行单元的采摘单元	迪尔公司	2022
156	棉花打包管理系统、控制方法、棉花打包机和存储介质	中国铁建重工集团股份有限公司	2022
157	一种玩具生产用塞棉花设备	陈思涵	2022
158	降低棉花棉酚含量的 sgRNA 及其表达载体和应用	中国农业科学院生物技术研究所、三亚中国农业科学院国家南繁研究院	2022
159	一种棉花细胞核雄性不育系快速选育及组合测配鉴定方法	湖南省棉花科学研究所	2022
160	一种手持气吸式棉花采摘装置	石河子大学	2022
161	一种棉花播种机上切割滴灌带的装置	内蒙古自治区农牧业科学院	2022
162	一种田间棉花自动打顶装置	华中农业大学	2022
163	一种开松装置及纺织用棉花处理设备	徐州华通手套有限公司	2022
164	棉花机械化覆土定苗一体机	河北省农林科学院旱作农业研究所	2022
165	一种棉花中农药残留和重金属的检测设备	德州市纤维检验所	2022
166	棉花抗黄萎病相关基因 GhDEK 的应用	中国农业科学院棉花研究所	2022
167	棉花抗黄萎病相关基因 GhHMGB2 的应用	中国农业科学院棉花研究所	2022
168	一种棉花打顶剂及其制备和应用方法	扬州大学	2022
169	一种用于棉花纱线的倍捻设备	兰溪市隆庆纺织有限公司	2022

序号	发明（设计）名称	申请（专利权）人	年度
170	一种基于超高液相色谱对棉花花朵多胺含量测定的方法	安徽农业大学	2022
171	棉花 GhMADS36－A11 基因在促进植物开花中的应用	中国农业科学院棉花研究所	2022
172	棉花 GhMADS44－A03 基因在促进植物开花中的应用	中国农业科学院棉花研究所、山东众力棉业科技有限公司	2022
173	一种回转型棉花打包捆扎系统及方法	济南大学	2022
174	一种直线型棉花打包捆扎系统及方法	济南大学	2022
175	一种调控棉花纤维呈色的融合基因及其表达载体和应用	西南大学	2022
176	棉花加工设备的参数调整方法、装置、设备及存储介质	中华全国供销合作总社郑州棉麻工程技术设计研究所	2022
177	一种春棉花铃期的施肥方法	安徽省农业科学院棉花研究所	2022
178	棉花 GhMADS45－D09 基因在促进植物开花中的应用	中国农业科学院棉花研究所、山东众力棉业科技有限公司	2022
179	一种棉花免打顶营养配方及其使用方法	湖北格林凯尔农业科技有限公司	2022
180	棉花叶片双向电泳及高通量质谱分析的蛋白提取方法	海南师范大学	2022
181	一种棉花快速晾晒装置	陈吉梅	2022
182	棉花 GraiRGA 转录因子特异识别抗体制备方法	南通大学	2022
183	一种抗虫低酚棉花品种的育种方法	邯郸市农业科学院	2022
184	一种夹持式棉花拔杆粉碎机	奎屯银力棉油机械有限公司	2023
185	一种漏网式棉花打顶机	江苏大学	2023
186	进口印度棉花品级检验级距标样的制作方法	石家庄海关技术中心	2023
187	一种棉花植物保护用灭虫装置	新疆生产建设兵团第七师农业科学研究所	2023
188	一种棉花基多孔生物质碳的制备方法	江苏科技大学、江苏科技大学海洋装备研究院	2023
189	一种棉花黄萎病病害发生表型识别的方法	新疆农业大学	2023

续表

序号	发明（设计）名称	申请（专利权）人	年度
190	棉花打包膜用固体胶黏剂及其制备方法	淄博龙沙高分子材料科技有限公司	2023
191	一种新疆棉花花铃期抗旱性的综合评价方法	新疆农业大学	2023
192	甩动除杂式棉花内衬床垫收卷装置	佛山市爱罗家具有限公司	2023
193	检测棉花转基因成分的引物对组合、试剂盒及检测方法	江汉大学	2023
194	一种便于机采的棉花种质资源筛选方法	湖北省农业科学院经济作物研究所	2023
195	一种基于高棉酚棉籽开发棉花芽苗菜的方法	三亚中国农业科学院国家南繁研究院、中国农业科学院棉花研究所	2023
196	一种天然棉花颜色分类的方法	中国彩棉（集团）股份有限公司、新疆彩色棉工程技术研究院有限公司	2023
197	一种棉花加代繁育快速成铃的方法	石河子大学	2023
198	GhAIL6基因在促进棉花胚性愈伤组织形成中的用途	中国农业科学院棉花研究所	2023
199	一种棉花无膜栽培种下施肥播种装置	塔里木大学	2023
200	一种筛选高吸镉棉花品种方法	湖南省棉花科学研究所	2023
201	一种小型棉花皮辊式试轧机	长江大学	2023
202	一种用于提高盐碱地棉花种子发芽率的辅助装置	中国农业科学院农田灌溉研究所	2023
203	一种棉花打顶机静态夹持结构及方法	山东省农业机械科学研究院	2023
204	一种棉花加工用前处理梳理一体化装置	盐城市鼎瀚纺织原料有限公司	2023
205	一种棉花离线打包系统及打包方法	南通大学	2023
206	一种棉花短纤维长度测量仪	安徽省农业科学院棉花研究所	2023
207	棉花脂转运蛋白基因GhFIL在改良棉花纤维品质中的应用	南京农业大学	2023
208	棉花β－1、3－葡聚糖酶基因Gh-GLU18在改良棉花纤维品质中的应用	南京农业大学	2023

序号	发明（设计）名称	申请（专利权）人	年度
209	一株防治棉花苗期根腐病的莫海威芽孢杆菌及其应用	新疆农业科学院核技术生物技术研究所、新疆农业科学院植物保护研究所	2023
210	棉花基因 GhGTG1 在植物耐冷胁迫方面的应用	中国农业科学院棉花研究所	2023
211	用于检测棉花曲叶病毒的 RPA 引物、试剂盒及其检测方法与应用	广东省农业科学院植物保护研究所	2023
212	一种棉花加工用的废绒回收装置	韩玉世家（南通）纺织品有限公司	2023
213	一种棉花脱叶剂施药处方图生成方法及装置	中国科学院空天信息创新研究院	2023
214	一种棉花叶片中心点位置定位方法	桂林市思奇通信设备有限公司	2023
215	一种田间棉花智能精准打顶装置	华中农业大学	2023
216	一种棉花种植土壤检测设备	新疆生产建设兵团第一师农业科学研究所	2023
217	一种棉花花药开裂状态识别方法及系统	华中农业大学	2023
218	一种农业用棉花脱壳机	新疆巴音郭楞蒙古自治州农业科学研究院	2023
219	一种制备用于棉花胚珠空间转录组分析的切片的方法	中国农业科学院棉花研究所、河南大学	2023
220	棉花纤维特异表达启动子 8DP2 及其应用	西南大学	2023
221	一种可移动式棉包及棉花自动取样装置及其取样方法	青岛海关技术中心、陕西出入境检验检疫局检验检疫技术中心	2023
222	一种可调节式棉花异纤清除机	界首市华宇纺织有限公司	2023
223	一种用于棉花小区育种试验的开穴播种装置	塔里木大学	2023
224	一种棉花加工生产质量检测方法	金乡县利顺祥棉业有限公司	2023
225	一种棉花播种机及等株距覆土播种方法	闫承祥	2023
226	一种棉花打顶控制方法、棉花打顶设备及相关装置	广州极飞科技股份有限公司	2023
227	棉花轧花前籽棉回潮率调节系统及方法	中华全国供销合作总社郑州棉麻工程技术设计研究所	2023

序号	发明（设计）名称	申请（专利权）人	年度
228	一种整地同位仿形棉花单粒精播覆膜联合作业机	滨州市农业机械化科学研究所	2023
229	鉴定棉花纤维比强度和马克隆值的SNP分子标记及其应用	河北省农林科学院粮油作物研究所	2023
230	一种提高棉花产量和纤维品质的小分子物质	山东省农业科学院	2023
231	一种筛选棉花萌发出苗期耐冷品种的方法及其应用	中国农业科学院棉花研究所	2023
232	一种提高棉花种子质量和油脂含量的方法	西南大学	2023
233	一种棉花的化学调控方法	湖北省农业科学院经济作物研究所	2023
234	一种耐干旱棉花育种方法及应用	河南省农业科学院经济作物研究所	2023
235	一种促进棉花水分吸收助剂、制备方法及使用方法	山东省农业科学院	2023
236	一种棉花打包膜复合拼接设备	新疆天业节水灌溉股份有限公司	2023
237	一种具有高堆积密度的棉花收集装置及使用方法	江苏电子信息职业学院	2023
238	棉花纤维品质相关的GhJMJ12基因SNP标记及其应用	河南农业大学	2023
239	一种棉花打包膜复合拼接设备	新疆天业节水灌溉股份有限公司	2023
240	一种转移扎染方法及其制得的锦棉花边蕾丝面料	福州华冠针纺织品有限公司	2023
241	一种棉花收割自动打包用热熔胶及其制备方法和应用	华威粘结材料（上海）股份有限公司	2023
242	一种可自动切断埋压滴灌带和地膜的新型棉花播种机	塔里木大学	2023
243	一种联合作业式棉花精量播种机	华中农业大学	2023
244	一种棉花钾转运体基因启动子及其应用	河南科技学院	2023
245	鼠李糖脂在治理盐碱地土壤以及提高盐碱地棉花产量中的应用	浙江大学	2023
246	手持式棉花点播器	内蒙古自治区农牧业科学院	2023
247	棉花捆直径可调的高密度不停机棉花打捆成形机及方法	中国农业大学	2023

序号	发明（设计）名称	申请（专利权）人	年度
248	一种色块编码定位的棉花穴播排种质量监测系统	湖北洪山实验室、华中农业大学	2023
249	液压棉花单元滚筒驱动器	迪尔公司	2023
250	一种促进棉花提前成熟的方法	新疆农垦科学院	2023
251	一种适用于棉花栽培的施肥装置及配置施肥方法	湖北省农业科学院经济作物研究所	2023
252	一株抗棉花黄萎病的根瘤菌DG3－1及其用途	塔里木大学	2023
253	一种棉花打包膜用热熔压敏胶及其制备方法	上海永冠众诚新材料科技（集团）股份有限公司	2023
254	一种促进棉花加代繁育的室内栽培方法	石河子大学	2023
255	一种棉花GhGlu19基因及其在提高棉花产量中的应用	南京农业大学	2023
256	调控棉花纤维伸长的基因GhZFP8及其应用	陕西师范大学	2023
257	一种棉花秸秆聚拢机	河北省农业机械化研究所有限公司、河北省农机化技术推广服务总站、石家庄市中州机械制造有限公司	2023
258	一种获取棉花叶片丛聚指数的数字图像方法及系统	新疆农垦科学院	2023
259	一种用于棉花防病促生长的药肥及其制备方法	新疆农业大学	2023
260	一种基于转录组和蛋白组联合分析的棉花耐盐基因发现方法及其应用	南通大学	2023
261	四组分BSMV超表达棉花基因载体的应用及构建方法	郑州大学	2023
262	一种提高棉花耐旱和耐盐碱能力的sgRNA及其应用	中国农业科学院生物技术研究所	2023
263	棉花包卷膜	王超	2023
264	棉花GhALS突变型蛋白、基因及其分子标记和应用	江苏省农业科学院	2023
265	一种智能测高运动平稳精准控制的棉花打顶机器人系统	新疆大学	2023
266	一种棉花早期基因沉默方法Si－VIGS	郑州大学	2023

序号	发明（设计）名称	申请（专利权）人	年度
267	一种棉花装卸运输阴燃监测方法及装置	河南省科学院高新技术研究中心	2023
268	基于棉花 SSR 分子标记筛选藏紫草的特异性 SSR 标记方法	西藏大学、中国农业科学院棉花研究所	2023
269	棉花对没顶淹涝的一种抗性鉴定方法	中国农业科学院棉花研究所	2023
270	一种高效棉花秸秆腐熟剂及其制备方法	广东希普生物科技股份有限公司	2023
271	一种棉花转化事件 KJC003 及其应用	科稷达隆（北京）生物技术有限公司	2023
272	基于无人机风场的棉花虫害监测方法与系统	广东技术师范大学	2023
273	一种棉花快速采摘装置	湖州生力液压有限公司	2023
274	GhGPAT12 蛋白和 GhGPAT25 蛋白在调控棉花雄性生殖发育中的应用	中国农业科学院棉花研究所	2023
275	一种滴灌棉花氮营养亏损诊断方法及系统	石河子大学	2023
276	一种快换锁及应用该快换锁的棉花专用施药机	南通黄海药械有限公司	2023
277	一种喷洒装置及应用该装置的棉花专用施药机	南通黄海药械有限公司	2023
278	一种送风装置及应用该装置的棉花专用施药机	南通黄海药械有限公司	2023
279	GhMYB44 基因在棉花愈伤组织分化发育中的应用	新疆农业大学、中国农业科学院棉花研究所	2023

5.3.2 主要研究机构概况

本节主要通过专利权人的角度分析涉棉科研主体概况。基于表 5—8 统计了 2022—2023 年度授权专利与专利权人的归属关系，详细结果如表 5—9 所示（仅列出了授权数量在 2 项以上的单位或个人）。可以看出，中国农业科学院棉花研究所的专利授权数量高居榜首，彰显了其在棉花领域的深厚研究实力。塔里木大学、华中农业大学、迪尔公司、南京农业大学、石河子大学、新疆农业大学、安徽省农业科学院棉花研究所、浙江大学和中国农业大学发明专利授权数量都在5项以上，体现了这些涉棉科研单位较强的棉花研究能力。另外，也可以看到很多涉棉企业和研究所也在发明专利授权上颇有建树。值得指出的是，与论文发表不同，全国棉花主产区新疆在专利申请与授权方面并不占主导地位，从一定程度上反映了其研究的重理论、轻工程实践和实际转化的问题。图5－6以词云的方式更加直观地展示了涉棉科研单位在发明专利授权中的比重。

表5－9　2022—2023年度涉棉发明专利申请（专利权）人概况

序号	申请（专利权）人	数量（项）	占比
1	中国农业科学院棉花研究所	39	0.1345
2	塔里木大学	13	0.0448
3	华中农业大学	11	0.0379
4	迪尔公司	8	0.0276
5	南京农业大学	8	0.0276
6	石河子大学	8	0.0276
7	新疆农业大学	6	0.0207
8	安徽省农业科学院棉花研究所	5	0.0172
9	浙江大学	5	0.0172
10	中国农业大学	5	0.0172
11	湖北省农业科学院经济作物研究所	4	0.0138
12	济南大学	4	0.0138
13	新疆农业科学院土壤肥料与农业节水研究所	4	0.0138
14	中华全国供销合作总社郑州棉麻工程技术设计研究所	4	0.0138
15	河北省农林科学院旱作农业研究所	3	0.0103
16	河北省农林科学院棉花研究所	3	0.0103
17	湖南省棉花科学研究所	3	0.0103
18	江苏省农业科学院	3	0.0103

序号	申请（专利权）人	数量（项）	占比
19	南通大学	3	0.0103
20	南通黄海药械有限公司	3	0.0103
21	内蒙古自治区农牧业科学院	3	0.0103
22	山东棉花研究中心	3	0.0103
23	西南大学	3	0.0103
24	新疆农垦科学院	3	0.0103
25	郑州大学	3	0.0103
26	中国科学院微生物研究所	3	0.0103
27	福州华冠针纺织品有限公司	2	0.0069
28	广东技术师范大学	2	0.0069
29	广东丸美生物技术股份有限公司	2	0.0069
30	广东智源机器人科技有限公司	2	0.0069
31	邯郸市农业科学院	2	0.0069
32	河南大学	2	0.0069
33	农业农村部南京农业机械化研究所	2	0.0069
34	山东省农业科学院	2	0.0069
35	四川省农业科学院经济作物育种栽培研究所	2	0.0069
36	新疆农业科学院核技术生物技术研究所	2	0.0069
37	新疆天业节水灌溉股份有限公司	2	0.0069
38	中国农业科学院生物技术研究所	2	0.0069
39	中国种子集团有限公司	2	0.0069

图 5-6 2022—2023 年涉棉发明专利申请（专利权）人比重

5.3.3 主要研究内容概况

与 5.1.3 节类似，根据先后顺序依次将完整棉花产业链划分为育种、栽培、植保（田间管理阶段）、收获、初加工、检测、仓储、物流以及深加工 9 个阶段，其中深加工与纺织和制造关系更加紧密，本文不作讨论。按照上述 9 个阶段依次对近两年授权的发明专利进行归类，详细结果如表 5-10 所示。可以看出，在 2022 年授权的 183 项专利中，88 项属于育种阶段，占比为 48.09%；14 项属于栽培阶段，占比为 7.65%；25 项属于植保阶段，占比为 13.66%；11 项属于收获阶段，占比为 6.01%；25 项属于初加工阶段，占比为 13.66%；16 项属于检测阶段，占比为 8.74%；1 项属于深加工阶段，占比为 0.55%。总体来说，属于产业链前段的育种、栽培、植保和收获总体占比 75.41%，属于产业链中后段的初加工、检测、仓储、物流和深加工总体占比 24.59%；2023 年授权的 96 项专利中，26 项属于育种阶段，占比为 27.08%；12 项属于栽培阶段，占比为 12.5%；24 项属于植保阶段，占比为 25%；11 项属于收获阶段，占比为 11.46%；9 项属于初加工阶段，占比为 9.38%；10 项属于检测阶段，占比为 10.42%；2 项属于仓储阶段，占比为 2.08%%；1 项属于物流阶段，占比为 1.04%；1 项属于深加工阶段，占比

第5章 产业研究动态

为1.04%。总体来说，属于产业链前段的育种、栽培、植保和收获总体占比为76.04%，属于产业链中后段的初加工、检测、仓储、物流和深加工总体占比为23.96%。由以上分析可以看出，从专利申请与授权角度来说存在与5.1.3节和5.2.3节相似的情况，即属于产业链前段的专利申请较多，而属于产业链中后段的专利申请则严重不足，图5-7以饼图的形式更加直观地展示了各个阶段专利占比情况。

表5-10 2022—2023年度涉棉专利主要内容概况

序号	发明（设计）名称	阶段	年度
1	一种棉花生产种植用定栽盆	栽培	2022
2	一种便于进行拆装的棉花种植用灭虫灯	植保	2022
3	一种纺织生产加工用棉花原料开棉机导料机构	深加工	2022
4	一种纺织用棉花开棉装置	初加工	2022
5	一种牛仔风格锦棉花边蕾丝面料及其制备方法和应用	深加工	2022
6	一种纺织用抓棉机棉花输送设备	初加工	2022
7	一种压缩棉花打散装置	初加工	2022
8	用于鉴定棉花抗高温性状的InDel分子标记及其应用	检测	2022
9	与棉花抗旱性相关的InDel分子标记及其应用	育种	2022
10	基因GhSINAs在防治棉花黄萎病中的应用	育种	2022
11	一种履带式棉花收获及落地棉自动捡拾清理装备	收获	2022
12	一种机采籽棉的棉花杂质检测方法及系统	检测	2022
13	基于改进的链码法的棉花顶检测方法	检测	2022
14	棉花多目标性状相关单体型筛选方法及其应用	育种	2022
15	调控棉花对黄萎病和干旱抗性的转录因子GhWRKY1-like基因及其应用	育种	2022
16	一种棉花基因及其用途	育种	2022
17	一种棉花授粉方法	植保	2022
18	棉花检测分割计数方法及系统	检测	2022
19	棉花回潮率目标值的设定方法、装置、设备及存储介质	检测	2022
20	用于棉花收割机的可移动进料底板	收获	2022
21	棉花GhBZR3蛋白及其编码基因在调节植物生长发育中的应用	育种	2022
22	一种隐性无腺体棉花的选育方法	育种	2022
23	棉花短纤维强度测量前处理设备	育种	2022

序号	发明（设计）名称	阶段	年度
24	用于棉花收割机的模块化安装系统	检测	2022
25	新疆棉花氮肥推荐施肥方法	植保	2022
26	一种防治棉花枯萎病的生防菌株、生防菌剂及其制备方法与应用	植保	2022
27	新疆棉花钾肥推荐施肥方法	植保	2022
28	新疆棉花磷肥推荐施肥方法	植保	2022
29	一个改良棉花产量性状的糖苷水解酶基因和启动子及其应用	育种	2022
30	一种标记棉花细胞微丝骨架的转基因棉花标签株系的培育方法及其应用	育种	2022
31	一种示踪棉花细胞中微管正极端的转基因棉花标签株系的培育方法及其应用	育种	2022
32	一种促苗壮苗的棉花种植方法	栽培	2022
33	一种分子标记辅助选育特早熟棉花种质的方法	育种	2022
34	一种抗草甘膦棉花核不育两用系的选育方法	育种	2022
35	一种改良高温下棉花雄性育性的方法	育种	2022
36	一种棉花纺织生产用带有防卡塞功能的高效梳棉装置	初加工	2022
37	一种棉花快速补种作业机动车及补种作业方法	栽培	2022
38	一种数字化棉花罗纹针织机	初加工	2022
39	棉花 GhHDA6 基因在调控植物开花期中的应用	植保	2022
40	用于棉花收获机的底部护罩的控制机构	收获	2022
41	棉花钾离子通道蛋白 GhAKT2 及其编码基因和应用	育种	2022
42	一种利用棉花进行观赏培育的方法	育种	2022
43	一种棉花抗旱相关基因 GhDT1 及其应用	育种	2022
44	一种棉花花粉育性相关长链非编码 RNA 及其靶基因的应用	育种	2022
45	具有整压辊驱动种肥箱传动装置的棉花播种机及方法	栽培	2022
46	一种基于导航精准定位的棉花精量播种机及方法	栽培	2022
47	一种全自动棉花被加工生产线	初加工	2022
48	棉花全基因组 SNP 芯片及其应用	育种	2022
49	抗线虫棉花转化事件 GHM3	育种	2022

序号	发明（设计）名称	阶段	年度
50	敲除棉花 GhTSTs 基因的 sgRNA 组合物及其在创制棉花无短绒突变体中的应用	育种	2022
51	一种用于农机嵌入式设备的棉花行中心线图像提取方法	检测	2022
52	双目视觉识别的自适应棉花收获方法及智能机械收获装置	收获	2022
53	GhCIPK6D1 基因在提高棉花抗旱性中的应用	育种	2022
54	棉花全基因组 40K 单核苷酸位点及其在棉花基因分型中的应用	育种	2022
55	抗线虫棉花转化事件 GHP10	育种	2022
56	一种双膜覆盖棉花苗期揭膜装置	育种	2022
57	同时鉴定棉花细胞质雄性不育恢复基因 Rf1、Rf2 的 InDel 标记	育种	2022
58	棉花丝/苏氨酸蛋白磷酸酶 GhTOPP6 及其编码基因和应用	育种	2022
59	一种与棉花纤维长度主效 QTL 连锁的分子标记及其应用	育种	2022
60	棉花收获机功率管理	收获	2022
61	一种应用基因编辑技术获得高油酸棉花的方法	育种	2022
62	一种农业用棉花脱壳机	收获	2022
63	一种调节棉花株型提高抗逆性的组合物及其制备方法与应用	育种	2022
64	一种用于棉花加工的杂尘预处理装置	初加工	2022
65	棉花纤维品质相关的 GhCYSb 基因 SNP 标记及其应用	育种	2022
66	一种棉花隐性核不育恢复基因 GhNSP 及其应用和创制棉花雄性不育种质的方法	育种	2022
67	一种用于纺织的棉花细屑回收装置	初加工	2022
68	棉花种子剥皮加倍的种植方法	栽培	2022
69	一种鉴定棉花叶蜜腺性状的 InDel 标记引物及其应用	育种	2022
70	棉花打顶用高效稳定的甲哌鎓打顶剂及制备方法和应用	植保	2022
71	棉花事件 N15－5 以及用于其检测的引物和方法	育种	2022
72	一种棉花原生质体制备方法	育种	2022
73	棉花 GhRPL2 基因在提高植物干旱胁迫耐性中的应用	育种	2022
74	一种来源于尤卡坦氏棉与棉花纤维强度 QTL 连锁的分子标记及其应用	育种	2022
75	一种快速鉴定萌发期棉花种子耐盐性的方法	检测	2022

序号	发明（设计）名称	阶段	年度
76	一种基于打包膜的交卷防潮型棉花打包方法	仓储	2022
77	一种纺织用棉花开松机	初加工	2022
78	棉花基因叠加目标系的建立及其应用	育种	2022
79	CRISPR/xCas9 基因编辑系统在棉花中的应用	育种	2022
80	盐碱地棉花出苗多效营养组合物、制备方法及施用方法	栽培	2022
81	棉花 GhTRX134 基因在提高植物干旱胁迫耐性中的应用	育种	2022
82	棉花 GhDctpp1－D11 基因在促进植物开花中的应用	育种	2022
83	一种改进 YOLOv3 复杂棉田背景下棉花检测方法	检测	2022
84	棉花 GhDof1.7 基因在促进植物耐盐中的应用	育种	2022
85	棉花 GhNFYC4 基因在促进植物开花中的应用	育种	2022
86	一种利用重离子束诱变获得棉花突变体的方法	育种	2022
87	与棉花矮秆和高衣分相关的 SSR 分子标记	育种	2022
88	棉花高衣分相关的 SSR 核酸序列及其应用	育种	2022
89	一种多功能梳棉花用的捻线机	初加工	2022
90	一种利用外源自交不亲和性的棉花育种方法	育种	2022
91	可显著提高棉花黄萎病抗性的基因 GauRev2 及其应用	育种	2022
92	一种棉花苗期棉蚜数量监测方法及系统	检测	2022
93	一种棉花种植用喷药装置	植保	2022
94	一种棉花种植用营养钵移栽装置	栽培	2022
95	棉花抗黄萎病相关蛋白 GhMAPK13 及其编码基因和应用	育种	2022
96	一个同时改良棉花纤维长度、强度、伸长率的 B3 转录因子基因及其应用	育种	2022
97	棉花 GhGOLS2 基因在控制棉花种子萌发中的应用	育种	2022
98	一种基于图像分类和目标检测的棉花发育期自动识别方法	检测	2022
99	一种促苗早发的棉花种植方法	栽培	2022
100	棉花黄萎病相关基因 GhBONI 及其编码蛋白与应用	育种	2022
101	双仿形棉花顶部对靶喷雾方法及装置	植保	2022
102	一种棉花种植用培土施肥一体装置	植保	2022

序号	发明（设计）名称	阶段	年度
103	棉花收获机和采摘单元	收获	2022
104	棉花遗传转化中产生正常苗的培养基及方法	育种	2022
105	用于棉花清理机的脱棉器	初加工	2022
106	一种棉花启动子 PCGP1 及其应用	育种	2022
107	一种棉花种子加工装置	育种	2022
108	一种基于胚快速成苗的耐盐棉花品种的选育方法	育种	2022
109	一种可快速拆换的采收辊、棉花采摘台及棉花联合收获机	收获	2022
110	一种用于检测棉花黄萎病病原大丽轮枝菌的 RPA 引物、探针、试剂盒和检测方法	检测	2022
111	一种棉花秸秆生物炭复合肥生产加工装置及其加工方法	初加工	2022
112	一种基于超声波清洗技术的棉花清棉装置	初加工	2022
113	一个棉花纤维伸长率主效 QTLqFE—chr. D01 区间的鉴定及应用	检测	2022
114	一种调控棉花雄性生殖发育的 GhFLA19—D 蛋白及其编码基因与应用	育种	2022
115	一种与棉花纤维长度主效 QTL 连锁的分子标记及其应用	育种	2022
116	棉花 GhCAL—D07 基因在促进植物开花中的应用	育种	2022
117	一种筛选抗冷棉花品种的方法及其应用	育种	2022
118	一种抗旱耐盐型棉花品种的选育方法	育种	2022
119	一种棉花单粒种子微创取样器	育种	2022
120	利用 LeDNAJ 基因改良棉花耐盐性的方法及应用	育种	2022
121	一种棉花打顶残体消毒回收机	植保	2022
122	一种多功能计量棉花灌溉装置	植保	2022
123	一种棉花种植用可定量施肥装置	植保	2022
124	GhMAH1 蛋白及其编码基因在调控棉花纤维长度中的应用	育种	2022
125	一种通过腐胺和固液交替培养提高棉花胚状体发生效率的方法	育种	2022
126	用于转基因抗虫抗草甘膦棉花的特异性鉴定分子标记的引物组及其应用	育种	2022
127	棉花品种吐絮集中度的花—絮两阶段精准鉴定方法	育种	2022
128	一种棉花抗旱相关基因 GhRCHY1 及其应用	育种	2022
129	一种可防止棉花卷入切割刀转轴的断棉机	初加工	2022

序号	发明（设计）名称	阶段	年度
130	一种棉花种植打孔装置及棉花种植方法	栽培	2022
131	用于鉴别新陆中系列棉花品种的多态性分子标记及其应用	育种	2022
132	棉花花基斑性状相关 SNP 分子标记及其应用	育种	2022
133	基于无人机影像的 SENP 棉花产量估算方法及估算模型构建方法	植保	2022
134	一种纺织用棉花清洗烘干装置	初加工	2022
135	棉花仿形纵横切割打顶机	植保	2022
136	基于土壤水势的棉花水分监测滴灌控制方法及系统	植保	2022
137	一种带有标记的棉花雄性不育系的创制方法	育种	2022
138	一种棉花种子筛选装置及筛选方法	育种	2022
139	一种棉花加工用棉花均匀喂料机	初加工	2022
140	一种棉花秸秆腐熟复合基质及其应用	初加工	2022
141	一种棉花隐性核不育恢复同源基因对及其敲除试剂在创造不育系中的应用	育种	2022
142	一种自动对行的棉花打顶机	植保	2022
143	一种适宜洞庭湖棉区的棉花轻简栽培方法	栽培	2022
144	一种转基因棉花抗虫鉴定药剂涂抹器	植保	2022
145	棉花抗黄萎病相关基因 GhABC 及其编码蛋白和应用	育种	2022
146	GhVLN2 基因及其在抵御棉花黄萎病中的应用	育种	2022
147	一种新型棉花采摘机	收获	2022
148	基于小型无人机群的棉花虫害立体监测方法与系统	植保	2022
149	棉花打顶机器人系统及其工作方法	植保	2022
150	一种棉花高温响应基因 GhHRK1、编码蛋白及其应用	育种	2022
151	一种基于大数据分层聚类的棉花生产工艺优化方法	初加工	2022
152	一种利用棉花核不育杂交种选育抗病虫优质棉品种的方法	育种	2022
153	一种棉花种子引发剂及使用该引发剂处理棉花种子的方法	育种	2022
154	一种减轻棉花蕾期雹灾损失的栽培方法	栽培	2022
155	棉花收获机行单元的采摘单元	收获	2022
156	棉花打包管理系统、控制方法、棉花打包机和存储介质	仓储	2022

序号	发明（设计）名称	阶段	年度
157	一种玩具生产用塞棉花设备	初加工	2022
158	降低棉花棉酚含量的 sgRNA 及其表达载体和应用	育种	2022
159	一种棉花细胞核雄性不育系快速选育及组合测配鉴定方法	育种	2022
160	一种手持气吸式棉花采摘装置	收获	2022
161	一种棉花播种机上切割滴灌带的装置	栽培	2022
162	一种田间棉花自动打顶装置	植保	2022
163	一种开松装置及纺织用棉花处理设备	初加工	2022
164	棉花机械化覆土定苗一体机	栽培	2022
165	一种棉花中农药残留和重金属的检测设备	检测	2022
166	棉花抗黄萎病相关基因 GhDEK 的应用	育种	2022
167	棉花抗黄萎病相关基因 GhHMGB2 的应用	育种	2022
168	一种棉花打顶剂及其制备和应用方法	植保	2022
169	一种用于棉花纱线的倍捻设备	初加工	2022
170	一种基于超高液相色谱对棉花花朵多胺含量测定的方法	检测	2022
171	棉花 GhMADS36－A11 基因在促进植物开花中的应用	育种	2022
172	棉花 GhMADS44－A03 基因在促进植物开花中的应用	育种	2022
173	一种回转型棉花打包捆扎系统及方法	初加工	2022
174	一种直线型棉花打包捆扎系统及方法	初加工	2022
175	一种调控棉花纤维呈色的融合基因及其表达载体和应用	育种	2022
176	棉花加工设备的参数调整方法、装置、设备及存储介质	初加工	2022
177	一种春棉花铃期的施肥方法	植保	2022
178	棉花 GhMADS45－D09 基因在促进植物开花中的应用	育种	2022
179	一种棉花免打顶营养配方及其使用方法	植保	2022
180	棉花叶片双向电泳及高通量质谱分析的蛋白提取方法	检测	2022
181	一种棉花快速晾晒装置	仓储	2022
182	棉花 GraiRGA 转录因子特异识别抗体制备方法	育种	2022
183	一种抗虫低酚棉花品种的育种方法	育种	2022

序号	发明（设计）名称	阶段	年度
184	一种夹持式棉花拔杆粉碎机	植保	2023
185	一种漏网式棉花打顶机	植保	2023
186	进口印度棉花品级检验级距标样的制作方法	检测	2023
187	一种棉花植物保护用灭虫装置	植保	2023
188	一种棉花基多孔生物质碳的制备方法	初加工	2023
189	一种棉花黄萎病病害发生表型识别的方法	检测	2023
190	棉花打包膜用固体胶黏剂及其制备方法	仓储	2023
191	一种新疆棉花花铃期抗旱性的综合评价方法	植保	2023
192	甩动除杂式棉花内衬床垫收卷装置	深加工	2023
193	检测棉花转基因成分的引物对组合、试剂盒及检测方法	检测	2023
194	一种便于机采的棉花种质资源筛选方法	育种	2023
195	一种基于高棉酚棉籽开发棉花芽苗菜的方法	育种	2023
196	一种天然棉花颜色分类的方法	检测	2023
197	一种棉花加代繁育快速成铃的方法	育种	2023
198	GhAIL6基因在促进棉花胚性愈伤组织形成中的用途	育种	2023
199	一种棉花无膜栽培种下施肥播种装置	植保	2023
200	一种筛选高吸镉棉花品种方法	育种	2023
201	一种小型棉花皮辊式试轧机	初加工	2023
202	一种用于提高盐碱地棉花种子发芽率的辅助装置	育种	2023
203	一种棉花打顶机静态夹持结构及方法	植保	2023
204	一种棉花加工用前处理梳理一体化装置	初加工	2023
205	一种棉花离线打包系统及打包方法	仓储	2023
206	一种棉花短纤维长度测量仪	检测	2023
207	棉花脂转运蛋白基因GhFIL在改良棉花纤维品质中的应用	育种	2023
208	棉花β-1、3-葡聚糖酶基因GhGLU18在改良棉花纤维品质中的应用	育种	2023
209	一株防治棉花苗期根腐病的莫海威芽孢杆菌及其应用	植保	2023
210	棉花基因GhGTG1在植物耐冷胁迫方面的应用	育种	2023

序号	发明（设计）名称	阶段	年度
211	用于检测棉花曲叶病毒的 RPA 引物、试剂盒及其检测方法与应用	检测	2023
212	一种棉花加工用的废绒回收装置	初加工	2023
213	一种棉花脱叶剂施药处方图生成方法及装置	植保	2023
214	一种棉花叶片中心点位置定位方法	植保	2023
215	一种田间棉花智能精准打顶装置	植保	2023
216	一种棉花种植土壤检测设备	栽培	2023
217	一种棉花花药开裂状态识别方法及系统	检测	2023
218	一种农业用棉花脱壳机	收获	2023
219	一种制备用于棉花胚珠空间转录组分析的切片的方法	育种	2023
220	棉花纤维特异表达启动子 8DP2 及其应用	育种	2023
221	一种可移动式棉包及棉花自动取样装置及其取样方法	初加工	2023
222	一种可调节式棉花异纤清除机	初加工	2023
223	一种用于棉花小区育种试验的开穴播种装置	栽培	2023
224	一种棉花加工生产质量检测方法	检测	2023
225	一种棉花播种机及等株距覆土播种方法	栽培	2023
226	一种棉花打顶控制方法、棉花打顶设备及相关装置	植保	2023
227	棉花轧花前籽棉回潮率调节系统及方法	初加工	2023
228	一种整地同位仿形棉花单粒精播覆膜联合作业机	栽培	2023
229	鉴定棉花纤维比强度和马克隆值的 SNP 分子标记及应用	检测	2023
230	一种提高棉花产量和纤维品质的小分子物质	栽培	2023
231	一种筛选棉花萌发出苗期耐冷品种的方法及其应用	栽培	2023
232	一种提高棉花种子质量和油脂含量的方法	育种	2023
233	一种棉花的化学调控方法	植保	2023
234	一种耐干旱棉花育种方法及应用	育种	2023
235	一种促进棉花水分吸收助剂、制备方法及使用方法	植保	2023
236	一种棉花打包膜复合拼接设备	收获	2023
237	一种具有高堆积密度的棉花收集装置及使用方法	收获	2023

序号	发明（设计）名称	阶段	年度
238	棉花纤维品质相关的 GhJMJ12 基因 SNP 标记及其应用	育种	2023
239	一种棉花打包膜复合拼接设备	收获	2023
240	一种转移扎染方法及其制得的锦棉花边蕾丝面料	初加工	2023
241	一种棉花收割自动打包用热熔胶及其制备方法和应用	收获	2023
242	一种可自动切断埋压滴灌带和地膜的新型棉花播种机	栽培	2023
243	一种联合作业式棉花精量播种机	栽培	2023
244	一种棉花钾转运体基因启动子及其应用	育种	2023
245	鼠李糖脂在治理盐碱地土壤以及提高盐碱地棉花产量中的应用	栽培	2023
246	手持式棉花点播器	栽培	2023
247	棉花捆直径可调的高密度不停机棉花打捆成形机及方法	收获	2023
248	一种色块编码定位的棉花穴播排种质量监测系统	栽培	2023
249	液压棉花单元滚筒驱动器	收获	2023
250	一种促进棉花提前成熟的方法	植保	2023
251	一种适用于棉花栽培的施肥装置及配置施肥方法	植保	2023
252	一株抗棉花黄萎病的根瘤菌 DG3－1 及其用途	植保	2023
253	一种棉花打包膜用热熔压敏胶及其制备方法	收获	2023
254	一种促进棉花加代繁育的室内栽培方法	栽培	2023
255	一种棉花 GhGlu19 基因及其在提高棉花产量中的应用	育种	2023
256	调控棉花纤维伸长的基因 GhZFP8 及其应用	育种	2023
257	一种棉花秸秆聚拢机	收获	2023
258	一种获取棉花叶片丛聚指数的数字图像方法及系统	检测	2023
259	一种用于棉花防病促生长的药肥及其制备方法	植保	2023
260	一种基于转录组和蛋白组联合分析的棉花耐盐基因发现方法及其应用	育种	2023
261	四组分 BSMV 超表达棉花基因载体的应用及构建方法	育种	2023
262	一种提高棉花耐旱和耐盐碱能力的 sgRNA 及其应用	育种	2023
263	棉花包卷膜	收获	2023
264	棉花 GhALS 突变型蛋白、基因及其分子标记和应用	育种	2023

序号	发明（设计）名称	阶段	年度
265	一种智能测高运动平稳精准控制的棉花打顶机器人系统	植保	2023
266	一种棉花早期基因沉默方法 Si—VIGS	育种	2023
267	一种棉花装卸运输阴燃监测方法及装置	物流	2023
268	基于棉花 SSR 分子标记筛选藏紫草的特异性 SSR 标记方法	育种	2023
269	棉花对没顶淹涝的一种抗性鉴定方法	植保	2023
270	一种高效棉花秸秆腐熟剂及其制备方法	初加工	2023
271	一种棉花转化事件 KJC003 及其应用	育种	2023
272	基于无人机风场的棉花虫害监测方法与系统	植保	2023
273	一种棉花快速采摘装置	收获	2023
274	GhGPAT12 蛋白和 GhGPAT25 蛋白在调控棉花雄性生殖发育中的应用	育种	2023
275	一种滴灌棉花氮营养亏损诊断方法及系统	植保	2023
276	一种快换锁及应用该快换锁的棉花专用施药机	植保	2023
277	一种喷洒装置及应用该装置的棉花专用施药机	植保	2023
278	一种送风装置及应用该装置的棉花专用施药机	植保	2023
279	GhMYB44 基因在棉花愈伤组织分化发育中的应用	育种	2023

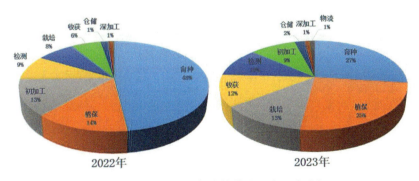

图 5−7　2022—2023 年度涉棉专利主要内容概况

5.4 小结

本章主要由安徽财经大学张雪东老师撰写，周万怀老师、李浩老师负责协助数据收集和分析，刘从九和徐守东老师负责审查。文中所采用的数据均来自国家自然基金委（National Natural Science Foundation of China，NSFC）、国家知识产权局（China National Intellectual Property Adminstration，CNIPA）以及中国知网（China National Knowledge Infrastructure，CNKI）等官方权威数据。在此，对本章中的数据来源单位、对内容起到帮助的引文作者以及相关单位表示衷心的谢意！

附录　2022/2023 年度棉花行业大事记

附录 1　《新疆生产建设兵团 2023—2025 年棉花目标价格政策实施方案》发布

为全面贯彻落实新一轮棉花目标价格政策，根据《国家发展改革委、财政部关于完善棉花目标价格政策实施措施的通知》（发改价格〔2023〕369 号）精神，结合兵团实际，制定《新疆生产建设兵团 2023—2025 年棉花目标价格政策实施方案》。

附录 2　《机采棉采收技术要求》推荐性国家标准讨论会

2023 年 7 月 6 日，中国棉花协会在乌鲁木齐市组织召开《机采棉采收技术要求》推荐性国家标准起草小组第二次会议暨标准讨论会，来自中国棉花协会、新疆维吾尔自治区农牧业机械产品质量监督管理站、石河子大学（农业农村部西北农业装备重点实验室）、中国农业科学院西部农业研究中心、新疆农业大学农学院、石河子纤维检验所、新疆生产建设兵团质量技术评价中心（纤维质量监测中心）、中国纤维质量监测中心、北京智棉科技有限公司、中棉集团新疆棉花有限公司、中棉集团农业公司、现代农装科技股份有限公司、湖北银丰股份有限公司、中棉种业科技股份有限公司等单位的专家参加了本次会议。与会专家现场讨论标准文本和编制说明，并初步形成标准文本的征求意见稿。会前主要标准起草小组人员赴新疆自治区乌苏、沙湾、呼图壁等植棉大县开展实地调研，获取第一手资料。调研组走访了当地农业农村部门、农机推广站、农机服务农民专业合作社、采棉机生产制造企业，并就机采棉生产管理情况、采收环节的问题、采棉机作业规程以及市场占有率情况等进行了座谈交流。

附录3 2023中国国际棉花会议

由中国棉花协会、全国棉花交易市场共同主办，郑州商品交易所支持的"2023中国国际棉花会议"在广西桂林召开，本次会议以"可持续发展：棉花的未来"为主题，来自国内外有关政府部门、行业组织、棉商、纺织企业等代表围绕当前宏观环境、国内外棉花市场现状及发展趋势、期货服务棉花产业高质量发展等进行了深入探讨，为棉花产业可持续发展建言献策。2023年以来，随着市场需求逐步恢复，棉纺织行业实现良好开局，带动棉花和棉纱价格逐步回升，为推进棉花产业高质量发展奠定了良好基础。根据中国棉花协会统计，2021/2022年度，我国棉花种植面积4488.35万亩，同比增长3.3%，总产量662.2万吨，同比增长14.7%。中国棉花协会预测，2022/2023年度，全国棉花消费量为760万吨，较上年度增长4%。

附录4 中央储备棉出库公证检验实施细则发布

为配合2023年中央储备棉出库工作，做好出库储备棉的公证检验，保障出库储备棉的检验数据客观、准确，根据《棉花质量监督管理条例》等中央储备棉管理和棉花公证检验管理的有关规定，中国纤维质量监测中心研究制定了《2023年中央储备棉出库公证检验实施细则》。

附录5 智慧农业技术降低棉花水肥管理用工成本

今年世界标准日主题是"标准促进可持续发展共建更加美好的世界"，7月24日，中国农业科学院棉花研究所发布了最新智慧农业技术。该技术与传统植棉管理方式相比，可以降低棉花水肥管理用工成本80%以上，并实现棉花水肥精准化管理，提高棉花水肥利用率和产量。技术主要包括作物管理决策技术、硬件设备和软件平台三个部分。其中，作物管理决策技术基于作物长势和环境监测，结合作物生长需求以及生长模型实现管理决策；硬件设备包括自主研发的信息传感设备、数据采集设备以及远程控制设备；软件平台包括基于物联网的智慧农业云端管理平台和手机 App。利用该智慧农业技术,农民可以足不出户进行作物长势监测与浇水、施肥等一系列田间管理,实现"方寸之屏 掌控万亩良田"。同时,科研人员可以根据后台采集到的环境信息和作物信息,结合作物模型对作物生长状况进行分析诊断和科学决策,帮助用户进行合理的水肥管理和远程智能控制。该技术主要用于棉花生产管理,在河北南宫、江西九江、湖南常德、山东滨州及新疆喀什、石河子、沙雅、阿拉尔等地开展了大面积示范试点,可以实现精准灌溉和施肥。与传统管理相比,该技术可以节约用水 20%,节省水肥用工成本 80%以上,降低管理成本 80~90 元/亩。

附录 6 中国棉花加工行业产业发展报告

由中国棉花协会棉花工业分会牵头,全国棉花加工标准化技术委员会、中华全国供销合作总社郑州棉麻工程技术设计研究所、中华棉花集团有限公司、北京智棉科技有限公司、山东天鹅棉业机械股份有限公司、石河子大学、南通棉花机械有限公司、南通御丰塑钢包装有限公司、晨光生物科技集团股份有限公司等单位组成专家组撰写的《2022 年棉花加工行业产业发展报告》已在《中国棉花加工》期刊上全文发表。

《2022 年棉花加工行业产业发展报告》从中国棉花加工行业现状与趋势、行业标准化、棉花加工和打包设备数字化、智能化、调湿和棉副产品加工技术等方面,全面阐述了我国棉花加工行业在 2022 年取得的最新科研成果、发展现状与趋势,为下一步技术突破和行业发展明确了方向,有利于推动我国棉花加工行业装备智能化水平提高,将对进一步优化产能,坚持绿色低碳可持续发展理念,依靠科技创新,促进节能减排,助推行业高质量可持续健康发展,保障棉花市场安全产生积极作用!

附录 7 推进数字棉花和服务评价标准体系建设

全国棉花加工标准化技术委员会在北京组织召开了《棉花成包皮棉数据技术规范》和《棉花包装材料加工企业售后服务评价规范》行业标准讨论会。来自国家标准技术审评中心、中国标准化院、总社郑州棉麻工程技术设计研究所、中国棉花协会棉花工业分会、安徽财经大学、中华棉花集团有限公司、北京智棉科技有限公司、南通御丰塑钢包装有限公司等单位的专家和委员参加本次会议，对这两项标准的关键技术指标进行了论证。

《棉花成包皮棉数据技术规范》的制定为成包皮棉数据在棉花产业链各环节的信息化系统建设与集成提供技术依据，有利于提升行业信息化管理水平，提高企业管理效率和棉花流通效率，促进棉花产业链信息化系统建设的规范化管理和基础数据安全有序流通，发挥标准化在助力数字经济发展中的引领作用。《棉花包装材料加工企业售后服务评价规范》行业标准的制定可以有效衡量棉花包装材料加工企业售后服务水平和售后服务能力，提高产品质量和服务水平，树立中国棉花包装材料品牌，促进产业健康发展。

附录8　第24届中国纺织品服装贸易展览会在纽约举办

第24届中国纺织品服装贸易展览会（纽约）于7月18日在美国纽约贾维茨展览中心举办，参展中国企业数量创历史新高。本届展会为期3天，来自24个国家和地区的近千家企业参展。中国参展商超过780家，中国纺织企业出海寻找新订单的意愿强烈。在当天的开幕式上，中国驻纽约总领事黄屏致辞："横跨太平洋的'一针一线'，穿起的是中美两国密不可分的经贸网络，是中美两国人民的智慧、汗水和友谊。"黄屏表示，中美两国在纺织服装业的相互依存度越来越高，互补优势非常明显，容易形成长期稳定的合作关系。希望两国纺织业界把握机遇、加强合作，为推动中美经贸关系健康、稳定、可持续发展贡献力量。中国国际贸易促进委员会纺织行业分会副会长张涛说，中国纺织业致力于实现生产体系现代化，聚焦提升高端制造、智能整合和可持续发展的产业链和产能。同时，中国纺织业积极打造绿色供应链，以满足日益增长的消费需求，将环保型纺织服装产品带给全球消费者。法兰克福展览公司执行董事德特勒夫·布劳恩说："很高兴看到众多来自中国的朋友，这说明我们的友谊历久弥坚、富有成果。"他说，告别三年新冠疫情重返纽约纺织展，有种特殊的兴奋之情。"当我看到很多行业会展正在恢复举办，当我再次与纺织业人士相聚，深感过往实属不易。"

附录 9　中国棉花协会与国际棉花协会进行座谈交流

2023 中国国际棉花会议于 6 月 15—16 日在广西壮族自治区桂林市成功举办。会议期间，中国棉花协会与前来参会的国际棉花协会（International Cotton Association）代表举行了会谈。双方同意在原先共同签署的合作备忘录基础上，补充修改部分条款并继续签署。此外，还进一步探讨了双方合作事宜，就如何在国际方面宣传推广中国棉花可持续发展项目（CCSD）、缩减 ICA 不履行仲裁企业名单、共同开展培训活动，以及仲裁考试等问题进行了坦诚友好的交流。在过去三年，受到全球新冠疫情大流行影响国际棉业交流无法在线下开展，此次为双方三年以来首次线下会面活动。国际棉花协会前主席 Alex Hsu，中国业务发展官江荣康博士，中国棉花协会会长高芳，常务副会长兼秘书长王建红参加了会议。

附录 10　中国棉花协会与美国国际棉花协会举行会谈

2023 中国国际棉花会议于 6 月 15—16 日在广西壮族自治区桂林市成功举办。会议期间，中国棉花协会与前来参会的美国国际棉花协会（National Cotton Council of America）代表举行了会谈。双方交流了中美两国最新棉花形势，重点就未来中国棉花可持续发展项目（CCSD）与美国棉花信任守则（USCTP）之间开展合作交流进行了探讨，此外，还沟通了国际可再生棉发展现状，新疆棉花产业机械化和规模化发展情况，美国"棉业老龄化"等双方关注的问题。美国国际棉花协会执行总监 Bruce Atherley，中国区总监刘杰旻，中国棉花协会会长高芳，常务副会长兼秘书长王建红，副秘书长李琳参加了会议。

附录 11　《2023 年度兵团棉花质量追溯实施方案》征求意见

根据《新疆生产建设兵团 2023—2025 年棉花目标价格政策实施方案》《2023 年度兵团棉花目标价格政策工作要点》部署，兵团市场监管局牵头制定了《2023 年度兵团棉花质量追溯实施方案》，经征求各相关单位意见后，现予以公示。面向社会公众公开征求意见时间为 2023 年 7 月 7 日至 12 日。

附录 12　USDA 上调 2023/2024 年度全球棉花库存、产量和消费

2023 年 7 月 12 日，USDA 发布全球棉花供需预测月报，2023/2024 年度全球棉花期末库存上调 37 万吨，期初库存上调 23.95 万吨。由于 2022/2023 年度印度、巴西和澳大利亚的产量上调 39.19 万吨，大于消费量上调的 14.7 万吨，以及下调的阿根廷期末库存 7.62 万吨。阿根廷的这一变化是修订了近 10 年平衡表的结果。2023/2024 年度全球棉花产量较上月上调 2.61 万吨，由于巴基斯坦和阿富汗的预期产量的上调大于澳大利亚和阿根廷的下调。消费量下调 11.98 万吨，由于中国、孟加拉国、土耳其和越南的消费量下调超过了巴基斯坦的上调。

2023/2024 年度美国棉花供需预测显示，出口量下调，期初和期末库存上调。由于 2022/2023 年度的丢失量下降，期初库存上调 1.09 万吨。由于全球贸易量和美棉市场份额的减少，2023/2024 年度出口量下调 5.44 万吨。6 月 30 日的种植面积报告显示，本月种植面积减少了 16.9 万英亩①。然而，由于得克萨斯州西部地区的降雨量仍高于中值水平，预计收获面积将增加 11.7 万英亩，美棉产量保持在 359.3 万吨。预计期末库存为 82.7 万吨，较上月上调 6.53 万吨。本月美国陆地棉的预期收货价格为每磅 76 美分，较上月低 1 美分。

附录 13　中国棉花协会与巴基斯坦纺织厂协会召开线上研讨会

7 月 18 日，中国棉花协会与国内棉种、棉花生产与加工领域的相关专家，通过 Zoom 视频会议的形式与巴基斯坦纺织厂协会（APTMA）召开了线上研讨会。在会议中，中国棉花协会常务副会长兼秘书长王建红表示，中巴两国是长期友好邻邦，彼此之间有着深厚的传统友谊。他向巴基斯坦介绍了协会的概况和专家团队，并强调协会一直以来积极参与国际事务，推动中国棉业的国际交流。王建红表示，希望能与巴基斯坦建立合作伙伴关系，促进两国在棉花领域的合作与交流。巴基斯

---

①　1 亩＝666. 67 平方米

坦纺织厂协会（APTMA）会长 Asif Inam 先生对中国棉花协会表示感谢，并提出邀请中国代表团出访巴基斯坦，进一步深化双方的合作与交流。他强调，巴基斯坦对中国棉花领域的成功经验非常感兴趣，并期待在棉种培育、棉花种植和加工环节寻求支持与合作。随后，来自国内方面的专家陆续发言，分享了我国在棉花领域的实践经验。他们重点介绍了科学调控的种植管理体系，通过高效的种植管理模式，提升生产效率。双方代表商定未来将进一步深化交流与合作，加强技术交流与培训，促进中巴棉花产业的共同繁荣发展。

附录 14　《棉花包装材料加工企业售后服务评价规范》等 3 项行业标准通过专家审查

近日，全国棉花加工标准化技术委员会在北京组织召开了《棉花包装材料加工企业售后服务评价规范》《籽棉收购计算机网络系统》和《无网棉胎》3 项行业标准审查会。来自中国机械科学研究总院、国家标准技术审评中心、中国纤维质量监测中心、中国标准化研究院、山东天鹅棉业机械股份有限公司等单位的专家参加了审查会，并一致同意通过 3 项行业标准审查。《棉花包装材料加工企业售后服务评价规范》行业标准是有效评估棉花包装材料加工企业售后服务质量的手段，行业标准的制定，可以有效衡量棉花包装材料加工企业售后服务水平和售后服务能力，完善标准体系，提高产品质量和服务水平，树立中国棉花包装材料品牌，提升竞争力，促进产业健康发展具有非常重要的意义。

籽棉收购计算机网络系统已成为服务棉花收购加工行业和服务"三农"的重要信息化手段。《籽棉收购计算机网络系统》行业标准的修订，将有效提高棉花收购、加工行业的信息化水平，促进棉花收购市场的和谐发展，实现棉花产业高质量发展。该标准还可以推动行业信息化技术的发展和进步，不断提高系统可靠性，推动企业遵循行业规则和规范，形成良好的市场秩序，以满足不断增长的收购市场需求。《无网棉胎》行业标准的制定，将填补我国梳棉胎加工标准的空白。随着企业生产水平和人们对质量意识的提升，无网棉胎的质量越来越受到重视，消费者在进行选购的过程中也更加注重该类产品的消费安全性。该行业标准的制定将对保障无网棉胎产品质量、维护广大消费者的利益、指导无网棉胎的生产、推动无网棉胎加工企业技术进步有重要意义。同时，对守住产品质量的安全底线，树立标杆品牌，推动行业良性发展，保护消费者权益，加快形成完善的棉胎加工标准体系起到引领作用。